Die Wirtschaftspsychologie

Die Buchreihe *Die Wirtschaftspsychologie* informiert – praxisorientiert und wissenschaftlich fundiert – über aktuelle Themen aus dem beruflichen und wirtschaftlichen Alltag. Experten aus den Teilgebieten der Wirtschaftspsychologie (Arbeits- und Organisationspsychologie, Personalpsychologie, Markt- und Konsumentenpsychologie, Ökonomischen Psychologie) verbinden in themenspezifischen Einzelbänden praktische Relevanz mit wissenschaftlichem Rigor. Jeder Einzelband gibt Einblick in aktuelles psychologisches Wissen zur Beantwortung praxisorientierter Fragen.

Von Interesse sind die Einzelbände der Reihe für Arbeitnehmer, Manager und Betriebsräte sowie Marketingfachleute gleichermaßen, in privaten und öffentlichen Unternehmen und der staatlichen Verwaltung, insbesondere auch für HR- und Personalverantwortliche, Unternehmens- und Personalberater sowie Young Professionals und Studierende verschiedener berufsqualifizierender Fachgebiete, zum Beispiel BWL, VWL, Wirtschaftspsychologie, Erwachsenenbildung, Ingenieurswesen ...

In leicht verständlicher Sprache wird auch Lesern ohne psychologische Grundkenntnisse ein kurzweiliger und kompetenter Einblick in verschiedene Themengebiete geboten, mit Verweisen auf weiterführende Quellen.

Weitere Bände der Reihe sind in Vorbereitung:

Brodbeck, Internationale Führung
Mühlbacher, Steuerverhalten (Arbeitstitel)
Stark, Kirchler, Entscheidungen (Arbeitstitel)
Florack, Psychologischen Strategien in Marketing und Werbung (Arbeitstitel)
Maier, Muck, Eignungsdiagnostik (Arbeitstitel)
Wastian, Coaching-Management in Organisationen (Arbeitstitel)

Simon Werther
Christian Jacobs

Organisationsentwicklung – Freude am Change

Simon Werther
Münchner Institut für systemische Weiterbildung (misw)
München, Deutschland

Christian Jacobs
J&P GmbH,
München, Deutschland

Herausgeber
Felix C. Brodbeck
Ludwig-Maximilians-Universität München
Lehrstuhl Wirtschafts- und Organisations-psychologie
München, Deutschland

Ralph Woschée
Ludwig-Maximilians-Universität München
Lehrstuhl Wirtschafts- und Organisations-psychologie
München, Deutschland

Erich Kirchler
Universität Wien
Fakultät für Psychologie
Wien, Österreich

ISBN 978-3-642-55441-4 ISBN 978-3-642-55442-1 (eBook)
DOI 10.1007/978-3-642-55442-1

Die Deutsche Nationalbibliothek verzeichnet diese Publikation in der Deutschen Nationalbibliografie; detaillierte bibliografische Daten sind im Internet über http://dnb.d-nb.de abrufbar.

Springer

Planung und Lektorat: Marion Krämer, Martina Mechler
Redaktion: Thomas Reichert
Einbandentwurf: deblik, Berlin

Gedruckt auf säurefreiem und chlorfrei gebleichtem Papier.

Springer ist Teil der Fachverlagsgruppe Springer Science+Business Media
www.springer.com

Inhaltsverzeichnis

Einleitung und Zielsetzung

Simon Werther, Christian Jacobs

F. C. Brodbeck, E. Kirchler, R. Woschée (Hrsg.),
Organisationsentwicklung – Freude am Change, Die Wirtschaftspsychologie,
DOI 10.1007/978-3-642-55442-1_1,

Zum Einstieg

Yang Dschu wurde beim König von Liang vorgelassen und sagte, die Welt zu ordnen gehe im Handumdrehen. Der König von Liang sprach: „Du, o Lehrer, hast eine Frau und eine Nebenfrau und kannst sie nicht in Ordnung halten; du hast drei Morgen Gartenland und kannst sie nicht bestellen; und nun sagst du, die Welt zu ordnen gehe im Handumdrehen: wie ist das?"
Er erwiderte: „Haben Eure Hoheit schon beim Schafhüten zugesehen? Für eine Herde von hundert Schafen bedarf es nur eines halbwüchsigen Knaben, der mit der Peitsche in der Hand hintendrein geht. Will er nach Osten, so gehen sie nach Osten; will er nach Westen, so gehen sie nach Westen. Wollte man den Erzvater Yau ein einziges Schaf führen und den Erzvater Schun mit der Peitsche in der Hand hintendrein gehen lassen, so kämen sie nicht vorwärts damit.
Ferner habe ich gehört, daß ein Fisch, der ein Boot verschlingen kann, nicht in kleinen Bächen schwimmt, und daß die hochfliegenden Schwäne sich nicht in schmutzigen Tümpeln sammeln. Warum? - Weil ihr Sinn ins Weite steht. Die Töne der gelben Glocke und der großen Flöte darf man beim Reigen nicht zusammen laut erklingen lassen. Warum? – Weil ihre Klänge einander fern stehen.
Wer Großes in Ordnung bringen will, ordnet nicht Geringes; wer ein großes Werk vollbringen kann, vollbringt kein kleines. So ist das." [1, S. 150 f.]

Sehr geehrte Leserinnen und Leser,
wir freuen uns sehr, dass Sie heute unser Buch in den Händen halten können. Dabei ist es uns – ganz im Sinne dieser philosophischen Geschichte – wichtig, dass Organisationsentwicklung ganzheitlich und nachhaltig betrachtet wird. Doch da beginnt bereits die Notwendigkeit der Erläuterung, nachdem „Ganzheitlichkeit" und „Nachhaltigkeit" heute schon fast zu bedeutungslosen Worthülsen verstümmelt wurden. Für uns bedeutet ganzhaltige und nachhaltige Organisationsentwicklung vor allem eine tiefgehende Auseinandersetzung mit der Thematik, die bei jedem Veränderungsprozess neu gestaltet und neu konzipiert werden muss. Jeder Mensch ist anders, jedes Unternehmen ist anders, und dementsprechend halten wir nichts von pauschalen Erfolgstipps, die immer und überall gültig sind.

Warum sollten wir – also Geschäftsführer und Vorstände, Berater und Trainer, Personalverantwortliche und Führungskräfte, Wissenschaftler und Studierende – uns überhaupt mit Organisationsentwicklung beschäftigen? Auf diese Frage gibt es viele mögliche Antworten, aus denen wir exemplarisch vier Aspekte herausgreifen möchten:

- Ein naheliegender Grund ist das häufige Scheitern von organisationalen Veränderungsprozessen, beispielsweise im Kontext von Unternehmenskäufen und Fusionen. Die genauen Zahlen variieren, aber man kann davon ausgehen, dass weniger als die Hälfte erfolgreich verlaufen [2].
- Daneben hat die zunehmende Internationalisierung sowohl für Personalentwicklung als auch für Organisationsentwicklung weitreichende Implikationen [3].
- Genauso nehmen Druck und Ängste immer weiter zu, so dass die Akzeptanz des „Abschied[s] von der heilen Welt" [4, S. 97] als notwendig erscheint – und das ist bereits für sich ein gewaltiger Veränderungsprozess, der die gesamte Gesellschaft und damit auch alle Unternehmen betrifft. Letztlich existieren hier teilweise noch Vorstellungen von Wettbewerb und Zusammenarbeit, die mit der Realität nicht mehr viel gemein haben.

- Ebenso muss für den voranschreitenden demografischen Wandel eine angemessene Antwort in Organisationen gefunden werden, sofern die Wettbewerbsfähigkeit von Unternehmen in Zukunft insbesondere auch davon abhängen wird, wie ältere Mitarbeiter dauerhaft und erfüllend im hohen Alter erwerbstätig sein können [5].

Für uns sind das alles eindrucksvolle Beispiele, dass in der heutigen Unternehmensrealität noch viel Entwicklungspotenzial bei Veränderungsprozessen vorhanden ist. Zentrale Themen und gleichzeitig Stellschrauben sind dabei aus organisationaler Perspektive Führung, Innovation, Kultur und Strategie, worauf wir in späteren Kapiteln detailliert eingehen werden.

Für uns spielen allerdings auch zugrunde liegende Menschenbilder eine zentrale Rolle, wenn wir uns mit dem Scheitern von Veränderungsprozessen beschäftigen. Die Auseinandersetzung mit Veränderung ist immer auch damit verbunden, sich des Menschenbildes in einem Unternehmen bewusst zu werden. Für uns sind die Werte und Einstellungen ein wichtiger Ausgangspunkt in jedem Veränderungsprozess. Sie müssen bewusst gemacht werden und es muss im nächsten Schritt geklärt werden, von welchem Menschenbild man in dem Veränderungsvorhaben ausgehen beziehungsweise mit welchem Menschenbild man arbeiten will. Bei diesen Fragestellungen kommen wir deshalb schnell zu existenziellen Thematiken, sofern Werte auch mit entsprechenden Grundhaltungen verbunden sind und das menschliche Handeln maßgeblich leiten. Umso wichtiger ist es, dass diese in jedem Veränderungsvorhaben einen angemessenen Platz bekommen.

In den darauffolgenden Kapiteln beschäftigen wir uns mit unterschiedlichen Theorien zum Organisationsverständnis und mit zahlreichen inhaltlichen Aspekten, die für Organisationsentwicklung heutzutage von zentraler Bedeutung sind. Dabei lassen wir uns von der Frage leiten, was Change Management heute ist, denn das ist unserer Meinung nach eine Schlüsselfrage. Change Management ist heutzutage die Führungsaufgabe schlechthin! Doch gleichzeitig spielt Projektkompetenz eine wichtige Rolle, weil Veränderungsprozesse natürlich immer mit komplexen Projektarchitekturen einhergehen. Danach werden wir uns mit Gründen für das häufige Scheitern und mit Anlässen zu Veränderungsprozessen beschäftigen. In zahlreichen inhaltlichen Zugängen zu Veränderung, beispielsweise zu strategischer Mobilisierung und zu Kulturwandel, werden wir anhand von Praxisfällen zentrale Aspekte vorstellen. Wir schließen danach mit Erfolgsfaktoren in Veränderungsprozessen ab, deren Beschreibung sicherlich jedem Praktiker eine wertvolle Arbeitsgrundlage bietet.

Die bereits erwähnte Zielgruppe – Geschäftsführer, Vorstände etc., Wissenschaftler und Studierende – definieren wir bewusst breit, weil wir davon überzeugt sind, dass Organisationsentwicklung für diese Zielgruppen von essenzieller Bedeutung ist. Gleichzeitig sind wir uns dessen bewusst, dass uns dies zu einem Spagat zwischen Wissenschaftlichkeit und Anwendungsorientierung führt. Wir nehmen diese Herausforderung gerne an und versuchen das Beste aus beiden Welten zu kombinieren, um ein fundiertes Verständnis für Organisationen zu entwickeln und zu vermitteln. Durch unseren beruflichen Hintergrund sind wir der festen Überzeugung, dass ein intensiver Austausch notwendig ist, um erfolgreiche Veränderungsprozesse zu ermöglichen. Uns ist es deshalb ein besonderes Anliegen, mit diesem Buch einen kleinen Beitrag zu erfolgreicheren Veränderungsprozessen zu leisten. Aus diesem Grund arbeiten wir in jedem Kapitel mit einem ausführlichen Praxisfall aus unserer eigenen Erfahrung, den wir dann entsprechend mit empirischen Befunden verknüpfen.

Bitte beachten Sie, dass wir in diesem Buch aus Gründen der besseren Lesbarkeit immer nur eine Formulierung der Geschlechtsform verwenden. Für uns schließt diese Formulierung in jedem Fall sowohl die weibliche als auch die männliche Form mit ein.

An dieser Stelle möchten wir uns bei allen Beteiligten bedanken, die dieses Buch erst möglich gemacht haben. Wir beginnen mit den Herausgebern der Reihe, Prof. Dr. Felix Brodbeck, Prof. Dr. Erich Kirchler und Dr. Ralph Woschée. Wir bedanken uns ganz herzlich für die vertrauensvolle Zusammenarbeit, und wir freuen uns sehr, dass wir mit unserem Buch den Start der Reihe gestalten dürfen. Großer Dank gilt darüber hinaus Frau Barth und Frau Krämer vom Springer Verlag, die uns sehr professionell und sehr hilfsbereit von Verlagsseite aus betreut haben. Außerdem bedanken wir uns ganz herzlich bei Theresia und Lukas Werther, die uns mit hilfreichen Kommentaren unterstützt haben. Darüber hinaus danken wir ganz herzlich unseren Frauen, die durch dieses Buch die eine oder andere Laune ertragen mussten und die auf gemeinsame Stunden verzichten mussten.

Für Anregungen von Ihnen als Leser sind wir jederzeit offen und würden uns über Rückmeldungen, Verbesserungsvorschläge und Kommentare jeglicher Art sehr freuen. Ein weiterer Austausch zu dem spannenden und wichtigen Thema „Organisationsentwicklung" liegt uns – auch über dieses Buch hinaus – sehr am Herzen, so dass Sie uns jederzeit gerne kontaktieren dürfen.

Jetzt wünschen wir Ihnen eine spannende, aufschlussreiche und interessante Lektüre und eine intensive und tiefgehende Auseinandersetzung mit der Veränderung von Organisationen!

Herzliche Grüße,
Christian Jacobs und Simon Werther

Literatur

1 Dsi L (1972) Quellender Urgrund. Diederichs, Düsseldorf
2 Nerdinger FW, Blickle G, Schaper N (2011) Arbeits- und Organisationspsychologie. Springer, Heidelberg
3 Werther S, Wright V, Woschée R (2014) Personalentwicklung 2020: Herausforderungen für die Personalarbeit. Wirtschaftspsychologie aktuell 2: 2–6
4 Doppler K, Lauterburg C (2008) Change Management: Den Unternehmenswandel gestalten. Campus, Frankfurt a. M.
5 Rothermund K (2014) Die Gestaltung des Alters: Ein Plädoyer für mehr Psychologie. Psychologische Rundschau 65(2): 95–99

Menschenbilder in Unternehmen

Simon Werther, Christian Jacobs

F. C. Brodbeck, E. Kirchler, R. Woschée (Hrsg.),
Organisationsentwicklung – Freude am Change, Die Wirtschaftspsychologie,
DOI 10.1007/978-3-642-55442-1_2,

Zum Einstieg

Ausgangslage

Mitten in der sogenannten Finanzkrise vor einigen Jahren befindet sich ein großes Finanzunternehmen in einem Veränderungsprozess, der das gesamte Unternehmen und damit auch alle Mitarbeiter betrifft. Der Veränderungsprozess wurde durch einen Vorstandswechsel ausgelöst und wird inhaltlich durch eine strategische Neuausrichtung und eine grundsätzliche neue Aussage zur Identität geprägt. Der Veränderungsprozess verläuft allerdings relativ schleppend und stößt auf unterschiedliche Hindernisse. Der damalige Personalvorstand erkennt – neben anderen inhaltlich relevanten Themen – vor allen Dingen auch, dass die Menschen im Unternehmen mehrheitlich ein Menschenbild vertreten, in dem eine zentrale Spielregel besagt: „Der Mensch, der sich ändert, ist kein guter Mensch". In diesem Menschenbild leiten Werte wie Beständigkeit und Sicherheit das Handeln aller Beteiligten. In der Analyse kommt er zu dem Entschluss, dass ein Prozess begonnen werden muss, der das Menschenbild der Führungskräfte und Mitarbeiter selbst in den Mittelpunkt des Interesses und der Veränderung rückt.

Lösungsansatz

Nun wird zunächst ein Workshop mit den Personalleitern und Personalentwicklern vorbereitet, der die Reflexion über das vorhandene und zukünftig gewollte Menschenbild zum Ziel hat. Der Workshop beginnt mit einer Diskussion darüber, was denn „Menschenbild" überhaupt bedeutet und ob es im Zusammenhang mit Unternehmensführung und Change Management überhaupt relevant ist, das Menschenbild in den Fokus zu rücken. Schnell sind sich aber alle Anwesenden einig, dass dies relevant ist, da schließlich jeder Mitarbeiter über sein individuelles Menschenbild verfügt und sich folglich auch in einer Organisation Menschenbilder etablieren, die das Entscheiden und Handeln maßgeblich beeinflussen und leiten. Im nächsten Schritt werden über verschiedene Methoden alle Workshopteilnehmer darin unterstützt, sich ihres eigenen Menschenbildes bewusster zu werden und insbesondere die persönlichen Werte und Spielregeln in Bezug auf das Arbeitsverständnis zu reflektieren. Ein Austausch über die Werte und Spielregeln macht die Nähe und auch die Unterschiedlichkeit der vertretenen Menschenbilder deutlich. Erkennbar werden Werte und Spielregeln, die in Bezug auf Change Management eher hilfreich sind, und tatsächlich erkennt auch dieser Kreis, dass Werte und Spielregeln vertreten werden, die für einen erfolgreichen Veränderungsprozess tendenziell hinderlich sind. Eine Personalentwicklerin stellt fest: „Mir wird gerade klar, dass ich selbst mit meinen Werten und Spielregeln nicht den Veränderungsprozess repräsentieren kann. Die Arbeit muss ja bei mir beginnen! Wie will ich klar vermitteln, dass Veränderung und Zeiten von Orientierungslosigkeit notwendig sind, wenn ich selbst meinen Wert ‚Sicherheit' niemals aufgeben will?" Weiter geht es mit der Entwicklung einer „Ms Change" und eines „Mr Change". Um diese neuen Personen aufzubauen, verwenden wir ein modifiziertes Modell der logischen Ebenen von Gregory Bateson [1] und Robert Dilts [2]:

- Welche Umgebung brauchen Ms und Mr Change, um sich wohl zu fühlen (beispielsweise Gebäude, Räume, Arbeitsausstattung, Kleidung)?
- An welchem Verhalten erkennen wir die beiden?
- Welche Fähigkeiten zeichnen sie insbesondere aus (z. B. methodisch, sozial)?
- Welche Spielregeln leiten ihr (tägliches) Handeln?
- Welche Werte sind ihnen besonders wertvoll?
- Wie bezeichnen sie sich?
- Was ist der tiefere Sinn ihres Tuns?

Ms und Mr Change werden immer lebendiger und gleichzeitig wird allen immer klarer, an welchen Themen im Unternehmen noch gearbeitet werden sollte, damit das Veränderungsvorhaben tatsächlich gelingen kann. Im Spiegel von Ms und Mr Change erkennen die Teilnehmer des Workshops ganz konkrete Ansatzpunkte für erfolgreiche Interventionen im Veränderungsprozess.
Das Menschenbild als Ausgangspunkt für mögliche Veränderung im Veränderungsprozess ist nun allen bewusst. Allerdings ist mit diesem Vorgehen erst der Anfang dafür gemacht, dass die Reflexion über Menschenbilder bewusst und explizit in Veränderungsprozesse integriert werden kann. Wir haben zwar individuelle Menschenbilder und das Menschenbild von Ms und Mr Change herausgearbeitet; was noch aussteht, ist aber das Menschenbild, das dem Unternehmen – ähnlich einer strategischen Vision – ein kulturelles Zielbild beziehungsweise eine kulturelle, soziale Vision für die Zukunft als weiteren Leitstern zur Seite stellt: eine Aufgabe, die die Personalleiter und -entwickler neben ganz konkreten weiteren Aufgaben aus dem Workshop mitnehmen.

Veränderungsprozesse und Menschenbilder

In diesem Kapitel beschäftigen wir uns mit unterschiedlichen Menschenbildern, die für Veränderungsprozesse von großer Bedeutung sind. Letztlich muss eine saubere Diagnose der erste Schritt jeder Maßnahme der Organisationsentwicklung sein, da der Schritt vom vorherrschenden zum gewünschten zukünftigen Menschenbild in einer Organisation bereits eine zentrale Veränderung mit sich bringt. Dabei gibt es Menschenbildern zugrunde liegende Werte und aus Menschenbildern resultierende Spielregeln in Unternehmen, die förderlich oder hinderlich für Veränderungsprozesse sind, wie in dem vorgestellten Fallbeispiel deutlich wird.

Werte sind dabei die Grundlage für soziale Regeln, gleichzeitig sind Werte oftmals fest in die historische Entwicklung eines Unternehmens eingebunden. Folgende Merkmale charakterisieren dabei Werte [3]:

- Werte bieten einen normativen Rahmen für das eigene Verhalten.
- Werte sind auf einer allgemeinen Ebene formuliert, im Gegensatz zu sozialen Regeln, die sich auf spezifische Situationen beziehen.
- Werte können in individuelle und in gemeinsame Werte aufgeteilt werden. Diese müssen nicht immer deckungsgleich sein, aber bei entgegensetzten Werten kommt es selbstverständlich zu Konflikten für die jeweilige Person.
- Werte sind eine wichtige Basis für den Zusammenhalt von sozialen Systemen, da sie einen Rahmen für die Zusammenarbeit aufzeigen und Orientierung schaffen.

An dieser Darstellung wird bereits deutlich, dass Werte bei der Organisationsentwicklung nicht ausgeklammert werden dürfen [4]. Gerade in Kombination mit der Kultur einer Organisation können Werte sogar ein zentraler Inhalt einer Veränderungsmaßnahme sein, indem durch diese direkt am Kern des Menschenbilds und der gemeinsamen Werte der Organisation angesetzt wird.

Die individuellen Werte und daraus resultierenden Menschenbilder gehen erfahrungsgemäß stark auseinander: Für manche Personen können Menschen maximal mit materiellen Anreizen wie Gehaltserhöhungen oder Prämien motiviert werden. Eine andere Person ist wiederum davon überzeugt, dass es auf immaterielle Werte wie Wertschätzung ankommt. Dagegen erwidert eine dritte Person, dass doch vor allem die Beziehungen zwischen den Mitarbeitern und den Führungskräften wichtig wären. Die Perspektive hängt dabei oftmals auch mit der Sozialisation der Personen zusammen, sofern etwa Naturwissenschaftlern ein anderes Menschenbild vermittelt wird als Wirtschaftswissenschaftlern oder Sozialwissenschaftlern. Für erfolgreiche Veränderungsprozesse ist deshalb ein gemeinsamer Reflexionsprozess wichtig, wie es auf bildlicher Ebene mit der Einführung von Ms und Mr Change im Fallbeispiel dargestellt wurde. Trotz unterschiedlicher Perspektiven ist hier eine gemeinsame Ausgangslage wichtig, da ansonsten bereits die an der Planung des Veränderungsprozesses beteiligten Personen unterschiedliche Menschenbilder und damit verbundene Werte und Spielregeln transportieren und auch an die anderen Mitarbeiter weitergeben.

Die intensive Auseinandersetzung mit zugrunde liegenden Menschenbildern ist vor allem deshalb bei einem erfolgreichen Veränderungsprozess unersetzlich, weil jede Veränderung bei einem selbst beginnt. Somit steht im allerersten Schritt am Anfang jeder erfolgreichen Veränderung, dass jede Führungskraft und jeder Mitarbeiter für sich selbst reflektiert, wie er oder sie selbst mit Veränderungen umgeht, welche Veränderungen er oder sie selbst erfolgreich in der Vergangenheit gestalten konnte und bei welchen Veränderungen er oder sie wiederum weniger erfolgreich war. Welches Menschenbild resultiert aus dieser Reflexion? Wichtig ist dabei vor allem, welche Werte den Veränderungen zugrunde liegen – ein oberflächlicher Veränderungsprozess ist von Anfang an zum Scheitern verurteilt, wenn er nicht mit den vorhandenen Werten kompatibel ist. Dementsprechend geht es dabei auch um Freude und Glück, sofern nur positive Visionen die Energie für Veränderungen ermöglichen, wie es in der Übung „Ihr geglückter Tag" deutlich wird.

Praxistipp: Übung „Ihr geglückter Tag"

1. Nehmen Sie sich ein übliches, stundengenaues Tagesblatt aus einem Kalender oder malen Sie sich selber ein Blatt mit einer möglichst genauen 24-stündigen Zeiteinteilung.
2. Stellen Sie sich dann Ihren geglückten (beruflichen und/oder privaten) Tag vor.
3. Tragen Sie bitte möglichst präzise ein, was Sie tun und wie lange Sie es tun.
4. Wenn Sie mit dem Notieren Ihres geglückten Tags fertig sind, überprüfen Sie noch einmal, ob so alles wirklich gut ist.
5. Dann fragen Sie sich bitte zu jeder Aktivität, die jetzt für den Tag vermerkt ist, was Ihnen daran wichtig ist. Fragen Sie das so oft, bis Ihnen keine Antwort mehr einfällt. (Ein Beispiel: 7.00 Uhr Kaffee trinken; daran ist mir wichtig, wach zu werden; daran ist mir wichtig, aufmerksam zu sein; daran ist mir wichtig … nichts weiter; Aufmerksamkeit ist mir wichtig, Aufmerksamkeit ist für mich ein Wert.)
6. Sie haben jetzt Ihren geglückten Tag vor sich und wissen, welche Werte zurzeit eine wesentliche Rolle in Ihrem Leben spielen.
7. Wenn Sie möchten, können Sie jetzt schon Ideen entwickeln, welche Berufe/Projekte/Aufgaben zu Ihren Werten passen können.

Die unterschiedlichen Aspekte der Kultur in Unternehmen sind in ◘ Abb. 2.1 dargestellt. Diese Aspekte der Kultur können dabei als Teile eines „Mobiles" vorgestellt werden, das heißt, selbst eine geringfügige Veränderung der Vision kann zu umfangreicher Bewegung in der gesamten Unternehmenskultur führen. Gleichzeitig bedeutet das Bild der Kultur als Mobile aber auch, dass die Richtung der Veränderung nicht von vornherein eindeutig gesteuert und festgelegt werden kann, da in diesem System unterschiedlichste Wechselwirkungen vorhanden sind. Werte stellen dabei eine wichtige Basis in diesem Mobile dar, so dass auch das jeweilige Menschenbild einer Organisation zu den Werten des Unternehmens kompatibel sein muss. Das Menschenbild kann aber die Werte auch infrage stellen, so dass dadurch bereits ein Ansatzpunkt für Veränderung entsteht. Genauso verändert ein neues Menschenbild auch die Spielregeln innerhalb des Unternehmens, die wiederum ein wichtiger Bestandteil der Unternehmenskultur sind. Der Begriff „Unternehmenskultur" wird uns in diesem Buch wiederholt begegnen, sofern Organisationsentwicklung auch immer Kulturentwicklung bedeutet.

Exkurs: Bedeutung der Unternehmenskultur
Die Unternehmenskultur kann auf unterschiedlichen Ebenen betrachtet werden, die auch in ◘ Abb. 2.1 dargestellt sind. Nach Edgar H. Schein, einem Pionier der Forschung zur Unternehmenskultur, lassen sich beobachtbare Artefakte (z. B. Kleidung, Gebäude), Werte und zugrunde liegende Annahmen unterscheiden [5].
Die Veränderung der Unternehmenskultur erfolgt dabei oftmals in einer gewissen Trägheit. Die Trägheit der Veränderung von Unternehmenskultur hängt vor allem damit zusammen, dass Kultur immer gelernt ist und Lernprozesse immer Zeit benötigen.
Zusätzlich gewinnen alle mit der Unternehmenskultur zusammenhängenden Veränderungsprozesse auch dadurch an Komplexität, dass die Unternehmenskultur auch mit der Landeskultur in einem Zusammenhang steht [6]. Somit wirkt sich die zunehmende Internationalisierung im geschäftlichen Umfeld auch insofern auf die Unternehmenskultur aus, als zusätzlich landeskulturelle Fragestellungen berücksichtigt werden müssen. Eine vertiefte Perspektive zur Unternehmenskultur wird in ► Kap. 4 ausgeführt.

Folgende Leitfragen sind bei der Auseinandersetzung mit den mit dem individuellen Menschenbild verbundenen Werten hilfreich, da sie einen Selbstreflexionsprozess anregen, der dann auch im nächsten Schritt mit der Unternehmenskultur verknüpft werden kann:

- Kennen Sie die Werte in Ihrem Unternehmen/in Ihrer Abteilung, die Ihr Handeln maßgeblich leiten?
- Kennen Sie Ihre persönlichen Werte?
- Wie würden Sie die Unterschiedlichkeit Ihrer beruflichen und privaten Werte einschätzen?
- Welche Einstellungen zu Veränderungen existieren in Ihrem beruflichen Umfeld?
- Welche Einstellungen zu Veränderungen haben Sie?
- Welche Spielregeln sind in Ihrem Unternehmen/in Ihrer Abteilung vorherrschend?
- Welche Spielregeln gelten für Sie generell in Bezug auf die Welt, Ihre Kollegen, die Mitarbeiter, Ihre Arbeit?

Anhand dieser Leitfragen erfolgt eine Annäherung an das eigene Menschenbild und seine Werte, an das Menschenbild des jeweiligen Unternehmens und an die damit zusammenhängende Unternehmenskultur. Daran wird schnell deutlich, dass eine Betrachtung von Menschenbildern immer auch mit einer Betrachtung der Unternehmenskultur einhergeht.

Für uns als Organisations- und Kulturentwickler bedeuten Veränderungsprozesse in Unternehmen also immer auch Veränderungsprozesse bezüglich der Werte, Rituale und Spielregeln

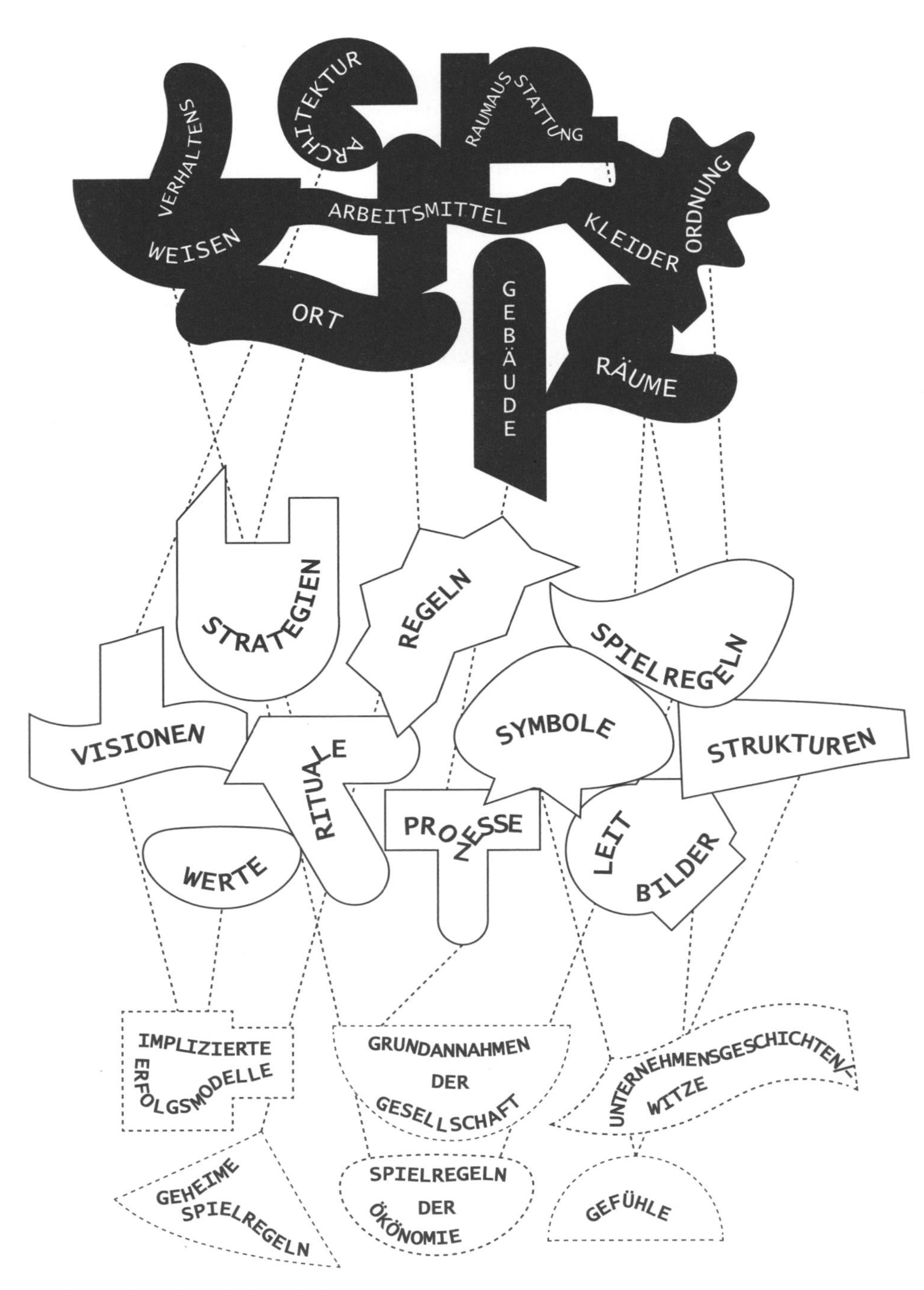

Abb. 2.1 Darstellung der Kultur in Unternehmen

von Individuen. Folglich existieren – wenig überraschend – vielfältige Menschenbilder, die je nach wissenschaftlicher und historischer Tradition stark voneinander abweichen können. Nach Eckard König und Gerda Volmer können folgende grundsätzlichen Modelle zur Erklärung menschlichen Verhaltens unterschieden werden [3]:

- Eigenschaftsmodell,
- Verhaltensmodell,
- konstruktivistisches Modell,
- systemisches Modell.

Letztlich kann die Komplexität der Realität am treffendsten sicherlich durch eine Kombination unterschiedlicher Modelle abgebildet werden. Unserer Erfahrung nach ist es deshalb von großer Bedeutung, dass wir uns als Organisations- und Kulturentwickler nicht von vornherein einem Paradigma zuordnen, um alles durch diese „Brille" zu sehen. Die Realität fragt nicht nach einem spezifischen Modell, denn sie kann nicht einmal mit einer Kombination aller bis zum aktuellen Zeitpunkt bekannten Modelle vollständig erklärt werden. Umso wichtiger ist es, dass wir die existierenden Modelle als gleichwertig betrachten, auch wenn sicherlich jeder von uns bei sich eine besondere Affinität zu dem einen oder anderen Modell feststellt. Die *Zeitschrift für Organisationsentwicklung* widmet aus diesem Grund 2014 eine gesamte Ausgabe dem Thema „Instrument Ich: Das Selbst im Change Management", zum Beispiel im Artikel von Thomas Binder [7].

Organisationsentwickler und Führungskräfte müssen sich der Subjektivität der eigenen Wahrnehmung bewusst sein und so reflektiert wie möglich damit umgehen. Das bedeutet – bezogen auf unterschiedliche Menschenbilder –, dass wir unterschiedlichen Verhaltensmustern und Denkweisen mit großer Offenheit begegnen müssen. Und gleichzeitig müssen wir in jedem Unternehmen individuell erarbeiten, welches Menschenbild Veränderungen überhaupt erst möglich macht. Das beginnt immer bei uns selbst, sofern wir erst reflektiert über andere Menschenbilder nachdenken können, wenn wir uns unserer eigenen Werte und unseres eigenen Menschenbildes bewusst sind (siehe Übung „Ihr geglückter Tag").

Die unterschiedlichen Modelle können auch unterschiedlichen psychologischen Paradigmen zugeordnet werden. So orientiert sich das Eigenschaftsmodell stark an einem persönlichkeitspsychologischen Paradigma (Eigenschaften bestimmen das menschliche Verhalten), während das Verhaltensmodell eher auf einem behavioristischen Paradigma (externe Motivatoren bestimmen das menschliche Verhalten) aufbaut. Gleichzeitig zeigt beispielsweise die Führungsforschung, in der ähnliche Paradigmen vorherrschend sind, dass keines der bekannten Paradigmen die Realität vollständig abbilden kann [8]. Deshalb beschäftigen wir uns am Ende dieses Kapitels mit dem gegenwärtigen Wertewandel, der beispielsweise in Gestalt der jungen Generation Y an Aufmerksamkeit gewonnen hat und der für die Betrachtung von Menschenbildern nicht vernachlässigt werden darf [9]. Die Generation Y zeichnet sich beispielsweise dadurch aus, dass ihre Mitglieder flache Hierarchien bevorzugen und individuelle und flexibilisierte Karrierewege in den Mittelpunkt stellen. Insbesondere die Balance zwischen Freizeit und Arbeitszeit sowie der Sinn hinter der eigenen Arbeit stellen dabei zentrale Eckpfeiler dar. Dabei ist allerdings wichtig zu beachten, dass die Generation Y noch differenzierter betrachtet werden muss, da von unterschiedlichen Ausprägungen mit individuellen Merkmalen auszugehen ist.

Mit den Überlegungen zu Menschenbildern sind viele Implikationen verbunden, die auch im folgenden Kapitel zum Organisationsverständnis aufgegriffen werden und die für Organisations- und Kulturentwicklung sehr wichtig sind.

Zwischenfazit

Es existieren unterschiedliche Menschenbilder, die Individuen prägen: Diesen liegen verschiedene Modelle zur Erklärung menschlichen Verhaltens zugrunde, vom Eigenschaftsmodell über das Verhaltensmodell bis hin zum konstruktivistischen Modell und zu systemischen Modellen. Gleichzeitig muss im organisationalen Alltag aber berücksichtigt werden, dass diese für die Erklärung menschlichen Verhaltens nie ausreichend sind und dass in ihnen deshalb immer nur ein spezifisches Menschenbild zum Ausdruck kommt, das in jeder Organisation individuell analysiert und erarbeitet werden muss. Am Anfang jedes Veränderungsprozesses ist es deshalb empfehlenswert, dass eine intensive Auseinandersetzung mit dem aktuell vorherrschenden Menschenbild im Unternehmen (IST) und mit dem gewünschten oder für den Veränderungsprozess sogar notwendigen Menschenbild (SOLL) erfolgt.

Vier Ansätze zur Erklärung menschlichen Verhaltens

Im Folgenden möchten wir auf das Eigenschafts- und das Verhaltensmodell sowie auf konstruktivistische und systemische Modelle näher eingehen.

Das Eigenschaftsmodell

Im Eigenschaftsmodell geht man davon aus, dass menschliches Verhalten durch stabile Eigenschaften geprägt ist [10]. Auf den Praxisfall bezogen würde das bedeuten, dass die Mitarbeiter Veränderungsresistenz und Beständigkeit als stabile Eigenschaften besitzen, so dass diese schwer zu ändern wären.

In der psychologischen Wissenschaft hat das Eigenschaftsmodell eine lange Tradition, die am Beispiel Führung aufgezeigt werden kann. So begann die Führungsforschung Anfang des 20. Jahrhunderts damit, dass sie die Führungskraft an sich zu ihrem Gegenstand machte [11, 12]. Es standen also Eigenschaften und Charakteristika der Führungspersonen im Mittelpunkt der Untersuchung, um erfolgreiche und weniger erfolgreiche Führungsergebnisse zu erklären. Allerdings konnte bereits früh nachgewiesen werden, dass sich das Verhalten derselben Person in unterschiedlichen Kontexten verändert, so dass Eigenschaften als einzige Erklärungsgrundlage nicht ausreichend sind [13].

Noch heute ist das Eigenschaftsmodell in vielen Praxiskontexten vertreten, beispielsweise in Form des Myers-Briggs-Typenindikators (MBTI), der sich an der Typologie von Carl Gustav Jung orientiert [14]. Allerdings werden insbesondere die verbreiteten Typen-Tests wie der MBTI in der Wissenschaft sehr kritisch beurteilt, da sie gängigen wissenschaftlichen Gütekriterien widersprechen und die Entwicklung dieser Testverfahren oftmals nicht nachvollziehbar ist [15]. Dennoch spielen Eigenschafts- bzw. Persönlichkeitstests vor allem in der Personalauswahl, aber auch in der Personalentwicklung eine große Rolle und sind hier nicht mehr wegzudenken [16]. Ein sehr positives Beispiel eines häufig angewendeten und gleichzeitig wissenschaftlich fundierten Testverfahrens ist das Bochumer Inventar zur berufsbezogenen Persönlichkeitsbeschreibung (BIP), das speziell für die berufliche Anwendung entwickelt wurde.

Heutzutage ist das Eigenschaftsmodell deshalb zwar eine von mehreren Erklärungsgrundlagen für Verhalten in Organisationen, aber nicht die dominierende. Um Werte und Einstellungen zu erklären, spielen die Eigenschaften von Mitarbeitern im Rahmen von Veränderungsprozessen allerdings zweifellos eine große Rolle, und in der Tat sind sie unserer Erfahrung nach auch ein sehr bedeutender Faktor bezüglich des Erfolgs von Veränderungsvorhaben.

Das Verhaltensmodell

Dem Verhaltensmodell liegt die Annahme zugrunde, dass menschliches Verhalten von äußeren Reizen aktiviert wird. Aus diesem Grund wird das Verhaltensmodell oftmals auch als „Maschinenmodell" bezeichnet, da der Mensch darin wie eine Maschine reagiert [3].

Das Verhaltensmodell lässt sich psychologisch durch das Reiz-Reaktions-Schema erklären, das beispielsweise bei der Konditionierung eine Rolle spielt, wie sie von John B. Watson, Burrhus F. Skinner und Ivan Pavlov Anfang und Mitte des 20. Jahrhunderts untersucht wurde [17]. Dabei geht es darum, dass ein Reiz mit einer bestimmten Verhaltensweise gekoppelt wird und darüber Belohnung oder Bestrafung möglich sind (klassisches vs. operantes Konditionieren).

Insgesamt ist das Verhaltensmodell heutzutage weit verbreitet, auch wenn es oftmals nicht explizit als solches genannt oder verwendet wird. Viele Maßnahmen der Personalentwicklung basieren darauf, dass beispielsweise „richtiges" Verhalten einer Führungskraft eher zu erwünschtem Verhalten bei einem Mitarbeiter führt als „unpassendes" Verhalten. Dementsprechend wird in einem Training „richtiges" Verhalten erlernt und positiv verstärkt. Allerdings bleiben dabei Merkmale der Mitarbeiter (z. B. fachlich qualifizierter Mitarbeiter vs. unqualifizierter Mitarbeiter) sowie situationale Charakteristika (z. B. erhöhter Wettbewerbsdruck als Rahmenbedingung) unberücksichtigt. Darüber hinaus werden Interdependenzen im Verhalten von Menschen (z. B. Mitarbeiter und Führungskraft) nicht ausreichend berücksichtigt. Bereits an diesem Beispiel wird deutlich, dass das Verhaltensmodell zu kurz greift und dass die Komplexität menschlichen Verhaltens damit nicht abgebildet werden kann.

Letztlich dürfte die Vielzahl der Veränderungsprozesse nicht scheitern, wenn es bei Change Management lediglich um die Konditionierung von Mitarbeitern ginge. In unserem Fallbeispiel müsste es deshalb ausreichend sein, dass ein neues Menschenbild definiert wird und die Anwendung dieses Menschenbilds mit einer Belohnung verbunden ist. So einfach ist es aber natürlich nicht. Aus diesem Grund ist das Verhaltensmodell ebenfalls als alleinige Basis für das Menschenbild in Veränderungsprozessen nicht ausreichend, und dennoch stellt es einen weiteren Baustein in der Erklärung menschlichen Verhaltens in Organisationen dar.

Das konstruktivistische Modell

Im konstruktivistischen Modell steht der Mensch an sich als eigenständiges Subjekt im Mittelpunkt des Menschenbildes. Der Name des Modells lässt sich daraus herleiten, dass jeder Mensch seine eigene Wirklichkeit konstruiert – eine Annahme, die hier von zentraler Bedeutung ist.

Nach Eckard König und Gerda Volmer [3] können im konstruktivistischen Modell drei Thesen unterschieden werden:

- *Jeder Mensch macht sich ein individuelles Bild von seiner Wirklichkeit:* Eine Grundlage des konstruktivistischen Modells stellt die Gestaltpsychologie dar. Der Mensch reagiert ihr

zufolge nicht nur auf äußere Reize, wie es im Verhaltensmodell vermutet wird, sondern er macht sich ein eigenes Bild der Wirklichkeit [18]. Dementsprechend können trotz identischer Reize bei unterschiedlichen Personen auch vielfältige Bedeutungen entstehen.
- *Das Handeln von Menschen ist von der Bedeutung abhängig, die sie einer Situation geben:* Hier steht im Mittelpunkt, dass Menschen Situationen für sich als real definieren können und dementsprechend auch reale Konsequenzen daraus ziehen [19]. Dabei kann es bei unterschiedlichen Personen sehr stark variieren, welche Bedeutung sie einer Situation geben. Und gleichzeitig resultiert aus der jeweiligen Bedeutung ein konkretes Verhalten, das dann wiederum Auswirkungen auf andere Personen haben kann.
- *Eine Veränderung der Bedeutung einer Situation kann zu einer Lösung führen:* Es ist nicht notwendig, dass die Situation zur Lösung eines Problems geändert wird. Oftmals ist es ausreichend, wenn die Bedeutung einer Situation verändert wird, was auch als „Reframing" bezeichnet wird [20]. Es geht folglich darum, dass durch Bedeutungsveränderungen einer Situation neue Handlungsoptionen entstehen können, ohne dass sich die Situation tatsächlich verändern muss.

Das konstruktivistische Modell stellt zweifellos eine wichtige Grundlage für die Erklärung menschlichen Verhaltens in Organisationen dar. Allerdings muss berücksichtigt werden, dass es den Hauptfokus auf eine Person richtet [3]. Das ist für uns insbesondere deshalb von Bedeutung, weil wir uns bei organisationalen Veränderungsprozessen mit Wechselwirkungen zwischen Person, Kultur, Führung und Strategie beschäftigen.

Dennoch lässt sich das konstruktivistische Modell auch auf die Organisationsebene übertragen, sofern Organisationen im Rahmen ihrer Kultur auch bestimmten Situationen eine besondere Bedeutung geben, beispielsweise durch Rituale und Symbole. Für Mitarbeiter anderer Unternehmen ist diese Ausdrucksform der Kultur manchmal nicht offensichtlich erkennbar und in den wenigsten Fällen eindeutig interpretierbar, so dass es folglich um konstruierte Bedeutungen geht, die von den Unternehmensangehörigen geteilt werden.

Das systemische Modell

Das systemische Modell geht davon aus, dass menschliches Verhalten von unterschiedlichen Systemen beeinflusst wird [21]. Aus der Perspektive eines Mitarbeiters spielen die Führungskraft, die Kollegen, die Kunden, das Unternehmen, die Politik, das Land und vielfältige andere (Sub-) Systeme eine Rolle.

Grundlage des systemischen Modells ist die Systemtheorie, die für unterschiedlichste wissenschaftliche Disziplinen von Bedeutung ist. Auf Organisationen wurde sie in den 1970er Jahren von Hans Ulrich übertragen [22]. Es folgten zahlreiche Werke, die sich mit unterschiedlichen Anwendungskontexten beschäftigen, unter anderem eines von Niklas Luhmann zu einem notwendigen Paradigmenwechsel in der Systemtheorie [23].

Im Zentrum des systemischen Modells stehen weniger kausale Ursache-Wirkungs-Zusammenhänge als vielmehr komplexe Wirkmechanismen, die nicht sinnvoll isoliert voneinander betrachtet werden können. Wichtig ist dabei auch die Autopoiese, das heißt die Veränderung aus dem System heraus. Angewendet auf ein Unternehmen, bedeutet dies, dass sich Organisationen auch ohne konkretes Veränderungsprojekt ständig aus sich selbst heraus verändern. Auslöser sind dabei neben der Dynamik sozialer Systeme alle damit verbundenen Elemente, Prozesse und Strukturen, beispielsweise das Eintreten neuer Mitarbeiter, die Eröffnung eines neuen Standorts, die Veränderung rechtlicher Rahmenbedingungen oder der Markteintritt eines neuen Wettbewerbers. Das bedeutet, weitergeführt, allerdings auch, dass Veränderung sowieso immer geschieht; bei der Organisationsentwicklung geht es darüber hinaus um zielgerichtete Veränderungsprozesse.

Aufgrund der umfangreichen Komplexität, die in Systemen unter anderem auf sachlicher, sozialer und zeitlicher Ebene vorhanden ist, wird eine Reduktion dieser Komplexität erforderlich [24]. Eine solche Reduktion kann beispielsweise gemäß sinnvollen Kriterien erfolgen: Durch Sinn präferierte Alternativen werden aufgezeigt, so dass dadurch Komplexität reduziert wird. Dementsprechend sind, abhängig von der Situation und vom System, vollkommen unterschiedliche Verhaltensweisen sinnvoll.

Als Menschenbild eröffnet das systemische Modell neue Perspektiven, die gerade in Kombination mit den anderen Modellen zahlreiche Handlungsimplikationen für Veränderungsprozesse aufzeigen. Wir werden diese in den folgenden Kapiteln immer wieder aufgreifen und thematisieren.

Allgemeiner Wertewandel

Insgesamt muss bei allen vorgestellten Menschenbildern berücksichtigt werden, dass momentan ein umfangreicher Wertewandel im Gange ist. Darüber hinaus müssen bei gegenwärtigen Veränderungsprozessen in Unternehmen mehrere Generationen geführt werden, so dass es umso wichtiger ist, sich in einem ersten Schritt des bestehenden Menschenbilds bezüglich der zugrunde liegenden Werte bewusst zu werden. Dieses Menschenbild muss konsequent über die Unternehmensphilosophie und über das Unternehmensleitbild kommuniziert und gelebt werden, damit es für alle Generationen greifbar ist.

Praxistipp: Reflexion zu Ihren Werten

◘ Tabelle 2.1 gibt Ihnen einen Überblick über unterschiedliche Ebenen des Bewusstseins und der kulturellen Entwicklung – von der beigen Ebene, die von Instinkten geprägt ist, bis hin zur gelben und türkisfarbenen Ebene, die sich durch eine integrative und holistische Perspektive auszeichnen.
Bitte lesen Sie in einem ersten Schritt aufmerksam die Tabelle und führen Sie sich die unterschiedlichen Ebenen anhand der differenzierten Beschreibungen bezüglich Umgebung, Verhalten, Fähigkeiten, Glaubenssätzen, Identität und Zugehörigkeit vor Augen. Was bedeutet das jeweils konkret? Wie würde Ihr Leben jeweils aussehen?
Bitte beantworten Sie im nächsten Schritt die folgenden Fragen, um in eine intensive persönliche Reflexion einzusteigen.

1. Auf welcher Ebene fühle ich mich wohl, wo bin ich zu Hause?
2. Habe ich die Ebenen davor gut integriert? Wenn nein, welche Konflikte sind offen, welche Hindernisse stehen noch im Weg?
3. Auf welcher Ebene sehe ich unsere Unternehmensleitung/meine Abteilung etc. heute? Wo will ich sie sehen?
4. Wo sehe ich mich in unserer Unternehmensleitung/Abteilung etc., wo sehe ich die anderen?
5. Was müsste ich tun, was müssten wir tun?

Tab. 2.1 Spiral-Dynamics-Ebenen nach Don Beck und Christopher Cowan [25]

Ebene	Umgebung	Verhalten	Fähigkeiten	Glaubenssätze	Identität	Zugehörigkeit
Beige: instinktiv/überlebensnotwendig	Mangel an Ressourcen	Befriedigung von Bedürfnissen	Effiziente Überlebensstrategien	Leben als Überlebenskampf mit ständigen Gefahren	Ich existiere, also bin ich	Zusammenschluss mit anderen, um Überleben zu sichern
Purpur: magisch/animistisch	Naturgewalten, Krisen, Gemeinschaft (z. B. Clan, Ahnen)	Rituale, Gesänge, Symbole	Anpassung, Anerkennung	Tradition, Geister besänftigen	Ich bin ein Teil des Clans	Beseeltheit der Dinge und Zugehörigkeit zur Sippe
Rot: impulsiv/egozentrisch	Welt als Schlachtfeld	Unabhängig und frei sein, Emotionen ausleben, Kampf	Tiefe Emotionalität, Selbstvertrauen, Durchsetzungsvermögen	Willensstärke, Selbstkontrolle, Selbstwirksamkeit	Ich bin ein Krieger, ich bin stark	Durchsetzung der Individualität als Kämpfer und Sieger
Blau: zielbewusst/autoritär	Gesetze, Verträge, Regeln, Ordnung	Angepasst, linientreu, uninformiert	Loyalität und Disziplin	Gesetz, „Gut" und „Böse"	Ich verpflichte mich gegenüber Gesetz und Autorität	Teil der bestehenden Ordnung, um loyal und aufrichtig zu dienen
Orange: ausführend/strategisch	Wettbewerb, Veränderung und Fortschritt	Erfolgsorientiert, risikofreudig	Strategisch, wissenschaftlich und effektiv	Leistung, Erfolg, des eigenen Glückes Schmied	Ich bin ein Macher, ich bin ein Erfolgsmensch	Wissenschaft, Kapitalismus und Leistungsgesellschaft im Dienste der Weiterentwicklung und des Fortschritts
Grün: verantwortlich/egalitär	Wohlstand und Sicherheit, Verantwortlichkeit und Sozialität	Gruppenbildung zum Diskurs, Austausch mit anderen	Teamfähigkeit, Wertschätzung, Integration	Nachhaltigkeit, Sinnhaftigkeit und Respekt	Ich bin ein Teamplayer	Auseinandersetzung und harmonischer Umgang mit anderen und mit der Umwelt

■ Tab. 2.1 (*Fortsetzung*) Spiral-Dynamics-Ebenen nach Don Beck und Christopher Cowan [25]

Ebene	Umgebung	Verhalten	Fähigkeiten	Glaubenssätze	Identität	Zugehörigkeit
Gelb: integrativ	Chaos, Hierarchien, Systeme, Netzwerke	Lebenslanges Lernen, ganzheitlich, lösungsorientiert	Flexibilität, Kreativität, Funktionalität, Akzeptanz von Widersprüchen	Dynamische Systeme, Ebenenwechsel ist möglich, Zwänge und Ängste existieren nicht	Ich bin ein Suchender	Teil des universellen Systems und Entwicklung der Menschheit
Türkis: holistisch	Dynamischer Organismus	Transpersonale Kommunikation, globale Ausrichtung	Ganzheitlichkeit, Intuition, ökologisches und evolutionäres Denken	Verbundenheit aller Dinge, Widerspiegelung des Einzelnen im Ganzen	Ich bin Teil eines dynamischen Universums	Erleben von Spiritualität und Vernunft und des Universums
Koralle	Offen	Offen	Offen	Offen	Offen	Offen

Einen Erklärungsansatz für den momentanen Wertewandel geben Don Beck und Christopher Cowan [25] mit dem Modell „Spiral Dynamics", das zu einem umfassenderen Verständnis des menschlichen Bewusstseins und der kulturellen Entwicklung beiträgt. Das Modell besagt, dass sich sowohl die Menschen in der kulturgeschichtlichen Entwicklung als auch der einzelne Mensch in seiner individuellen Entwicklung über verschiedene Bewusstseinsebenen (derzeit 8 + 1 Ebene) entwickeln können. Diese Bewusstseinsebenen repräsentieren jeweils unterschiedliche Werte, Glaubensvorstellungen und natürlich auch konkrete Verhaltensweisen. Unserer Erfahrung nach kann das Modell einen wertvollen Beitrag zur Einordnung von Lebensstilen, Eigenschaften und Glaubenssystemen bei der Initiierung und Begleitung von Veränderungsprozessen leisten. ■ Tabelle 2.1 unterscheidet diesem Modell entsprechend 8 + 1 Ebenen, mit denen jeweils verschiedene Umgebungen, Verhaltensweisen etc. verbunden werden. Die „neunte" Ebene symbolisiert, dass sich die Ebenen systemlogisch in der Zeit weiterentwickeln, deshalb ist sie heute inhaltlich noch nicht zu beschreiben.

Bereits hier wird deutlich, wie stark das jeweilige Menschenbild mit den zugrunde liegenden Werten zusammenhängt. Insofern ist eine Bewusstwerdung und kritische Auseinandersetzung mit Werten ein zentraler Ausgangspunkt für Veränderungsprozesse – sowohl auf individueller als auch auf organisationaler Ebene.

Eine Verknüpfung der Spiral-Dynamics-Ebenen mit einer aktuellen Studie des Fraunhofer-Instituts für Arbeitswirtschaft und Organisation IAO liefert wichtige Impulse für die Organisationsentwicklung unter Berücksichtigung unterschiedlicher Menschenbilder. So wird in ■ Abb. 2.2 ein gemeinsamer Entwicklungsraum von Organisation und Individuum aufgezeigt, der bei Organisationen zu Wettbewerbsfähigkeit und bei Individuen zur Beschäftigungsfähigkeit führt (mit „Beschäftigungsfähigkeit" ist dabei gemeint, dass ein Mitarbeiter aus der Perspektive von Organisationen ein attraktiver und leistungsfähiger Mitarbeiter ist). Dieser Entwicklungsraum kann insbesondere mit den Identitäten „Ich bin ein Macher", „Ich bin ein Teamplayer", „Ich bin ein Suchender" und „Ich bin Teil eines dynamischen Universums" ver-

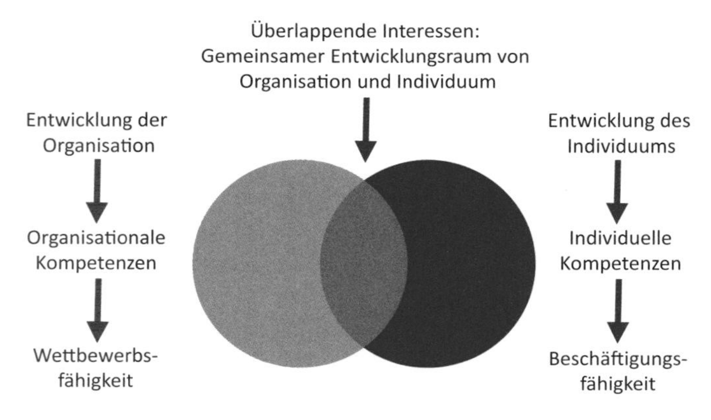

Abb. 2.2 Entwicklungsraum für Organisation und Individuum [26, S. 21]

knüpft werden. Insofern wird für zukünftige Mitarbeiter eine bestimmte Entwicklung auf der Individuumsebene zur Voraussetzung, damit sich diese überhaupt noch in den organisationalen Arbeitsalltag integrieren können. Der Begriff „Humanisierung der Arbeit" bekommt dementsprechend eine neue Konnotation, die vor allem auch auf einem Miteinander von Organisation und Mitarbeiter auf Augenhöhe basiert. Die Machtverhältnisse verschieben sich durch den demografischen Wandel und durch ein neues Selbstbewusstsein von Erwerbstätigen, so dass Unternehmen darauf reagieren müssen. „Employer Branding" ist hier nur ein Stichwort, das auf allen Ebenen des Unternehmens umgesetzt werden muss, um langfristigen Erfolg möglich zu machen.

Die gegenwärtige Diskussion zur Generation Y, dass sich nämlich durch die Werte dieser Generation die gesamte Arbeitswelt ändern wird beziehungsweise muss, lässt sich ebenfalls anhand der Spiral-Dynamics-Ebenen erklären und besser verstehen: Es geht um mehr als Geld, es geht um mehr als arbeiten [27]. Im Mittelpunkt steht vielmehr „Lebenswert" in der ursprünglichen Bedeutung, wobei Werte hier selbstverständlich eine zentrale Grundlage darstellen. Bei der Erarbeitung eines Menschenbilds als Ausgangspunkt für einen organisationalen Veränderungsprozess ist eine intensive Auseinandersetzung mit den vorhandenen Werten (IST) und den gewünschten oder für die Veränderung sogar notwendigen Werten (SOLL) dementsprechend unumgänglich.

Zusammenfassung

Die Auseinandersetzung mit unterschiedlichen Menschenbildern und den damit zusammenhängenden Modellen macht deutlich, dass diese für erfolgreiche Veränderungsprozesse sehr wichtig sind. Neben den historisch älteren Eigenschafts- und Verhaltensmodellen haben in jüngerer Zeit auch konstruktivistische und systemische Modelle immer mehr Bedeutung erlangt. Angesichts der Verschiedenheit der Modelle ist allerdings besonders darauf zu achten, welche Werte mit dem jeweiligen Menschenbild einhergehen und welche Auswirkungen diese wiederum auf organisationale Veränderungsprozesse haben. Somit bedeutet ein Veränderungsprozess in den allermeisten Fällen auch einen Wertewandel, der momentan auch gesamtgesellschaftlich gegeben ist, wie sich beispielsweise beim Stichwort „Generation Y" zeigt. Ein Veränderungsprozess in Unternehmen muss deshalb immer mit einer Bewusstwerdung des Menschenbilds beginnen. Das Beispiel aus der Praxis am Anfang dieses Kapitels macht deutlich, dass bereits diese Reflexion einen wichtigen Veränderungsprozess bei den Beteiligten anstößt und zu einem wichtigen Abstimmungs- und Aushandlungsprozess zwischen den Beteiligten führt. Eine theoretische Grundlage für diese Phase ist das bereits vorgestellte Modell Spiral Dynamics, das mit unterschiedlichen Ebenen eine differenzierte Auseinandersetzung mit Werten, mit Identität und mit Zugehörigkeit in Unternehmen ermöglicht und unterstützt.

Literatur

1 Bateson G (1985) Ökologie des Geistes: Anthropologische, psychologische, biologische und epistemologische Perspektiven. Suhrkamp, Frankfurt a. M.
2 Dilts RB (2006) Die Veränderung von Glaubenssystemen: NLP-Glaubensarbeit. Junfermann, Paderborn
3 König E, Volmer G (2008) Handbuch Systemische Organisationsberatung. Beltz, Weinheim
4 Kinne P (2009) Integratives Wertemanagement: Eine Methodik zur Steuerungsoptimierung immaterieller Ressourcen in mittelständischen Unternehmen. Gabler, Wiesbaden
5 Schein EH (1991) Organizational culture. American Psychologist 45(2):109–119
6 Hofstede G (2001) Culture's consequences: Comparing values, behaviors, institutions, and organizations across nations. Sage, Thousand Oaks
7 Binder T (2014) Das Ich und seine Facetten. Zeitschrift für Organisationsentwicklung 1:9–15
8 Yukl GA (2006) Leadership in organizations. Pearson/Prentice Hall, Upper Saddle River
9 Parment A (2013) Die Generation Y: Mitarbeiter der Zukunft motivieren, integrieren, führen, 2. Aufl. Springer Gabler, Wiesbaden
10 Asendorpf JB (2007) Psychologie der Persönlichkeit. Springer, Heidelberg
11 Bowden AO (1926) A study of the personality of student leaders in colleges in the United States. The Journal of Abnormal and Social Psychology 21(2):149–160
12 Gibb CA (1947) The principles and traits of leadership. Journal of Abnormal Psychology 42(3):267–284
13 Mischel W (1968) Personality and assessment. Wiley, New York.
14 Bents R, Blank R (2005) Typisch Mensch. Einführung in die Typentheorie. Hogrefe, Göttingen
15 Pittenger DJ (2005) Cautionary comments regarding the Myers-Briggs Type Indicator. Consulting Psychology Journal: Practice and Research 57(3):210–221
16 Hossiep R, Mühlhaus O (2005) Personalauswahl- und entwicklung mit Persönlichkeitstests. Hogrefe, Göttingen
17 Watson JB, Graumann CF (1968) Behaviorismus. Kiepenheuer & Witsch, Köln
18 Fitzek H (2014) Gestaltpsychologie kompakt. Grundlinien einer Psychologie für die Praxis. Springer VS, Heidelberg
19 Merton RK (1995) The Thomas Theorem and the Matthew Effect. Social Forces 74(2):379–422
20 von Schlippe A, Schweitzer J (2010) Systemische Interventionen. UTB, Stuttgart
21 von Schlippe A, Schweitzer J (2013) Lehrbuch der systemischen Therapie und Beratung I. Das Grundlagenwissen. Vandenhoeck & Ruprecht, Göttingen
22 Ulrich H (1970) Die Unternehmung als produktives soziales System. Haupt, Bern
23 Luhmann N (1987) Soziale Systeme. Grundriß einer allgemeinen Theorie. Suhrkamp, Frankfurt a. M.
24 Willke H (2006) Systemtheorie I: Grundlagen. UTB, Stuttgart
25 Beck D, Cowan C (1995) Spiral dynamics: Mastering values, leadership and change. Blackwell, Cambridge
26 Spath D, Bauer W, Ganz W (2013) Arbeit der Zukunft. Fraunhofer-Institut für Arbeitswirtschaft und Organisation IAO, Stuttgart
27 Bind K (2014) Glück schlägt Geld. Generation Y: Was wir wirklich wollen. Murmann, Hamburg

Charakteristika von Organisationen

Simon Werther, Christian Jacobs

F. C. Brodbeck, E. Kirchler, R. Woschée (Hrsg.),
Organisationsentwicklung – Freude am Change, Die Wirtschaftspsychologie,
DOI 10.1007/978-3-642-55442-1_3,

Zum Einstieg

Ausgangslage

In der globalisierten Wirtschaft mitspielen heißt, dass es meist um weltmeisterliche Spiele geht. Die Frage, auf welchem Leistungsniveau ein Unternehmen beteiligt ist, stellt sich insofern nicht wirklich und ist eine nur rhetorische. Selbstverständlich ist heute, dass wir es mit sogenannten High Performance Organisationen (HPO) oder exzellenten Organisationen zu tun haben. Diese Organisationsmodelle sind schon häufig und in unterschiedlichen Formen beschrieben worden; darüber hinaus tauchen dann Fragen auf, die weit über die Thematik reiner Leistungsanforderungen hinausgehen. Immer mehr gerät der „klassische Kapitalismus" in seinen überzogenen Ausprägungen in Verruf oder in den Verdacht, doch nicht die „beste aller möglichen Welten" – beziehungsweise Wirtschaftsformen – zu sein. Mitarbeiter sind heute meist weit mehr als Personen, die Aufträge abarbeiten. Sie sind sehr gebildet, sie sind an dem Sinn und der Bedeutung des Unternehmens interessiert, sie wollen eine Balance zwischen Arbeitszeit (Vita activa) und Freizeit (Vita contemplativa) und tragen oftmals gerne Verantwortung. Das führt wiederum zu Organisationen betreffende Überlegungen, die sich über die Modelle der HPO nicht ausreichend abbilden lassen. Grundsätzliche Fragen des Gesellschaftsmodells, der Strategieentwicklung, der Führung und der Partizipation sowie der Struktur stellen sich.
Eine Unternehmensgründung bzw. -weiterentwicklung kann zum Beispiel mit der Frage starten: Wie können wir auf eine erfüllendere, umfassendere und kraftvollere Art und Weise gemeinsam leben und arbeiten? [1]
Welche Gedanken haben Sie, wenn Sie sich diese Frage stellen? Welche Gefühle entfalten sich? Wie würden Sie diese Frage grundsätzlich beantworten? Was wären für Sie wichtige und sogar lebenswichtige Kriterien? Was würden Sie jetzt sofort in Ihrer Organisation ändern, wenn Sie könnten? Und warum können Sie diese Dinge eigentlich nicht ändern?
Und schon sind Sie an einem ganz grundsätzlichen Change angekommen. Diese Fragen grundsätzlich, gut und neu zu beantworten braucht viel Zeit. Idealerweise befinden Sie sich auch immer wieder in Phasen des praktischen Erlebens, um daraus dann wieder im Rahmen von „learning loops" neue Erkenntnisse zu generieren. Dabei sind es letztlich wenige Fragen, die nach guten Antworten suchen:

- Welchen Sinn erfüllt unsere Organisation in der Gesellschaft?
- Wo kommen unsere Aufgaben her und welche Prozesse und Rollen leiten sich daraus ab?
- Welche Organisationsprinzipien richten unser Bewusstsein aus?
- Welche Strukturen benötigen wir?
- Wie gestalten wir unser Informations- und Wissensmanagement?
- Wie sind unsere Entscheidungsprozesse organisiert?
- Wie verdienen wir unser Geld und wofür geben wir es aus?
- Welche Qualitäten (Werte) zeichnen unsere Führung und Zusammenarbeit aus?

Und wenn Sie nach längerer Reflexion Ihre Antworten gefunden haben, kann es in einer Organisationsform resultieren, die sich Holocracy nennt. Die amerikanische Softwarefirma Ternary Software wollte eine solche Organisationsform entwickeln: Sie soll es den Menschen ermöglichen, Arbeit und Leben in gelungener Form zu verbinden, und damit auch ein Stück Vorbild für eine nächste Gesellschaft sein.

Lösungsansatz

Erkenntnisse aus verschiedensten Theorien der menschlichen Entwicklung waren für die Organisationsform der Holocracy genauso relevant wie Erkenntnisse aus einer fortschrittlichen Organisationslehre und aus der Quantenphysik sowie aus der Kybernetik.

Einer der namengebende Kernbegriffe ist „Holon"; er wurde von Arthur Koestler und von Ken Wilber geprägt und besagt Folgendes: Ein Holon ist für sich ein Ganzes und gleichzeitig ein Teil eines Ganzen [2]. Ken Wilber fügt dem die weiteren Tendenzen, seine Ganzheit und Teilheit zu bewahren und sich selbst zu transzendieren und aufzulösen, hinzu [3]. Daneben ist der Begriff der Demokratie namengebend. „Demokratie" meint hier vor allen Dingen den guten Prozess einer partizipativen Entscheidungsfindung.

Die Inhalte der Begriffe bilden den Wesenskern der Holocracy. Ternary Software ist eine Organisation, die verschiedene menschliche Typen und ihre jeweiligen energetischen Felder akzeptiert, nutzt und im Sinne der bestmöglichen Entwicklung der Organisation integriert. Jeder Mitarbeiter wird mit seinen Emotionen, Sehnsüchten, Bestimmungen, Werten, mit anderen geteilten Bedeutungen etc. wahrgenommen und als für die sozialen Beziehungen wertvoll erachtet. Und genauso bedeutsam sind auf Seiten der Person die Verhaltensweisen, Fähigkeiten, Praktiken und auf Seiten der Organisation die Systeme und Prozesse, die heute in der Wirtschaftswelt Beachtung finden müssen. Diese Unterscheidung macht aber ein weiteres ganz zentrales Moment der Holocracy deutlich: Die Trennung zwischen Individuum und Rolle. Durch diese Trennung können sich die organisationalen Rollen ebenso weiterentwickeln wie das Individuum selbst. Die Besonderheit ist dabei, dass diese Arten der Weiterentwicklung in gewisser Weise unabhängig voneinander ablaufen können. In vielen heutigen Unternehmen wird der Mensch oft mit seiner Rolle verwechselt und umgekehrt. Diese Verwechslung führt zu schweren Konflikten, aufgeschobenen Entscheidungen und abnehmender Wertschätzung der Menschen innerhalb solcher Unternehmen.

Darüber hinaus pflegt Ternary Software eine Organisationspraxis, die dem Menschen in einer Zeit zunehmender Komplexität und Ungewissheit die Möglichkeit schaffen möchte, sein eigenes höchstes Potenzial zu finden und in der sozialen Welt auszudrücken. Das zentrale Organisationsprinzip sind selbstorganisierende Kreise, die in bestimmter Form und mit klaren Rollen sowohl innerhalb eines umfassenderen Kreises als auch mit anderen Kreisen interagieren. Dieses Organisationsprinzip wird in ◼ Abbildung 3.1 deutlich. Die Integration von unterschiedlichen Wahrnehmungen, Meinungen und Welten ist ein eindeutiges Erfolgskriterium der Holocracy. Die Kreise sind jeweils mit einer Doppel-Verbindung mit allen Sub-Kreisen verbunden. Einmal gibt es den Lead-Link, der dafür verantwortlich ist, das Ergebnis des Sub-Kreises mit den Bedürfnissen und Anforderungen des nächst größeren Kreises (Superkreis) abzustimmen. So könnte ein Lead-Link noch Ähnlichkeiten mit Führungsverantwortlichen in herkömmlichen Organisationen haben. Der Rep-Link wiederum ist dafür verantwortlich sicherzustellen, dass der Superkreis eine förderliche Umwelt für den Subkreis schafft. Das geschieht dadurch, dass der Rep-Link entscheidende Wahrnehmungen, Bedürfnisse und Anforderungen in den Superkreis einbringt (Links sind Rollen, die genau beschrieben sind und jeweils von einem Menschen ausgeführt werden. Dabei können das über einen Zeitraum durchaus verschiedene Menschen sein). Die Funktion des Lead-Links ist im System wichtig. Die Rolle muss aber nicht dauerhaft von immer derselben Person besetzt sein. Die Begriffe Sub- und Superkreis sind keine Beschreibungen, die Bewertungen bedeuten sollten. Die Formulierung bezieht sich nunmehr wieder auf die Holontheorie, die besagt, dass alles in allen ist und dass es kleinere und größere Einheiten gibt.

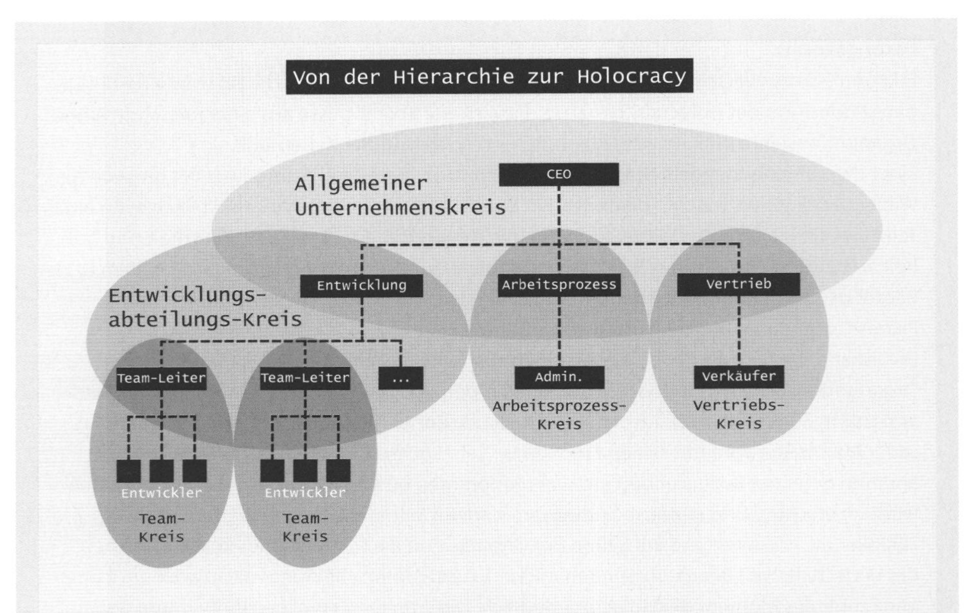

Abb. 3.1 Visualisierung der Holocracy bei Ternary Software

So sind ein bidirektionales Feedback und ein solcher Informationsfluss jederzeit möglich und finden tatsächlich statt. Jeder Kreis ist ein Holon und damit vollständiger, eigenständiger und natürlicher Bestandteil einer größeren Einheit (Unternehmen, Gesellschaft). Ein Holon kann sich sowohl für die Gestaltung eines Projektes gebildet haben als auch einen Bereich im herkömmlichen Sinne abdecken. Eine Kernpraktik der Holocracy sind zwei Arten von regelmäßigen Kreis-Treffen: Einmal treffen sich Kreise zu Leitungsthemen, die dann insbesondere die Form der Arbeit behandeln, und dann gibt es Betriebs-Meetings, bei denen es darum geht, die Tagesarbeit zu planen und zu erledigen. Für die Meetings gibt es unterschiedliche Formate, die meist einer sehr präzisen Struktur folgen.

Innerhalb dieser Kreise gibt es – wie in der gesamten Organisation – klare Rollen, die immer dem Prinzip folgen: Worauf kann die Organisation bei der jeweiligen Rolle zählen? In den Rollen werden immer die Zuständigkeiten und Aufgaben beschrieben, was wiederum ein fließender Prozess ist. Zuschreibungen werden auch über integrierte Wahlen vorgenommen und beim Auftreten von Konflikten neu geregelt und zugeordnet; integrierte Wahlen werden für die Besetzung der Schlüsselrollen (z. B. Links) verwandt. Sie nutzen die kollektive Intelligenz der jeweils Wahlberechtigten und zeichnen sich durch große Klarheit und Transparenz aus – jeder nominiert eine Person und begründet kurz seine Entscheidung. Gemeinsam wird dann letztlich eine Person gewählt.

Solange eine Rolle mit ihren Zuständigkeiten und Aufgaben keinerlei Konflikte auslöst und zum Erfolg der Organisation beiträgt, bleibt diese Rolle unverändert. Sie kann sich dabei durchaus in unterschiedlichen Kreisen wiederfinden.

Mit jeder Rolle ist – mit den jeweiligen Zuständigkeiten – auch die Verantwortung hinsichtlich der Kontrolle über das Erfüllen der Aufgaben und damit auch das Erreichen der jeweiligen Ziele verbunden. Der hohe Grad der Selbstverantwortung und die damit notwendig verbundene große Dichte an Feedback sorgen innerhalb von Ternary Software für dynamische und schnelle Entscheidungen mit einem hohen Informationsgehalt für alle Beteiligten.
Mit der „kulturellen Entscheidung", im Hier und Jetzt zu sein und dennoch angemessene und integrativ (über alle relevanten Stakeholder) entschiedene Ziele (strategische Vorhaben) zu verfolgen, ist es nötig, dass es einen kontinuierlichen Prozess von Feedback über Rollen und Kreise gibt. Ein zentrales Ergebnis dieses Prozesses ist eine damit einhergehende sehr große integrative Entscheidungsbefugnis in den Rollen und Kreisen.
Spürbar wird sicher, dass eine solche Organisation den achtsamen, aktiven und engagierten Menschen braucht, der gerne in „seinem" Unternehmen arbeitet. Als Vorstand einer Holocracy Organisation geht es dementsprechend darum, dass der evolutionäre Impuls der Organisation entdeckt und manifestiert wird. Und alle anderen Führungsverantwortlichen (Lead-Links) innerhalb der Organisation unterstützen eben genau diesen Zweck und sorgen für immer wieder neue Entdeckungen, die das Leben des großen Holons (Organisation) dauerhaft ermöglichen.

Dieses Fallbeispiel macht bereits deutlich, dass Klarheit bezüglich des Organisationsverständnisses und auch bezüglich unterschiedlicher Organisationsformen in Veränderungsprozessen sehr wichtig ist. Hier spielen die Menschenbilder aus dem vorherigen Kapitel eine zentrale Rolle. Analog zu den unterschiedlichen Menschenbildern geht es allerdings weniger um das *eine* richtige Organisationsverständnis oder -modell, sondern vielmehr darum, dass die Beteiligten ein miteinander geteiltes und möglichst ähnliches Organisationsverständnis im Kopf haben und somit auch mit Leben füllen. Holocracy stellt hier sicherlich eine besondere Organisationsform dar, doch führt uns gerade diese besondere Organisationsform die Bedeutung dieser Aspekte vor Augen: In Veränderungsprozessen ist neben einem reflektierten und miteinander geteilten Menschenbild ein reflektiertes und miteinander geteiltes Organisationsverständnis ein wichtiger Erfolgsfaktor, denn nur so wird eine gemeinsame Veränderung überhaupt erst möglich. Dabei reicht es nicht, dass mit den omnipräsenten Schlagwörtern Matrix- und Projektorganisation ein vermeintlich modernes Organisationsverständnis transportiert wird. Vielmehr muss, wie im Fallbeispiel hergeleitet, hinterfragt werden, was der tiefere Sinn der Organisation sein soll und welche Strukturen, Prozesse etc. dafür notwendig und sinnvoll sind.

Aus diesem Grund werden wir uns in diesem Kapitel mit dem Organisationsverständnis sowie mit unterschiedlichen Organisationsformen beschäftigen. Das ist auch aufgrund des im vorherigen Kapitel angesprochenen Wertewandels insofern sehr wichtig, als traditionelle hierarchische Organisationsformen auch aufgrund der Erwartungen der Arbeitnehmer voraussichtlich weiter an Bedeutung verlieren werden. Für Organisationen, insbesondere von mittelständischen Unternehmen und Großkonzernen, ist es deshalb überlebenswichtig, dass ein gemeinsames Organisationsverständnis und zukunftsfähige Organisationsmodelle exploriert und miteinander integriert werden – was bereits für sich alleine ein herausfordernder Veränderungsprozess ist.

Organisationsverständnis

Eine Organisation kann unserer Erfahrung nach mit einem Organismus gleichgesetzt werden, das heißt, es handelt sich bei ihr um ein eigenständiges System, das sich ständig weiterentwickelt und das dementsprechend auch unterschiedliche Zustände erreichen und vielfältige Phasen durchlaufen kann. Darüber hinaus ist eine umfassende systemische Perspektive auf Organisationen sinnvoll, um ein Verständnis für die Charakteristika und für die Abgrenzung unterschiedlicher Organisationsformen zu entwickeln.

Entwicklungsphasen in Organisationen

Die Auffassung von Organisationen als eigenständige Systeme, die sich weiterentwickeln und die unterschiedliche Zustände erreichen, ist sehr nah am Organisationsverständnis von Friedrich Glasl und Bernard Lievegoed [4]. Demnach kann zwischen den folgenden vier Entwicklungsphasen in Organisationen unterschieden werden:

1. Pionierphase,
2. Differenzierungsphase,
3. Integrationsphase,
4. Assoziationsphase.

In der *Pionierphase* herrscht allgemeine Aufbruchsstimmung in der Organisation, das heißt feste Zuständigkeiten und Rollenbeschreibungen sind noch nicht vorhanden. Im Mittelpunkt steht hier oftmals ein Gründer(-team), der (bzw. das) die Organisation durch Überzeugung und durch eigene Ideen vorantreibt und weiterentwickelt.

Erst durch das zunehmende Wachstum und die damit notwendigen Umstrukturierungen werden in der *Differenzierungsphase* Rollenbeschreibungen eingeführt. Steuerung, aber auch Kontrolle gewinnen erstmals an Bedeutung, um über die wachsende Organisation den Überblick zu behalten.

Die Fokussierung auf Rollenbeschreibungen und strukturierte Organigramme weicht in der *Integrationsphase* einer prozessorientierten Perspektive. Die in der vorherigen Phase zunehmende Kontrolle nimmt wieder ab, nachdem die Förderung der Mitarbeiter mehr im Mittelpunkt steht.

In der *Assoziationsphase* geht es um eine höhere Ebene, auf der die Organisationsinteressen vertreten und erreicht werden können. Im Fokus stehen hier also Möglichkeiten der Verbindung mit anderen Organisationen, um die ursprünglichen Interessen der Organisation auf einer höheren Ebene zu erreichen.

▪ Tabelle 3.1 zeigt einen detaillierten Überblick über diese vier Phasen, damit diese noch besser greifbar werden. Dabei bezieht sich die Tabelle sowohl auf kulturelle Subsysteme (Identität sowie Policy, Leitsätze, Strategie, Programme) wie auf soziale Subsysteme (Struktur der Aufbauorganisation, Menschen, Gruppen, Beziehungen, Klima, Funktionen, Organe) und auf technisch-instrumentelle Subsysteme (Prozesse, Abläufe sowie physisch-materielle Mittel). In der Tabelle wird deutlich, dass der ursprüngliche Fokus von Friedrich Glasl und Bernard Lievegoed vor allem auf dem produzierenden Bereich lag, sofern von Robotern etc. die Rede ist. Dennoch lassen sich zahlreiche Wesenselemente dieser vier Phasen in beliebigen Branchen wiederfinden, und die detaillierte Tabelle stellt sicherlich eine große Hilfe bei der Übung „Phasenmodell Ihres Unternehmens" dar, die wir daran anschließend wiedergeben. Außerdem wird in der Beschrei-

Tab. 3.1 Wesenselemente der Pionier-, Differenzierungs-, Integrations- und Assoziationsphase [4, S. 158f.]

	Pionierphase	Differenzierungsphase	Integrationsphase	Assoziationsphase
Identität	Persönliche Identität der Pionierpersonen, Kunde ist König, Kundentreue	Rationales Definieren der Marktposition, Markt ist anonyme Größe, von innen nach außen denkend	Bewusste Arbeit an Mission, Leitbild, Credo, konsequent auf Kundenbedürfnisse und -nutzen hin orientiert	Assoziiert zum Unternehmens-Biotop, Position in Wirtschaft und Gesellschaft durch Stakeholdernutzen kooperativ definiert
Policy, Leitsätze, Strategien, Programme	Ziele und Leitsätze sind implizit und intuitiv, Treue, Nähe, Kreativität und Spontanität	Prinzipien der wissenschaftlichen Betriebsführung festgelegt, Transparenz, Planbarkeit, Steuerbarkeit, Arbeitsteilung, Koordination, Ordnung, Kontrolle	Partizipativ überarbeitet und kommuniziert, Initiative, Verantwortung und Selbstorganisation	Leitsätze proaktiv formuliert mit Partner-Unternehmen als Schicksalsgemeinschaft, langfristige gemeinsame Strategie und Rahmenverträge
Struktur der Aufbauorganisation	Weder Formalisierung noch Festlegung, breite Kammstruktur um PionierInnen und Sub-PionierInnen, flexibel	Formalisierung, funktionale Gliederungen, Stab-Linie, Führungsebenen spezialisiert in konstituierende/ organisierende/ dirigierende Führung	Mischung von formaler und informaler Struktur, föderative Vernetzung relativ autonomer Unternehmensbereiche, auf Kunden/ Produktgruppen/ Geschäftsfelder bezogen	Durchlässige Grenzen der Organisation, interne und externe Vernetzung relativ selbststeuernder Bereiche, Nahtstellenorgane mit externen Partner-Unternehmen
Menschen, Gruppen, Beziehungen, Klima	Charismatisch-autokratische Führung, direkte informale persönliche Kontakte, Nähe und Wärme	sachorientierte Führung, durch Technik und Regulierungen instrumentalisierte Kontakte, kaum Teamarbeit, Distanz und Kühle	Agogisch-situatives Führen, Lernen und Entwicklung wichtig, formale und informale Kontakte, Teamarbeit, Nähe und Wärme	Hohe Durchlässigkeit der Führung, agogisch-situativ, Personalentwicklung und Aushilfe auch im Unternehmensbiotop, MitarbeiterIn als BürgerIn
Funktionen, Organe	Psycho-Logik der Aufgabenkonzentration um Personen, durch Allround-Funktionen, Erfolgserlebnisse	Rationale Sach-Logik der Aufgabenteilung und Spezialisierung, Festlegung in Stellenbeschreibungen, Trennung von Planung/Ausführung/Kontrolle	Sachliche und humane Kriterien für Funktionsinhalte, Job Enrichment = integrierte Funktionen, Flexibilität, (teil-) autonome Teams	Job Enrichment ausgebaut, erweiterter Aufgaben- und Prozess-Horizont, Nahtstellen-Management, externe Job-Rotation

Tab. 3.1 (*Fortsetzung*) Wesenselemente der Pionier-, Differenzierungs-, Integrations- und Assoziationsphase [4, S. 158 f.]

	Pionierphase	Differenzierungsphase	Integrationsphase	Assoziationsphase
Prozesse, Abläufe	Beweglichkeit, Improvisation, nach handwerklichen Gesichtspunkten, Sonderanfertigungen statt Standards	Standardisierung und Routine, Verfahren genau geplant, formalisiert, mechanisiert und möglichst automatisiert, zentrale Koordinationsstellen	Innerhalb von Rahmenvorgaben flexible Prozess-Steuerung durch Betroffene, Mischung von Selbst- und Fremd-Planung und -Steuerung	Ausweitung des Prozessdenkens und der Selbststeuerung, Schnittstellen zu Nahtstellen gemacht, Verzicht auf Pufferzonen und Sicherheitsnetze, just-in-time
Physisch-materielle Mittel	Gebäude, Maschinen, Werkzeuge usw. werden als untergeordnet erlebt und improvisierend gebraucht	Technik hat hohen Stellenwert, Logik der Technik prägt als „Sachzwang" auch das soziale Subsystem, Informations-Technologie hat zentrale Bedeutung	Räume und Ausstattung nach sozio-technischen Kriterien, „soft technology" erlaubt Bedienung durch Teams, Informations-Technologie dezentral genutzt	Anlagen auf Teamarbeit ausgerichtet, wesentliche Vereinfachung mittels Unterstützung durch Roboter, äußerst sparsamer Einsatz von Raum, Kapital

bung der Assoziationsphase deutlich, dass sich hier die Grenzen des Systems „Unternehmen XY" teilweise auflösen, da von einem Unternehmens-Biotop die Rede ist, das heißt von einem größeren Netzwerk von Unternehmen, die kooperativ und wertschätzend zusammenarbeiten. Das ist sicherlich leichter gesagt als in der Realität umgesetzt, dennoch beschäftigen sich viele Forscher momentan mit einer Netzwerkführung und damit assoziierten Themen, was, weitergedacht, genau in der Assoziationsphase resultieren kann [5].

Im folgenden Kapitel werden wir uns auch mit Phasenmodellen von Veränderungsprozessen beschäftigen, die sich aber klar von dem hier vorgestellten Modell der Entwicklungsphasen von Unternehmen abgrenzen lassen. Beim Modell der Entwicklungsphasen von Unternehmen steht das Unternehmen als Ganzes im Mittelpunkt der Betrachtung, das heißt, es geht eher um eine evolutionäre Perspektive auf die gesamte Entwicklung eines Unternehmens, inklusive aller im Unternehmen beteiligten Personen. Die unterschiedlichen Phasenmodelle von Veränderungsprozessen beschäftigen sich dagegen mit einem Veränderungsprozess in einem Unternehmen. Hier können durchaus mehrere Veränderungsprozesse in einem Unternehmen parallel ablaufen, so dass eine projektbezogene Perspektive angemessen ist. Diese Unterscheidung ist unserer Meinung nach von zentraler Bedeutung, da sie für die Organisationsdiagnose und für die Planung von Maßnahmen des Change Managements vielfältige Implikationen mit sich bringt. In einem ersten Schritt jedes Veränderungsprojekts ist es immer empfehlenswert, dass die Entwicklungsphasen des gesamten Unternehmens analysiert werden. Darüber hinaus kann dann die Planung des konkreten Veränderungsprojekts anhand eines Phasenmodells von Veränderungsprozessen erfolgen, worauf wir in ► Kap. 4 eingehen.

Praxistipp: Übung „Phasenmodell Ihres Unternehmens"

Es spielt keine Rolle, ob Sie als Führungskraft, als Mitarbeiter, als externer Berater oder anderweitig in ein Unternehmen eingebunden sind. Letztlich sind Sie so oder so Teil dieses Unternehmens. Für die Beantwortung der unten stehenden Fragen ist es sinnvoll, dass Sie diese sowohl selbst beantworten als auch andere Unternehmensangehörige einbinden. Das kann – je nachdem, welchen Stellenwert die Antworten für Sie haben – schriftlich, mündlich oder auch in Form eines Workshops erfolgen.
Folgende Fragen dürfen Sie beantworten:

- In welcher Phase befindet sich unser Unternehmen momentan und woran erkenne ich das?
- Wie können wir uns in Richtung der nächsten Phase weiterentwickeln? Was kann dazu führen, dass wir in die vorherige Phase „zurückfallen"?
- Welche Phase ist für mich persönlich erstrebenswert und welche positiven Gedanken verbinde ich damit?
- Welche Phase ist für die Erreichung unserer zentralen Unternehmensziele und für die Erreichung des ursprünglich mit unserem Unternehmen verbundenen Sinns notwendig?

Für das Organisationsverständnis ist es also zweifellos von Bedeutung, in welcher Phase sich die Organisation befindet. Hier gilt – analog zum Menschenbild und zu allen anderen Überlegungen bezogen auf Organisationen –, dass insbesondere die miteinander geteilte Wahrnehmung von Bedeutung ist. Die Meinungen können bekanntlich sehr stark voneinander abweichen, aber ein erfolgreicher Veränderungsprozess ist nur dann möglich, wenn als Ausgangspunkt der Veränderung ein intensiver Austausch über das Organisationsverständnis vorgesehen ist. Gleichzeitig bietet das beschriebene Modell der Entwicklungsphasen von Organisationen bereits einen Anhaltspunkt dafür, dass Organisationen lernfähig und damit entwicklungsfähig sind. Allerdings ist hier keine reine Übertragung von individuellem Lernen auf die organisationale Ebene möglich. Die lernende Organisation braucht eine Kombination aus individuellem und organisationalem Lernen, so dass die Organisationsentwicklung genau diese Impulse zielgerichtet nutzen muss, um erfolgreich arbeiten zu können.

Systemische Perspektive auf Organisationen

Neben diesem Phasenmodell liefert die systemische Perspektive, die bereits im zweiten Kapitel angesprochen wurde, wichtige Impulse für das Verständnis von Organisationen. Im folgenden Exkurs „Zehn Gebote des systemischen Denkens" wird die systemische Perspektive überspitzt dargestellt und so eine für uns wertvolle Ausgangslage für alle weiteren Überlegungen geschaffen.

Exkurs: Zehn Gebote des systemischen Denkens

1. Mache dir stets bewusst, dass alles, was gesagt wird, von einem Beobachter gesagt wird!
2. Unterscheide stets das, was über ein Phänomen gesagt wird, von dem Phänomen, über das es gesagt wird!
3. Wenn du Informationen (be-)schaffen willst, triff Unterscheidungen!

4. Trenne in deiner „inneren Buchhaltung" die Beschreibung beobachteter Phänomene von ihrer Erklärung und Bewertung!
5. Der Status quo bedarf immer der Erklärung!
6. Unterscheide Elemente, Systeme und Umwelten!
7. Betrachte soziale Systeme als Kommunikationssysteme, das heißt definiere ihre kleinsten Einheiten (Elemente) als Kommunikationen!
8. Denke daran, dass die Überlebenseinheit immer ein System mit seinen relevanten Umwelten ist!
9. Orientiere dein Handeln an repetitiven Mustern!
10. Betrachte Paradoxien und Ambivalenzen als normal und erwartbar! [6, S. 113–116]

Das Organisationsmodell im systemischen Sinn geht von einem sich selbst organisierenden Organismus aus. Dabei wollen wir an dieser Stelle noch einmal vertieft auf Begriffe wie Autopoiese, System und Umwelt, Komplexität sowie Sinn eingehen. Wir erheben allerdings keinerlei Anspruch auf Vollständigkeit und verweisen an dieser Stelle auf Publikationen mit explizit systemischem Schwerpunkt, da diese Thematik so komplex ist, dass sich damit alleine schon zahlreiche Bücher füllen lassen [7] [8].

Ein erstes zentrales Stichwort ist *Autopoiese*, das heißt ein Prozess der Selbsterschaffung, -erhaltung und -organisation eines komplexen sozialen Systems [9]. Bezogen auf Unternehmen bedeutet das, dass auch Nicht-Veränderung eine bewusste Entscheidung ist; analog ist Widerstand gegenüber geplanten Veränderungen eine bewusste Entscheidung. Organisationen erhalten und entwickeln sich aus systemischer Perspektive automatisch weiter, so dass ein Abbild zu einem Zeitpunkt X bereits zum Zeitpunkt Y überholt ist. Dabei muss es sich selbstverständlich nicht um radikale Veränderungen handeln, aber eine Organisation bleibt nie auf der Stelle stehen. Damit sind wichtige Implikationen für eine Organisationsentwicklung verbunden, zum Beispiel, dass eine Organisationsdiagnose hier oftmals nur ein erster Schritt ist: Die Ergebnisse einer Mitarbeiterbefragung sind ein Abbild der Wahrnehmung der Mitarbeiter zum Zeitpunkt der Erhebung, aber nicht zum Zeitpunkt der Auswertung oder der Ableitung von Follow-up-Maßnahmen. Bereits Führungswechsel, personelle Veränderungen zwischen den Abteilungen und vielfältige andere Einflussfaktoren führen auf dieser Ebene der Betrachtung zu veränderten Rahmenbedingungen. Werden jetzt noch autopoietisch wirkende Prozesse innerhalb des Systems einbezogen, dann muss mit vermeintlich objektiven Ergebnissen des Survey-Feedbacks (z. B. Mitarbeiterbefragungen, 360°-Feedback, Change Monitoring) sehr vorsichtig umgegangen werden. Gleichzeitig sind Instrumente des Survey-Feedbacks bereits eine Maßnahme der Organisationsentwicklung, worauf im folgenden Exkurs „Organisationsdiagnose = Organisationsentwicklung?" eingegangen wird.

Exkurs: Organisationsdiagnose = Organisationsentwicklung?

Im systemischen Sinn können bereits kleine „Störungen" und „Irritationen" des Systems zu einer Veränderung führen, da diese im autopoietischen Sinn weitere Veränderungen im System nach sich ziehen. Nach dieser Logik ist eine Organisationsdiagnose bereits eine sehr starke Intervention der Organisationsentwicklung, indem dadurch Themen gesetzt und Diskussionen angestoßen werden.

Insofern können alleine über die inhaltlichen Schwerpunkte in einer Mitarbeiterbefragung oder in einem 360°-Feedback Veränderungsprozesse in der Organisation oder in der jeweiligen Abteilung angestoßen werden. Dies ist erst einmal davon unabhängig, welche Folgeprozesse nach der Diagnosephase initiiert werden. Selbstverständlich bedeutet das aber nicht, dass Folgeprozesse überflüssig wären, da erst durch Folgeprozesse nachhaltige und zielgerichtete Ergebnisse möglich sind [10].

Der Themenkomplex *System und Umwelt* ist für ein systemisches Organisationsverständnis insofern von besonderer Bedeutung, als die Differenzierung ein wichtiger Bestandteil für die Abgrenzung einer Organisation ist. So wird die Grenze zwischen einem System und der Umwelt immer vom System selbst gezogen; beispielsweise kann sich eine Vertriebsabteilung in einem Unternehmen als eigenständiges System wahrnehmen, und die anderen Abteilungen dieses Unternehmens werden aus der Wahrnehmung der Vertriebsabteilung heraus als Umwelt wahrgenommen, etwa weil in der Vertriebsabteilung die Empfindung vorherrschend ist, sie würde die ganze Arbeit machen. Eine solche Systemdifferenzierung kann sich beliebig und ständig wiederholen, was selbstverständlich zu einer weiteren Komplexität führt, die im nächsten Abschnitt thematisiert wird.

Genauso wird die Unterscheidung zwischen System und Umwelt durch die Verbindung und Interaktion mit anderen sozialen Systemen relevant. Dabei spielen Märkte genauso eine Rolle wie politische und rechtliche Umwelten, die für die Organisationsentwicklung dementsprechend berücksichtigt werden müssen. Bezugnehmend auf die Assoziationsphase, die an früherer Stelle in diesem Kapitel eingeführt wurde, lässt sich sogar provokativ feststellen, dass manche Unternehmensziele und manche Veränderungsvorhaben möglicherweise nur auf höheren Ebenen (d. h. unter Berücksichtigung zusätzlicher Umwelten) erfolgreich werden können. Diese Betrachtung erhöht allerdings weiter die Komplexität, sofern unterschiedliche Stakeholder und vielfältige Systeme und Umwelten berücksichtigt werden müssen.

Komplexität kann auf unterschiedlichen Ebenen differenziert werden, beispielsweise bezüglich der Interaktionen zwischen verschiedenen Personen oder aufgrund operativer Aspekte, die gegenseitig voneinander abhängig sind und/oder miteinander konkurrieren [11]. Komplexität bedeutet, auf Unternehmen übertragen, dass nicht alle Mitarbeiter, Führungskräfte, Teams, Abteilungen, Standorte etc. direkt mit den jeweils anderen Unternehmensmitgliedern verknüpft sein können. Somit resultiert aus Komplexität automatisch ein erhöhter Abstimmungsbedarf, der in vielen Fällen die Komplexität weiter erhöht, statt sie zu reduzieren. Ein Beispiel sind hier bürokratische Organisationen, bei denen geregelte Prozesse sogar dazu führen, dass letzten Endes mehr Komplexität vorhanden ist, obwohl die ursprüngliche Zielsetzung die Reduzierung von Komplexität war. Gleichzeitig ist Komplexität in heutigen Organisationen auf unterschiedlichen Ebenen relevant, sofern durch die zunehmende Internationalisierung über Länder und Kontinente hinweg gedacht, geplant und gearbeitet werden muss. Somit nehmen die Abhängigkeiten und Wechselwirkungen für Unternehmen heutzutage noch weiter zu, so dass Komplexität umso mehr an Aktualität gewinnt.

Letztlich hängt *Sinn* direkt mit Komplexität zusammen, wobei damit nicht „Sinn" in unserem alltäglichen Verständnis gemeint ist. Wir sind auf diesen Punkt bereits im Zusammenhang mit den Menschenbildern eingegangen. Es geht folglich um Sinn im Kontext der Komplexität, das heißt Sinn bietet Anhaltspunkte für eine Reduktion der Komplexität, da bestimmte Verhaltensweisen und Handlungsalternativen dadurch nicht mehr als relevant erscheinen [12].

Faktoren, die Einfluss auf diese Sinngebung haben, können unterschiedlicher Natur sein, beispielsweise Menschenbilder – wie im vorherigen Kapitel angesprochen – oder auch organisatorische Rahmenbedingungen. In der ursprünglichen Betrachtung von Sinngebung aus der Perspektive der soziologischen Systemtheorie lag der Fokus vor allem auf der Analyse von sozialen Systemen, wobei praktische Implikationen im Zentrum stehen sollen, worauf wir in den nächsten Kapiteln vertieft eingehen werden.

Praxistipp: Übung „Ihre Organisation im bildlichen Sinne"

Eine Annäherung an Ihre Organisation kann auf unterschiedlichen Wegen erfolgen. Da die Wahrnehmung einer Organisation immer sozial konstruiert ist und immer einer einzigartigen Sinngebung folgt, sind Bilder hier eine gute Möglichkeit der Annäherung. In dieser Übung stellen wir Ihnen ein Beispiel vor, wie Mitglieder einer Organisation, beispielsweise in einem Führungsteam, in einen intensiven Austausch über das Verständnis Ihrer Organisation eintauchen können.

Bitte stellen Sie sich vor, wie Ihre Organisation als Schiff aussehen würde. Bitte assoziieren Sie dabei ohne längeres Überlegen und geben Sie den ersten Gedanken nach, die Ihnen in den Sinn kommen.

- Handelt es sich bei Ihrem Schiff um eine moderne Yacht, um ein Kreuzfahrtschiff, um ein großes Containerschiff, um ein kleines Bambusboot, um ein schwer bewaffnetes Kriegsschiff, um ein traditionelles Segelschiff usw.?
- Welche Räume sind in Ihrem Schiff vorhanden – sofern es Räume gibt –, beispielsweise für den Kapitän, für die Küche, für die Mannschaft, ein Speisesaal, eine Brücke zur Steuerung, ein Maschinenraum etc.?
- Wie alt ist Ihr Schiff?
- Welche Passagiere hat das Schiff?
- Welche Fracht hat das Schiff?
- Wie sieht die Besatzung aus, an welcher Position stehen die einzelnen Besatzungsmitglieder, welche Dienstgrade gibt es und wie sind die Aufgaben auf die Mitglieder der Besatzung verteilt?
- Wie werden neue Besatzungsmitglieder ausgewählt und welche Rituale spielen bei der Einführung neuer Besatzungsmitglieder eine Rolle?
- Was ist der Zielhafen und wer ist für die Zielbestimmung zuständig?
- Wie sieht der Heimathafen des Schiffs aus? Welche Umgebung findet man dort vor? Wie oft liegt es dort vor Anker?
- Wie sehen die Gewässer aus, in denen Ihr Schiff meistens unterwegs ist?
- Wie viele schwere Unwetter und Stürme hat das Schiff bereits hinter sich und wie geht die Besatzung mit solchen Krisensituationen um?
- Wie wird die Besatzung bei Laune gehalten und welche Seemannsgeschichten werden an Bord regelmäßig erzählt?

In den allermeisten Fällen werden die Bilder von Ihrer Organisation als Schiff sehr unterschiedlich ausfallen. In einem anschließenden gemeinsamen Reflexionsprozess kann sehr gut mit diesen konkreten Bildern gearbeitet werden, um Besonderheiten der aktuellen Situation Ihrer Organisation herauszuarbeiten. Im Rahmen eines Veränderungsprozesses kann das beispielsweise darin resultieren, dass auf jeden Fall bewahrenswerte Charakteristika Ihrer Organisation

festgehalten werden, um eine gewisse Sicherheit für den grundsätzlich unsicheren Veränderungsprozess zu gewährleisten.
Für die Arbeit mit Bildern lassen sich genauso Tieren einsetzen. Dabei geht es dann mehr um die Eigenschaften des jeweiligen Tieres: Ist es ein Einzelgänger oder ein Herdentier, in welchen Gegenden kann es gut leben und in welchen weniger gut, wer gibt in der Herde den Ton an usw. Wichtig ist bei der Arbeit mit Bildern, dass konkrete Bilder entstehen und dass die ersten Assoziationen der Organisationsmitglieder erst einmal von niemandem kommentiert werden und ohne Wertung gleichsam „im Raum stehen" oder sogar aufgemalt beziehungsweise visualisiert werden. Erst in einem zweiten Schritt wird dann der Reflexionsprozess gestartet, bei dem eine Diskussion und ein Austausch stattfinden und Unterschiede und Gemeinsamkeiten herausgearbeitet werden.

Zusammenfassend lässt sich festhalten, dass eine Organisation ein sich selbst organisierendes soziales System ist, das durch eine spezifische Sinngebung für sich einen individuellen Weg des Umgangs mit Komplexität sucht und ständig weiterentwickelt. Dabei müssen neben der eigentlichen Organisation, der Organisation im engeren Sinn, auch die Umwelten der Organisation berücksichtigt werden, sofern diese die Organisation beeinflussen und mit ihr in Interaktion stehen. Zudem kann eine Organisation im Laufe der Entwicklung unterschiedliche Phasen durchlaufen, wobei diese nicht linear aufeinanderfolgen müssen.

Mit dieser Zusammenfassung als Basis werden wir uns im nächsten Abschnitt mit unterschiedlichen Organisationsformen beschäftigen, die für die Organisationsentwicklung eine wichtige Ausgangslage darstellen – sowohl aus diagnostischer als auch aus zielorientierter Perspektive.

Zwischenfazit

Unternehmen befinden sich entweder in der Pionier-, der Differenzierungs-, der Integrations- oder der Assoziationsphase. Dabei bringt jede dieser Entwicklungsphasen spezifische Merkmale mit sich, die sich auf allen Ebenen der Organisation auswirken. Zusätzlich können Unternehmen aus einer systemischen Perspektive heraus betrachtet werden. Das bedeutet, dass sie als lebendiger Organismus verstanden werden, der aus sich selbst heraus Dynamiken entwickelt und sich somit ständig in Veränderung befindet (Autopoiese).

Unterschiedliche Organisationsformen

Es existieren zahlreiche Organisationsformen von Unternehmen, die von Linien- und Mehrliniensystemen bis hin zu Matrix- und Projektorganisationen reichen [13]. In ◘ Abb. 3.2 sind Einlinien- und Mehrliniensysteme als traditionelle Organisationsformen visualisiert. Dabei stehen bei allen Liniensystemen klassische Hierarchien im Mittelpunkt der Organisation. Beim Einliniensystem hat dabei jeder Mitarbeiter beziehungsweise jede Abteilung genau einen Vorgesetzten und man geht davon aus, dass dadurch Abstimmungsproblemen entgegengewirkt werden kann. Beim Mehrliniensystem hat jeder Mitarbeiter beziehungsweise jede Abteilung zwei oder mehr Vorgesetzte, so dass eine bestmögliche Spezialisierung aller Instanzen möglich ist. Bei allen Liniensystemen betrifft eine wichtige Entscheidung die Anzahl der Ebenen, da dadurch die Kontrollspanne festgelegt wird, das heißt die Anzahl der Mitarbeiter, die einer

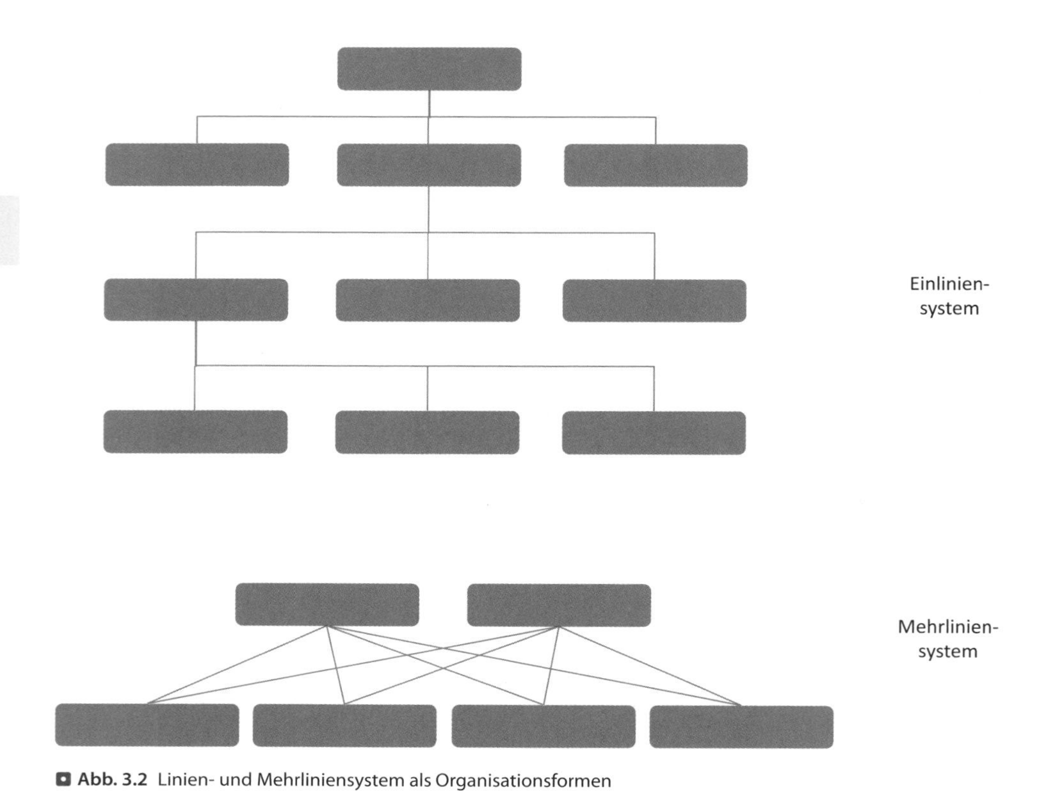

Abb. 3.2 Linien- und Mehrliniensystem als Organisationsformen

Instanz direkt unterstellt sind [13]. Denkbar sind als Leiter der jeweiligen Kontrollbereiche sowohl Fachvorgesetzte als auch Disziplinarvorgesetzte, um sowohl auf fachlicher als auch auf disziplinarischer Ebene eine bestmögliche Leitung des Mitarbeiters zu gewährleisten [14]. Im Exkurs „Fach- vs. Führungslaufbahn" gehen wir auf diesen Aspekt vertiefend ein.

Exkurs: Fach- vs. Führungslaufbahn

Die Unterscheidung zwischen Fachvorgesetzten und Disziplinarvorgesetzten bei Liniensystemen wirft die Frage nach einer Experten- vs. Projektleiter- vs. Führungslaufbahn in Unternehmen auf, die unabhängig von der Organisationsform relevant ist [15]. Dabei stellt sich weniger die Frage, ob in Unternehmen eine Laufbahn für fachliche Experten notwendig ist, sondern vielmehr die Frage danach, wie diese Laufbahn bestmöglich in Unternehmen eingeführt und integriert werden kann. Aus der Perspektive der Projektleiter und Führungskräfte kommt es dabei immer wieder zur Abwertung fachlicher Experten, so dass diesbezüglich differenzierte Konzepte notwendig sind. Somit stellt die Einführung einer Expertenlaufbahn in Unternehmen bereits für sich einen Anlass für einen Veränderungsprozess dar.

Gleichzeitig bringt diese Diskussion die Frage mit sich, wie Mitarbeiter dann bestmöglich geführt werden können; eine Möglichkeit ist dann die Unterscheidung in Fachvorgesetzte und Disziplinarvorgesetzte. Konkret bedeutet dies, dass ein Mitarbeiter für disziplinarische Fragen (z. B. bezüglich Urlaubsregelung und Dienstreisen) einen anderen Ansprechpartner hat als für fachliche Fragen (z. B. bezüglich inhaltlicher Fragen oder produktbezogener Herausforderungen). Bereits an dieser Stelle zeigt sich, dass diese Aufteilung großes Konfliktpotenzial mit sich bringt, sofern die Absprachen zwischen Fach- und Disziplinarvorgesetzten nicht klar und transparent sind. Dennoch ist diese Diskussion aktueller denn je, da durch die veränderte Alterspyramide in der Gesellschaft und durch veränderte Erwartungen von Arbeitnehmern Fachlaufbahnen sicherlich an Bedeutung gewinnen werden, beispielsweise auch für das Employer Branding bei der Gewinnung neuer Mitarbeiter. Schließlich strebt nicht jeder Mitarbeiter eine Führungs- oder Projektleiterlaufbahn an, und fachliche Experten sind für den Unternehmenserfolg von genauso großer Bedeutung, gerade in innovationsgetriebenen Branchen wie Maschinenbau und Telekommunikation.

An der Beschreibung des Liniensystems wird deutlich, dass hier Kontrolle im Mittelpunkt steht; dazu passend geht man im Liniensystem von einem entsprechenden Menschenbild aus. Gleichzeitig erfüllen Hierarchien aber auch andere Funktionen, sofern in einem Großkonzern mit zahlreichen Leitungsebenen und einer bürokratisch-hierarchischen Organisation die Beförderung ein mächtiger Anreiz ist. Bei einem kleinen Start-up mit sehr flachen Hierarchien fällt dieser Anreiz größtenteils weg, so dass hier verstärkt auf andere Anreizsysteme zurückgegriffen werden muss.

Andere Organisationsformen sind Matrix- oder Projektorganisationen, die in ◘ Abb. 3.3 dargestellt sind. Die Matrixorganisation verfolgt als Zielsetzung die Erweiterung von Perspektiven in Bezug auf interne (z. B. Prozessanforderungen) und externe (z. B. Kundenwünsche) Herausforderungen, wobei die Matrix oftmals nur für einige Ebenen umgesetzt wird und die obersten Führungsebenen wiederum in einer hierarchischen Strukturierung angelegt sind. Weitere Vorteile der Matrixorganisation sind die Öffnung der Kommunikation und der effektive Einsatz spezialisierter Angestellter [16]. Dabei muss allerdings angemerkt werden, dass eine Matrixorganisation auch die Gefahr der Intransparenz, der Verzögerung von Entscheidungen, von hohen Koordinationskosten und von umfangreichen Konflikten verbunden mit hohem Dokumentationsaufwand mit sich bringt [13]. Bei der reinen Projektorganisation, wie wir sie in der Abbildung dargestellt haben, gibt es wenige zentrale Bereiche (z. B. Finanzen und Personal) und abgesehen davon erhält die jeweilige Projektleitung alle notwendigen Ressourcen, die für einen erfolgreichen Projektabschluss erforderlich sind. Dabei hat ein Projekt im ursprünglichen Sinn zwar einen festen Beginn und ein definiertes Ende, doch überdauern komplexe Projekte (z. B. die Entwicklung eines neuen Flugzeugmodells) oftmals über Jahre und Jahrzehnte in Organisationen.

Bereits hier wird deutlich, dass unterschiedliche Organisationsformen spezifische Vor- und Nachteile mit sich bringen, die immer im Einzelfall abgewogen werden müssen. Wir möchten deshalb eine zusätzliche Unterscheidung einführen, die zwischen „offenen" (z. B. Holocracy) und „geschlossenen" Organisationen (z. B. klassische Hierarchien) differenziert. In eine ähnliche Richtung geht die Unterscheidung zwischen „transaktionalen" und „transformationalen" Organisationsformen. In der Literatur werden offene Organisationen oftmals auch aus einer Perspektive der lateralen Integration sowie aus einer Netzwerkperspektive heraus betrachtet oder als grenzenlose Organisationen bezeichnet [13, 16]. Letztlich stellt sich dabei immer die dahinterliegende Frage, welche Organisationsformen den Herausforderungen der Zukunft angemessen begegnen können.

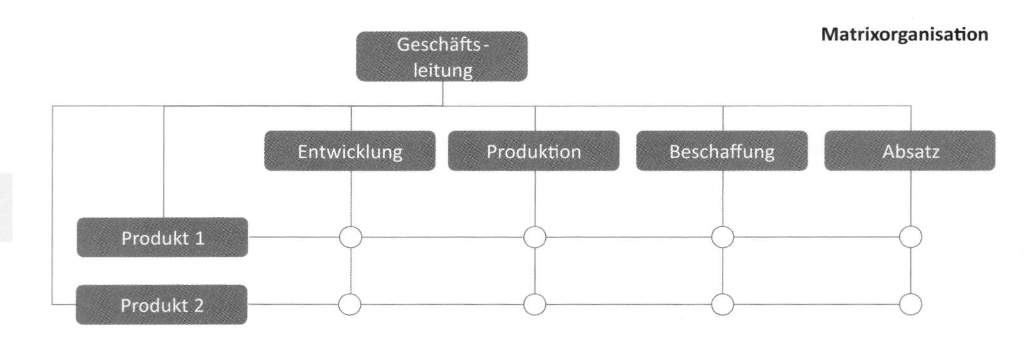

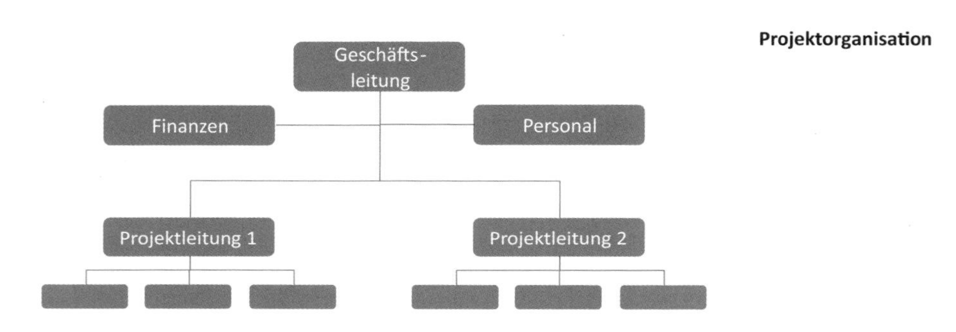

Abb. 3.3 Matrix- und Projektorganisation als Organisationsformen

Offene und geschlossene Organisationen

Wir beginnen mit einer Darstellung von „offenen" und „geschlossenen" Organisationen. *Offene Organisationen* können mit der Assoziationsphase verglichen werden, die wir am Anfang dieses Kapitels dargestellt haben. Es geht somit weniger um formalisierte Hierarchien mit dirigierender Führung, sondern um durchlässige Grenzen mit der Perspektive der Vernetzung.

Geschlossene Organisationen sind mehr mit der Pionier- und Differenzierungsphase zu vergleichen, in der die Organisation klar von ihrer Umwelt abgegrenzt werden kann. Entsprechend geht es bei ihnen um einen geschlossenen Rahmen, in dem sehr klare Rahmenbedingungen bezüglich Führung und Prozessen angestrebt werden.

Transaktionale und transformationale Organisationen

Marcus Heidbrink und Wolfgang Jennewein unterscheiden in Bezug auf Organisationen „transaktionale" und „transformationale" Organisationskulturen [17]. Wir setzen diese Bezeichnungen bewusst in Anführungszeichen, da sie an den transaktionalen und transformationalen Führungsstil angelehnt sind und unserer Meinung nach eine Unterteilung in offene und geschlossene Organisationen sinnvoller ist. Dennoch ist eine inhaltliche Auseinandersetzung mit dieser Klassifikation sinnvoll. In Tab. 3.2 sind die Merkmale dieser Organisationsformen detaillierter beschrieben, wobei deutlich wird, dass die „transaktionale" Organisationsform

Tab. 3.2 Merkmale von „transaktionalen" und „transformationalen" Organisationsformen [17, S. 57 f.]

	„Transaktionale" Organisationsform (d. h. geschlossene Organisation)	**„Transformationale" Organisationsform (d. h. offene Organisation)**
Hierarchie	Es existieren klare Hierarchien mit eindeutigen Berichtswegen und Zuständigkeiten (aufgabenunabhängig).	Nach innen gibt es keine Hierarchie, sondern wechselnde Führungsverantwortung ohne fest definierte Berichtswege.
Bedeutung der Zentrale	Umfangreiche Steuerungs- und Kontrollrechte, so dass die Intelligenz der zentralen Steuerungsinstanzen im Mittelpunkt steht.	Nutzung der Intelligenz des Kollektivs steht im Mittelpunkt. Jede Organisationseinheit soll einen eigenständigen Beitrag leisten.
Organigramme	Organigramme, Stellenbeschreibungen und auch Aufgabenprofile sind vorhanden. Die Stabilität der Organisation wächst umso mehr, wenn sie sich von Individuen unabhängig macht.	Die Art der Aufgabe bestimmt die jeweilige Arbeitsform. Sowohl Projektarbeit als auch wechselnde Arbeitsteams sind verbreitet. Organigramme und schriftliche Erwartungen stehen im Hintergrund.

weitgehend der geschlossenen Organisation entspricht, wohingegen die „transformationale" Organisationsform größtenteils der offenen Organisation ähnelt.

Zweifellos bringt die Wahl und Gestaltung der Organisationsform zahlreiche Implikationen bezüglich der Führung mit sich. Kollektive Führung und geteilte Führung sind denkbare Formen bei offenen Organisationen, deren Einführung allerdings für sich genommen einen eigenen Veränderungsprozess darstellen kann, da die Führungskultur grundlegend verändert werden muss [18]. Allerdings bringt eine Veränderung der Führungskultur mit sich, dass durch die zusätzlichen Schnittstellen die Zunahme der Komplexität weiter steigt, so dass zukünftige Probleme und damit verbundene potenzielle Lösungswege umso schwerer absehbar sind, wie es von Dirk Baecker bei der Betrachtung einer Organisation als System dargestellt wird [19]. Somit wird insofern ein Dilemma deutlich, als zunehmende Flexibilität als Lösungsansatz für die wachsende Komplexität gleichzeitig wiederum die Komplexität ansteigen lässt. Als Zwischenfazit lässt sich hier zweifellos festhalten, dass sich Unternehmen ab sofort auf steigende Komplexitäten einstellen müssen, da selbst potenzielle Lösungsansätze die Komplexität weiter ansteigen lassen.

Doch welche Organisationsformen sind zukunftsfähig? Diese Frage lässt sich zum momentanen Zeitpunkt schwer beantworten, wobei wir als Entscheidungsgrundlage auf Tab. 3.3 verweisen möchten. Allerdings spielen die Größe der Organisation, die Internationalität und vielfältige andere Faktoren eine Rolle, so dass nur allgemeine Anhaltspunkte für die Entscheidungsfindung möglich sind. Darüber hinaus ist wichtig zu beachten, dass es selbstverständlich unterschiedlichste Zwischenformen und Varianten der dargestellten Organisationsformen gibt. Wir möchten uns aufgrund der Übersichtlichkeit und der ansonsten steigenden Komplexität auf diese Formen beschränken. In der Praxis zeigt sich, dass vor allem jüngere beziehungsweise kleinere Unternehmen mit offenen Organisationsformen arbeiten, wie es auch im Fallbeispiel der Holocracy dargestellt ist. Vergleichende Forschung ist uns zu diesem Thema nicht bekannt, so dass sowohl aus wissenschaftlicher als auch aus praktischer Perspektive viele offene Fragen bleiben. Unsere Prognose ist dennoch, dass offene Organisationsformen stark an Bedeutung

Tab. 3.3 Unterschiedliche Organisationsformen im Vergleich

	Bürokratische Linienorganisation	Matrix- und Projektorganisation	Offene Organisationsformen
Hierarchie	Hoch	Mittel	Gering
Fähigkeit zur Veränderung	Gering	Mittel	Hoch
Zentralität	Hoch	Mittel	Gering
Projektfokus	Gering	Hoch	Hoch
Komplexität	Hoch	Mittel	Mittel
Dichte der Kommunikation	Gering	Hoch	Hoch
Selbstverantwortung der Mitarbeiter	Gering	Mittel	Hoch
Transparenz	Hoch	Mittel	Mittel

Tab. 3.4 Zukunftsfähige Organisationen nach John P. Kotter [20, S. 172]

Organisation des 20. Jahrhunderts	Organisation des 21. Jahrhunderts
Struktur	
– Bürokratisch – Zahlreiche Ebenen – Annahme, dass das Senior Management managt – Regeln und Prozesse resultieren in komplizierten internen Abhängigkeiten	– Unbürokratisch – Limitiert auf wenige Ebenen – Annahme, dass das Management führt und die Mitarbeiter managen – Regeln und Prozesse resultieren in minimalen internen Abhängigkeiten, um Kunden zu bedienen
Systeme	
– Abhängig von wenigen Leistungsindikatoren – Verteilung der Kennzahlen lediglich an das Senior Management – Training und Unterstützungssysteme werden lediglich dem Senior Management angeboten	– Abhängig von zahlreichen Leistungsindikatoren (insbesondere bzgl. Kunden) – Verteilung der Kennzahlen auf breiter Basis – Training und Unterstützungssysteme werden vielen Ebenen angeboten
Kultur	
– Nach innen gerichtet – Zentralisiert – Langsame Entscheidungen – Politisch – Vermeidend gegenüber Risiken	– Nach außen gerichtet – Befähigend – Schnelle Entscheidungen – Offen und ehrlich – Tolerant gegenüber Risiken

gewinnen werden, da sie sowohl der anspruchsvollen Generation Y als auch älteren Arbeitnehmern langfristig ein anregendes Arbeitsumfeld bieten können. Dennoch werden geschlossene Organisationen sicherlich nie aussterben, da die Organisationsform auch stark von den umgebenden Umwelten und Systemen abhängig ist, zum Beispiel bei Regierungen und in der Verwaltung, wo neben der Politik und Gesetzgebung umfangreiche Vorgaben durch die Umwelt der Organisation vorhanden sind. Doch auch hier sind wir optimistisch, dass Veränderung möglich ist, da auch jede Regierung und jede Verwaltung ein autopoietisches System ist, das sich ständig weiterentwickelt.

Eine inspirierende Perspektive auf zukunftsfähige Organisationen, die wir in ■ Tab. 3.4 aufgegriffen haben, liefert abschließend John P. Kotter. Dabei wird schnell deutlich, dass die „Organisation des 21. Jahrhunderts" auch im 21. Jahrhundert noch nicht selbstverständlich ist. Gleichzeitig werden uns zahlreiche Annahmen von John P. Kotter an späterer Stelle wieder begegnen, da sie für zukunftsfähige Unternehmen von großer Bedeutung sind – wenngleich alles andere als leicht umzusetzen. Zweifellos handelt es sich bei der Transformation eines traditionellen hierarchischen Unternehmens in eine Organisation des 21. Jahrhunderts um eine langfristige Perspektive der Organisationsentwicklung und nicht um ein kurzfristiges Change-Management-Projekt. Zumindest dann, wenn tatsächliche Veränderung angestrebt wird.

Zusammenfassung

In diesem Kapitel haben wir uns mit unterschiedlichen Charakteristika von Organisationen beschäftigt. Dabei zeigte sich, dass die folgenden vier Entwicklungsphasen eine allgemeine Perspektive auf das Gesamtunternehmen zulassen: Pionier-, Differenzierungs-, Integrations- und Assoziationsphase. Gleichzeitig ist eine systemische Perspektive auf Unternehmen sinnvoll, da diese insbesondere den autopoietischen Aspekt der permanenten Veränderung aus der Organisation heraus in den Mittelpunkt stellt. Dieser ist eine zentrale Grundlage für Veränderung in Organisationen. Zudem müssen Organisationen immer in ihre Umwelten eingebettet und in Zusammenhang mit anderen sozialen Systemen gesehen werden. Dadurch gewinnt Komplexität an Bedeutung, der unter anderem durch Sinngebung begegnet werden kann. Im letzten Teil dieses Kapitels standen unterschiedliche Organisationsformen im Mittelpunkt unserer Betrachtung, insbesondere offene und geschlossene Organisationen. Dabei wurde deutlich, dass bereits die Diagnose und Entwicklung der Organisationsform einen umfassenden Veränderungsprozess bedeutet, der weitreichende Implikationen für die (Führungs-) Kultur und für das gesamte Unternehmen mit sich bringt.

Literatur

1 Robertson BJ (2007) Organization at the leading edge: Introducing holacracy (German). http://holacracy.org/resources/organization-at-the-leading-edge-introducing-holacracy-german. Zugegriffen: 6.5.2014
2 Koestler A (1966) Der göttliche Funke. Der schöpferische Akt in Kunst und Wissenschaft. Scherz, Bern, München
3 Wilber K (2011) Eros, Kosmos, Logos. Eine Jahrtausend-Vision, 5. Aufl. Fischer-Taschenbuch-Verlag, Frankfurt a. M.
4 Glasl F, Lievegoed B (2004) Dynamische Unternehmensentwicklung: Grundlagen für nachhaltiges Change Management, 3. Aufl. Haupt/Freies Geistesleben, Bern/Stuttgart
5 Yammarino FJ, Salas E, Serban A, Shirreffs K, Shuffler ML (2012) Collectivistic leadership approaches: Putting the ‚we' in leadership science and practice. Industrial and Organizational Psychology 5(4):382–402
6 Simon FB (2008) Einführung in Systemtheorie und Konstruktivismus. Carl-Auer, Heidelberg
7 König E, Volmer G (2008) Handbuch Systemische Organisationsberatung. Beltz, Weinheim
8 Königswieser R, Exner A (2008) Systemische Intervention: Architekturen und Designs für Berater und Veränderungsmanager. Schäffer-Poeschel, Stuttgart
9 Prümm D (2005) Unternehmen als autopoietische Systeme: Grundlegende Überlegungen. Tectum, Marburg
10 Borg I (2003) Führungsinstrument Mitarbeiterbefragung. Hogrefe, Göttingen
11 Willke H (2006) Systemtheorie 1: Grundlagen. UTB, Stuttgart
12 Luhmann N (1987) Soziale Systeme. Grundriß einer allgemeinen Theorie. Suhrkamp, Frankfurt a. M.
13 Schreyögg G (2008) Organisation: Grundlagen moderner Organisationsgestaltung. Gabler, Wiesbaden

14 Vahs D (2009) Organisation: Ein Lehr- und Managementbuch. Schäffer-Poeschel, Stuttgart
15 Domsch M, Ladwig D (Hrsg) (2011) Fachlaufbahnen. Alternative Karrierewege für Spezialisten schaffen. Luchterhand, Köln
16 Jones GR, Bouncken RB (2008) Organisation. Pearson, München
17 Heidbrink M, Jenewein W (2011) High-Performance-Organisationen: Wie Unternehmen eine Hochleistungskultur aufbauen. Schäffer-Poeschel, Stuttgart
18 Werther S (2013) Geteilte Führung – Ein Paradigmenwechsel in der Führungsforschung. Springer Gabler, Wiesbaden
19 Baecker D (1999) Organisation als System. Suhrkamp, Frankfurt a. M.
20 Kotter JP (1996) Leading change. Harvard Business School Press, Boston

Theoretische Grundlagen

Simon Werther, Christian Jacobs

F. C. Brodbeck, E. Kirchler, R. Woschée (Hrsg.),
Organisationsentwicklung – Freude am Change, Die Wirtschaftspsychologie,
DOI 10.1007/978-3-642-55442-1_4, © Springer-Verlag Berlin Heidelberg 2014

Zum Einstieg

Ausgangslage

Ein mittelständisches Unternehmen im deutschen Maschinenbau bewegte sich auf dem nationalen und internationalen Markt so, dass die meisten Führungskräfte recht zufrieden mit der aktuellen Situation waren; es waren deshalb die Mitarbeiter, die als Erste bemerkten, dass sich etwas änderte. Die einzelnen Aufträge konnten wieder mit mehr Zeit und weniger Druck erledigt werden und erste Verträge von Leiharbeitern wurden nicht mehr verlängert. Nach einiger Zeit in diesem Zustand wurde es dann auch einem Bereichsleiter, der der erweiterten Geschäftsführung angehörte, zu unsicher. Ihn beschäftigte immer drängender die Frage, ob sich die Auftragslage auf dem aktuellen Niveau stabilisieren ließ oder ob dieses noch weiter absinken könnte. In anfänglichen Gesprächen mit seinen Kollegen, in denen er nach deren Sicht fragte und es noch keine klare Tendenz gab, entstand das Gefühl, dass noch alles in Ordnung sei. Ihm ließ die Situation aber keine Ruhe, da Anzeichen außerhalb der Organisation darauf hindeuteten, dass es technische Entwicklungen gab, die den Markt umwälzen würden, dass neue Fertigungsverfahren und Produktionsprozesse entstanden, die intelligenter und effizienter waren, und dass sich der Markt zunehmend globalisierte.

Lösungsansatz

Er überlegte, was zu tun sei, und entschied sich, Menschen einzuladen, die sich mit der Zukunft der Gesellschaft und der Märkte befassen. In immer größeren Runden von Führungskräften wurden Gespräche über die Zukunft der Gesellschaft und die Zukunft des Unternehmens geführt. Langsam, aber sicher entstand bei den Kollegen ein Gefühl, dass der Wandel in ihrem Unternehmen doch dringlicher zu erfolgen hatte als ursprünglich gedacht beziehungsweise sogar gewünscht. Immer deutlicher wurde, wie grundsätzlich der Wandel sein könnte und welche besondere Bedeutung dabei die Führungskräfte spielen würden. Das Unternehmen hatte sich bisher immer entlang neuen Produkten und wachsenden (sich verschiebenden) Märkten entwickelt und war nun erstmalig in der Situation, dass sich die Führungskräfte überlegen mussten, was ab sofort die richtige Richtung sein sollte. Folgende Fragen hatten mit einem Mal nicht mehr nur die Bedeutung interessanter Denkspiele, sondern mussten – neben weiteren strategischen Überlegungen – Antworten finden:

- Wie ist der Markt strukturiert, was macht der Wettbewerb?
- Welche Krisen sind denkbar?
- Welche Chancen haben wir noch gar nicht in Betracht gezogen?

Schon bald tauchten innerhalb der Gruppe der Führungskräfte mehr oder weniger laut Selbstzweifel auf:

- Kann ich die Frage beantworten?
- Bin ich in solchen Zeiten noch die richtige Führungskraft?
- Bin ich nicht vielmehr bloß der Experte in meinem Gebiet?
- Was wird mit mir in diesem Prozess geschehen?

Nachdem erkannt war, dass ein bewusst vollzogener Unternehmenswandel die zentrale Führungsaufgabe der nächsten Jahre werden würde, rückten die Führungskräfte selbst in den Mittelpunkt der Betrachtung. Schnell war allen klar, dass jetzt die Führungsrollen gut besetzt werden mussten. Das bedeutete auch, dass die Führungskräfte wirklich in der Führungsrolle – kombiniert mit einer fundierten Change-Kompetenz – ankommen mussten. Unter Begleitung eines Change-Beraters wurden die Führungskräfte auditiert und es wurde ein Prozess etabliert, der die Führungsverantwortlichen in den nächsten Jahren begleiten sollte. Bezüglich einiger Führungskräfte wurde die Entscheidung getroffen, sie in Expertenrollen zu belassen, bei anderen wurden intensive Coachingprozesse initiiert, um sie in ihrer Führungsrolle und ihrer Change-Kompetenz zu entwickeln. Ein Nebenziel dieser Maßnahmen war, dass die Führungskräfte insgesamt zu einer echten Führungsmannschaft wurden, die im Unternehmen in Bezug auf die strategischen Vorhaben als eine Einheit erlebt wurde.Nach den mit dieser Entwicklung verbundenen großen und teilweise auch schmerzhaften Schritten musste mit der inhaltlichen Arbeit begonnen werden:

- Was werden wir in Zukunft wo und wem anbieten?
- Wo und wie werden wir entwickeln und produzieren?
- Wie wollen wir führen und zusammenarbeiten?
- Welche Strategie werden wir umsetzen?
- Wie werden wir das Commitment unserer Mitarbeiter erhalten?

Neben der Tatsache, dass selbstverständlich das Tagesgeschäft weiterlaufen musste und immer deutlicher wurde, wie wichtig der Wandel werden würde, musste sich die Führungsmannschaft eine Arbeitsstruktur geben, in der nachhaltig an der Vision und der Strategie gearbeitet wurde. In unterschiedlichen Runden wurden über einen Zeitraum von etwa zwei Jahren sorgfältig die Inhalte der Vision und der Strategie erarbeitet. Das Geschäft blieb in diesem Zeitraum auf dem geringer werdenden Niveau stabil. Im gesamten Unternehmen war klar, dass Führungsverantwortliche an der Vision und Strategie arbeiteten, da über den gesamten Prozess transparent und fortlaufend berichtet wurde und immer wieder Mitarbeiter als Experten für bestimmte Themen eingebunden wurden. Auch bestehende und potenzielle Kunden wurden zu Runden eingeladen, um in einem frühen Stadium der Strategieplanung „direkt vom Markt" möglichst authentische und nützliche Informationen zu erhalten. Diese Einbindung der Umwelt des Unternehmens führte – als positiver Nebeneffekt – sogar zur deutlichen Verbesserung der bestehenden und zum Aufbau zukünftiger Kundenbeziehungen.
In einer großen Versammlung aller Führungsverantwortlichen wurden die Vision, die Strategie und die zukünftige Methode der strategischen Mobilisierung vorgestellt. Die Führungsverantwortlichen klärten gemeinsam letzte Missverständnisse, machten sich die Methode der strategischen Arbeit zu eigen und bereiteten die Großgruppenmethode des World Café vor (vgl. den folgenden Exkurs „World Café als Großgruppenmethode"), die allen Mitarbeitern die Möglichkeit geben sollte, Vision und Strategie direkt zu erleben und direkt anzuwenden. Im World Café erlebten dann 1000 Mitarbeiter, wie die neue Vision und Strategie das Unternehmen erfolgreicher werden ließ (beispielsweise in einem animierten Film, der die Zukunft skizzierte). Gemeinsam arbeiteten Führungsverantwortliche und Mitarbeiter an den ersten konkreten Umsetzungen und Verbesserungen in ihren Bereichen und Rollen.
Das World Café wurde von einem „Journalistenteam" (Azubis und Trainees) begleitet, das im Anschluss daran eine Sonderausgabe der Mitarbeiterzeitung herausgab. Seit diesem Zeitpunkt gab es eine Rubrik „Strategische Mobilisierung" in der jeweiligen Ausgabe der Zeitung. Führungsverantwortliche und Themenverantwortliche (die im World Café gewählt worden waren; Kompetenz war das Kriterium) waren nach dem World Café gemeinsam für den weiteren Prozess und Erfolg verantwortlich. Die Führungsverantwortlichen trafen sich seitdem

genauso wie die Themenverantwortlichen regelmäßig außerhalb des Unternehmens, um die Qualität des Prozesses zu sichern und das „Wie" immer besser werden zu lassen.
In den unterschiedlichsten Formaten fanden sich auch immer wieder Mitarbeiter und Mitarbeitergruppen zusammen, um über den Wandel informiert zu werden, Fragen zu stellen, Antworten zu erhalten und selbst weiter an der strategischen Mobilisierung zu arbeiten. All das geschah in einem konstruktiv kritischen Dialog mit dem Betriebsrat, der als Subsystem und Unterstützer der Veränderung eine wichtige Rolle spielte.
Die Erfolge des Wandels wurden im Unternehmen sichtbar gemacht und die Menschen, die an den Erfolgen unmittelbar beteiligt waren, wurden außerordentlich gelobt und belohnt. Dabei wurde immer auf die Menschen entlang der Wertschöpfung verwiesen und niemals einzelne Personen ausgezeichnet, denn unternehmerischer Erfolg ist immer ein gemeinsam erreichter Erfolg.
Mit den erreichten Erfolgen wurden neue Erfolge beziehungsweise neue Veränderungen geplant und in Umsetzung gebracht. Davon nicht unberührt waren auch sämtliche Entwicklungen auf Personalseite. Menschen wurden neu eingestellt, weil neue Kompetenzen erforderlich waren oder auch einfach nur mehr Ressourcen gebraucht wurden. Menschen wurden befördert beziehungsweise in neue Rollen gebracht und konnten qualifiziert werden, und es gab auch Menschen, von denen sich das Unternehmen trennen musste, weil sie die Entwicklung des Unternehmens nicht als richtig empfanden oder weil sie die notwendigen Kompetenzen nicht mehr mitbrachten.
Insgesamt verlief und verläuft der Wandel bis heute – etwa acht Jahre nach den ersten Überlegungen – erfolgreich. Sicherlich auch deshalb, weil immer wieder neue Projekte definiert werden, die regelmäßig in der Arbeit und der Art, wie gearbeitet wird, Unterschiede hervorbringen. Somit wird die Unternehmenskultur ständig auf den Prüfstand gestellt und weiterentwickelt. Und diese Unterschiede sind wesentlich, denn jeder erfolgreicher Wandel ist eine inhaltlich getriebene erfolgreiche Weiterentwicklung der Unternehmenskultur.

Organisationsentwicklung vs. Change Management

In diesem Fallbeispiel, das aus unserer eigenen Erfahrung stammt, sind bereits zahlreiche theoretische Grundlagen enthalten, die direkt in die Praxis umgesetzt werden. Darauf gehen wir an späterer Stelle in diesem Kapitel ein, das wir mit einer Abgrenzung von Organisationsentwicklung und Change Management beginnen und in dem wir Merkmale und Potenziale moderner Organisationsentwicklung herausarbeiten möchten.

Exkurs: World Café als Großgruppenmethode
Im einleitenden Szenario zu diesem Kapitel wurde mit der Großgruppenmethode des „World Café" gearbeitet [1]. Eine wichtige Grundlage für das World Café ist die Annahme, dass kollektive Intelligenz – die bei dieser Methode fruchtbar gemacht werden soll – mehr ist als die Summe der Intelligenz einzelnen Personen. Daneben sind Selbstorganisation und Selbststeuerung, ganz im systemischen Sinn, eine weitere Basis für das Konzept des World Café. Insofern steht im Mittelpunkt dieser Methode der intensive und lockere Austausch mit einer regelmä-

ßigen Rotation aller beteiligten Personen. Dabei können mehrere tausend Personen in einem World Café gemeinsam an Themen arbeiten, als Untergrenze sind unserer Erfahrung nach ca. 15 bis 20 Personen sinnvoll.

Folgendermaßen lässt sich der Ablauf des World Café beschreiben:

1. Bereits vor der Durchführung müssen passende *Ausgangsfragen* erarbeitet werden, da diese als attraktive Einstiegshilfe das World Café von Anfang an in Schwung bringen sollen.
2. In einer kurzen *Einleitung* wird die Methode erläutert und der weitere Ablauf wird den Teilnehmern vorgestellt. Anschließend wird das Thema präsentiert, sofern es nicht sowieso vorher kommuniziert wurde.
3. In mehreren aufeinanderfolgenden *Gesprächsrunden* von ca. 30 Minuten Dauer werden die jeweiligen Themen diskutiert, wobei an einem Tisch oder in einem abgetrennten räumlichen Bereich immer das identische Thema diskutiert wird.
4. Zwischen den Gesprächsrunden erfolgt eine *Rotation* der Teilnehmer, das heißt jeder Teilnehmer kann an unterschiedlichen Tischen/in verschiedenen Räumen bei den jeweiligen Themenschwerpunkten mitwirken.
5. Am Ende wird das Setting insofern aufgelöst, als an einer *Zusammenfassung* der Ergebnisse und an einer Ableitung konkreter Schritte bei der weiteren Umsetzung gearbeitet wird.

Insgesamt soll das World Café in einer kreativen und stimulierenden Kaffeehaus-Stimmung umgesetzt werden, um ohne Druck eine Verbindung und Integration unterschiedlicher Gedanken und Ideen zu ermöglichen. Eine Bewertung von Ideen ist in dieser Methode nicht vorgesehen, da es vielmehr um einen intensiven Wissens- und Erfahrungsaustausch geht. Deshalb sorgen freiwillige „Gastgeber" an den einzelnen Tischen für eine kreative und offene Atmosphäre. Die „Gastgeber" bleiben während allen Runden am gleichen Tisch und fassen vorherige Gedanken kurz für Neuankömmlinge zusammen, damit jeder direkt einsteigen und an das bisher Besprochene anknüpfen kann.

Somit lernen sich im World Café unterschiedliche Mitglieder des Unternehmens, die in dieser Konstellation möglicherweise noch nie zusammengearbeitet haben, auf neuen Ebenen kennen. Auf diesem Weg entstehen neue Netzwerke, die gerade bei der Umsetzung im Nachklang des World Café von großer Bedeutung sind.

Organisationsentwicklung ist als sozialwissenschaftliches Veränderungskonzept historisch gewachsen [2]. Damit geht einher, dass der Organisationsentwicklung ein komplexes Menschenbild zugrunde liegt, das von dem Streben nach Selbstverwirklichung und nach Entfaltung als grundlegende Ziele des Menschen ausgeht [3]. Somit sind Partizipation und längerfristig angelegte transparente Veränderungsprozesse wichtige Merkmale von Organisationsentwicklung, denen wir auch verpflichtet sind und die wir zudem als Erfolgsfaktoren sehen.

Dabei stehen in der Umsetzung zahlreiche Interventionen der sozialwissenschaftlichen Tradition im Vordergrund, beispielsweise personelle und strukturelle Interventionen [2]. Das hängt selbstverständlich damit zusammen, dass die Organisationsentwicklung aus einer sozialwissenschaftlichen Perspektive „gewachsen" ist und es somit naheliegt, dass sie sich der Interventionsmethoden der Sozialwissenschaften bedient. Da der Ausgangspunkt der Organisationsentwicklung eine sehr weite und dementsprechend integrative Begriffsbestimmung ist, gibt es keine einheitlichen Theorien der Organisationsentwicklung, wie Lutz von Rosenstiel in seinem bedeutenden Werk *Grundlagen der Organisationspsychologie* ausführt [3]. Dabei werden an der gegenwärtigen Orientierung von Theorien der Organisationsentwicklung häufig insbesondere die statische Perspektive, das Fehlen einer Hilfe zur Selbsthilfe und die Fokussierung auf entweder personelle oder strukturelle Interventionen kritisiert [2].

Wie lässt sich nun Organisationsentwicklung von Change Management abgrenzen? Zentrale Merkmale der Abgrenzung sind Partizipation und Langfristigkeit, wie auch in der folgenden Darstellung deutlich wird. Nach Klaus Doppler und Christoph Lauterburg wird der Begriff Organisationsentwicklung zunehmend von der Bezeichnung Change Management verdrängt [4], insbesondere aus folgenden Gründen:

1. Change Management definiert längerfristig und eher unspezifisch bestimmte Veränderungsprozesse in strukturierten und überschaubaren Projekten.
2. Change Management definiert nicht den Weg als Ziel, sondern richtet alle Maßnahmen auf das möglichst konkret erfassbare und von den Beteiligten wahrnehmbare Ergebnis aus.
3. Change Management berücksichtigt als wichtige Einflüsse aus dem Umfeld von Unternehmen auch die Märkte, politische Akteure sowie die Gesellschaft.
4. Change Management stimmt die Betroffenen direkt darauf ein, dass Veränderungsprozesse oftmals mit Ängsten, mit Unsicherheit und auch mit Einschränkungen verbunden sind.
5. Change Management setzt von Anfang an konsequent auf Selbstverantwortung anstatt auf Selbsthilfe.

Unserer Auffassung nach widerspricht jedoch keines dieser Argumente einer erweiterten Auffassung von Organisationsentwicklung:

1. Strukturierte und überschaubare Projekte sind selbstverständlich auch in Veränderungsprozessen der Organisationsentwicklung wichtig, doch braucht Veränderung nun einmal Zeit und muss somit längerfristig angelegt sein. Es ist kein Zufall, dass in unserem eingangs dargestellten Szenario der zeitliche Horizont mehrere Jahre beträgt.
2. Unserer Meinung nach sind sowohl der Weg als auch das Ziel von Bedeutung, so dass es weniger um ein Entweder-oder als vielmehr um ein Sowohl-als-auch geht, wenn nachhaltige Veränderungen konzipiert und umgesetzt werden sollen.
3. Aus der Perspektive einer systemischen Organisationsentwicklung sind genau diese Umwelten und andere beteiligte Systeme zentrale Einflussfaktoren, die berücksichtigt werden müssen.
4. Selbstverständlich macht nicht jeder Veränderungsprozess Spaß, doch braucht es bei jeder Veränderung eine Perspektive der Zuversicht, da mit Ängsten, mit Unsicherheit und auch mit Einschränkungen langfristig niemand nachhaltig sein Verhalten verändern wird.
5. Hier ist es unserer Meinung nach wichtig, dass sowohl Selbsthilfe als auch Selbstverantwortung im Mittelpunkt der Betrachtung stehen, da es nur dann zu einem erfolgreichen Veränderungsprozess kommen kann.

Organisationsentwicklung ist – mit höchstmöglicher Partizipation und entsprechender Langfristigkeit des Veränderungsprozesses – weiterhin die am meisten erfolgversprechende Variante der Veränderung von Organisationen: auch wenn sie nicht unserem Zeitgeist des Immer-schneller-und-immer-mehr in immer kürzen Abständen entspricht. Doch möglicherweise ist der momentane Zeitgeist diesbezüglich auch eine Sackgasse?

Gleichzeitig erfordern die unternehmerischen Rahmenbedingungen oftmals schnelle Entscheidungen und schnelle Veränderungen, so dass hier Change Management selbstverständlich eine Alternative sein kann. Lutz von Rosenstiel bietet in der Frage, ob ein Veränderungspro-

Tab. 4.1 Abgrenzung von Organisationsentwicklung und Change Management (in Anlehnung an [2, 3, 4])

	Organisationsentwicklung	Change Management
Entstehung des Begriffs	Sozialwissenschaftlich geprägter Begriff für geplanten Wandel auf organisationaler Ebene, d. h. bezogen auf die gesamte Organisation	Sammelbegriff aus umgangssprachlicher Perspektive für beliebige Veränderungen in Organisationen
Organisationsverständnis	Ganzheitliche Perspektive aus personeller (z. B. Führung und Kommunikation) und struktureller (z. B. Strukturen und Prozesse) Perspektive auf die Organisation als einzigartiges System	Oftmals eher technisches Verständnis von Organisationen, d. h. Management von Veränderungen analog zu Projektmanagement und zur Veränderung technischer Systeme
Schwerpunkte	Langfristig angelegte Veränderungsmaßnahmen zur nachhaltigen Veränderung der Organisation, z. B. im Hinblick auf die Zukunftsfähigkeit oder auf Fusionen	Optimierungen mit unterschiedlichen Schwerpunkten, z. B. bezüglich Kostensenkung oder Qualitätsmanagement, Restrukturierungen etc.
Zeitliche Perspektive	Mittel- bis langfristige Perspektive der Planung und Umsetzung	Kurz- bis mittelfristige Perspektive der Planung und Umsetzung
Typische Protagonisten	Prozessberater mit Schwerpunkten in Beratung, Coaching und Training, oftmals sozialwissenschaftliche Ausbildungshintergründe	Wirtschafts- und naturwissenschaftlich orientierte Berater mit oftmals technischer Perspektive auf Veränderung
Zentrale Annahmen	Partizipation, das Streben aller Menschen nach Weiterentwicklung und die lernende Organisation	Verordnung von Veränderungen nach dem Prinzip des Bombenwurfs

zess aus der Perspektive der Organisationsentwicklung angelegt werden kann, eine hilfreiche Systematik [3]:

- Bei den Betroffenen muss in dem Maße Kompetenz vorhanden sein, dass sie den Veränderungsprozess überhaupt partizipativ mitgestalten können. Bei komplett neuen Technologien kann dieser Aspekt beispielsweise schnell Grenzen aufzeigen.
- Bei den Betroffenen muss Veränderungsbereitschaft vorhanden sein. Wenn ein kollektiver Verlust des Ansehens oder der Position oder anderer erhaltenswerter Merkmale des Status quo zu erwarten ist, dann wird die Veränderungsbereitschaft sehr gering sein.
- Die Mitarbeiterinnen und Mitarbeiter können von schwer zumutbaren Belastungen und Einschränkungen betroffen sein, beispielsweise von umfangreichen betriebsbedingten Kündigungen. Eine ernsthafte partizipative Beteiligung der Betroffenen wird hier insofern kontraproduktiv sein, als vielmehr eine klare Führungsentscheidung notwendig wäre, um die Organisation handlungsfähig zu erhalten.

In Tab. 4.1 haben wir Merkmale von Change Management und von Organisationsentwicklung einander gegenübergestellt, damit die Abgrenzung noch einmal greifbar wird. Wir sind davon überzeugt, dass Kompetenzen und Perspektiven der Organisationsentwicklung auch in Szenarien des Change Managements von Bedeutung sind, selbst wenn es durchaus Anlässe gibt, bei denen ein Change Management sinnvoller oder sogar notwendig ist.

Veränderung bei Menschen lässt sich allerdings nicht verordnen und somit auch nur sehr bedingt managen, so dass es um Entwicklung und nicht um das Management von Veränderung geht. Wenn die Veränderung der Menschen in einem Unternehmen ein Projekt unter vielen ist, dann verliert sie alleine durch diesen Projektcharakter stark an Glaubwürdigkeit.

Gleichzeitig braucht Organisationsentwicklung eine umfassende Projektkompetenz bei der Durchführung, sofern eine hohe Professionalisierung auf dieser Ebene heutzutage Standard ist. Eine Argumentation mit der Prozessperspektive und einer daraus resultierenden fehlenden Planungskompetenz hat in keiner ernsthaften Organisationsentwicklung etwas verloren. Dennoch bedeuten Zeitdruck und Dringlichkeit nicht, dass es sich bei der Organisationsentwicklung um ein veraltetes Konzept handeln würde: „Echte Dringlichkeit zeigt sich daran, dass nicht nur einige wenige, sondern viele Menschen jetzt mit Aufmerksamkeit, Flexibilität, Reaktionsfreude und Führungsstärke ans Werk gehen." [5, S. 201 f.]

Eine hilfreiche Ergänzung liefert die Unterscheidung zwischen Management und Führung [6]. Beim Management ist die Zielrichtung die Gestaltung von Vorhersagbarkeit und Ordnung, um kurzfristige Ergebnisse zu erzielen, was oftmals im Interesse zahlreicher Stakeholder ist. Im Gegensatz dazu ist die Zielrichtung bei Führung die Gestaltung von Veränderung bis hin zu dramatischen Ausmaßen, was zu langfristigen nützlichen Veränderungen führen kann. Inhaltlich ist Management durch Planung, Budgetierung, Organisation und Monitoring gekennzeichnet. Führung beschäftigt sich dagegen mit der Entwicklung und Verbreitung einer Vision, mit dem „Alignment" von Menschen, das heißt dem Mitnehmen aller Beteiligten auf eine gemeinsame Reise, mit Motivation und Inspiration. Für uns macht eine Reise aus der Perspektive der Führung heraus weit mehr Spaß als eine Veränderung aus der Perspektive des Managements – auch wenn natürlich nicht alles schön und leicht ist und nie alles Spaß machen kann: so viel Realitätsnähe muss sein. Im Sinne der Theorie Y von Douglas McGregor liegt es aber in der Natur des Menschen, dass er selbstbestimmt arbeitet und sich selbst dadurch verwirklicht, so dass ein Change Management im engeren Sinne hier auf langfristige Sicht kontraproduktiv ist.

In unserem Szenario zu Anfang dieses Kapitels geht es, wie dort deutlich wird, nicht um ein Projekt unter vielen, sondern um eine richtungsweisende Veränderung der gesamten Organisation – also um die Entwicklung der Organisation mit einem spezifischen Menschenbild und nicht um das Managen von Change! Das ist unsere Perspektive auf eine Organisationsentwicklung, die sowohl für die Unternehmensleitung als auch für die Unternehmensangehörigen zum bestmöglichen Ergebnis führen kann.

Tab. 4.2 Theorie X und Theorie Y [8, S. 193]

Theorie X	Theorie Y
1. Der Durchschnittsmensch hat eine angeborene Abneigung gegen Arbeit und versucht ihr aus dem Wege zu gehen, wo er nur kann. 2. Weil der Mensch durch Arbeitsunlust gekennzeichnet ist, muss er energisch geführt und streng kontrolliert werden, damit die Unternehmensziele erreicht werden können. 3. Der Widerwille gegen die Arbeit ist so stark, dass sogar das Versprechen höheren Lohnes nicht reicht, ihn zu überwinden. Man wird zwar die Bezahlung annehmen, aber immer noch mehr fordern. Doch das Geld allein kann die Menschen nicht dazu bringen, sich genügend anzustrengen. Dazu bedarf es noch der Androhung von Strafe bei Zuwiderhandeln gegen die Regeln. 4. Die Menschen ziehen es vor, Routineaufgaben zu erledigen, besitzen verhältnismäßig wenig Ehrgeiz und sind vor allem auf Sicherheit aus. 5. Die meisten Menschen scheuen sich vor der Übernahme von Verantwortung.	1. Die Verausgabung durch körperliche und geistige Anstrengung beim Arbeiten kann als ebenso natürlich gelten wie Spiel oder Ruhe. 2. Für Ziele, denen sie sich verpflichtet fühlen und die sie als sinnvoll erkennen, erlegen sich Menschen bereitwillig Selbstdisziplin und Selbstkontrolle auf. 3. Wie sehr sich Menschen organisatorischen Zielen verpflichtet fühlen, hängt davon ab, inwieweit deren Erreichen zugleich eine Erfüllung persönlicher Ziele erlaubt. 4. Die Gabe, Vorstellungskraft, Urteilsvermögen und Kreativität für die Lösung organisatorischer Probleme zu entwickeln, ist in der Bevölkerung weit verbreitet – und nicht nur bei Minderheiten. Unter den Bedingungen der modernen Arbeit werden die Talente, über die der Durchschnittsmensch verfügt, in der Regel nur zum geringen Teil genutzt. 5. Bei geeigneten Bedingungen sind Menschen nicht nur bereit, Verantwortung zu übernehmen, sondern sie suchen sie sogar.

Exkurs: Theorie X und Theorie Y sowie die Motivation nach Maslow

Douglas McGregors Unterscheidung zwischen Theorie X und Theorie Y ist ein wichtiges Fundament der Organisationsentwicklung, das wir an dieser Stelle gerne in einem Exkurs darstellen möchten [7]. Eine Grundlage ist dabei die Annahme, dass alle Menschen nach größtmöglicher Verwirklichung durch und in der Arbeit streben und sich deshalb auch Hindernissen und Herausforderungen stellen. Die moderne Gestaltung von Organisationen muss deshalb genau die Menschen ansprechen, die nach der Theorie Y auch langfristig zum Erfolg der Organisation beitragen können. Bei einer Gestaltung einer Organisation nach der Theorie X wird es zwangsläufig zu Problemen und Konflikten kommen, da die Gestaltung der Organisation damit den menschlichen Bedürfnissen widerspricht. Die Theorie X und Y sind in Tab. 4.2 vergleichend dargestellt.

Die Bedürfnispyramide in Abb. 4.1 von Abraham H. Maslow war dabei eine wichtige Basis für die Entwicklung der Theorien X und Y. Nach Maslow kann eine höhere Ebene in der Bedürfnishierarchie nur dann erreicht werden, wenn die aktuelle Stufe befriedigt ist. Dies hat vielfältige Implikationen für die Arbeitswelt, wenn beispielsweise befristete Verträge und die damit verbundenen Unsicherheiten das Sicherheitsbedürfnis herausfordern. Genauso wird deutlich, dass Kreativität nicht verordnet werden kann, da diese insbesondere auf den höheren Ebenen erfolgt, beispielsweise bei den kognitiven und ästhetischen Bedürfnissen.

Interessant wird die Kombination der Theorien X und Y sowie der Bedürfnispyramide von Maslow, wenn man sie mit der aktuellen Diskussion zum Wertewandel verbindet, beispielsweise bezogen auf die Generation Y. So sind bei der Generation Y zwar zweifellos zahlreiche Aspekte der Theorie Y zutreffend, gleichzeitig geht es aber um Sicherheit und Planbarkeit.

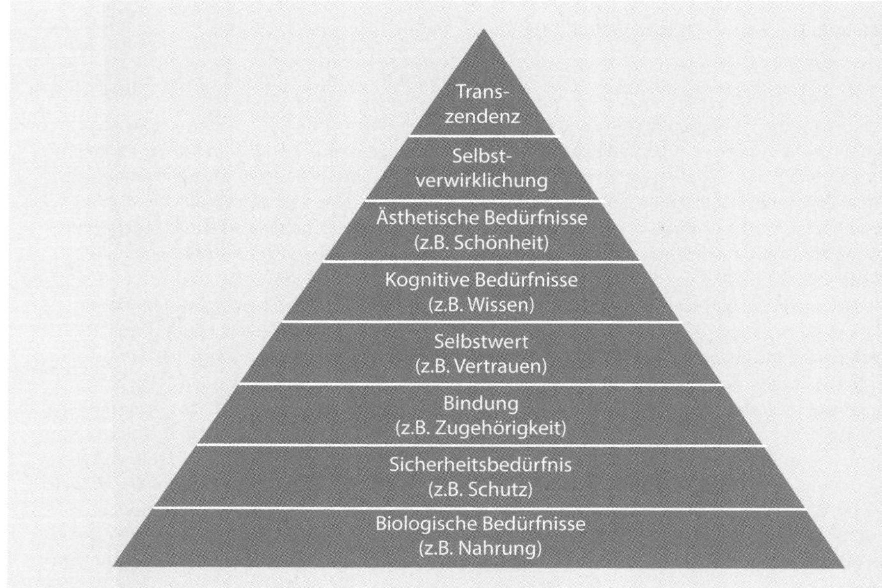

Abb. 4.1 Pyramide menschlicher Bedürfnisse nach Maslow [9]

Insofern muss die Sicht des Sicherheitsaspekts möglicherweise aktualisiert werden, als er gerade durch die zunehmende Wahrnehmung von Finanzkrisen und anderen existenziellen Bedrohungen an Bedeutung gewinnt und keineswegs nur mit der Theorie X in Verbindung gebracht werden kann.

Zwischenfazit

Organisationsentwicklung und Change Management sind nicht immer eindeutig voneinander abzugrenzen, obwohl es einige Unterscheidungsmerkmale gibt. Die zeitliche Perspektive bei Organisationsentwicklung ist meistens längerfristiger, als es bei Change Management der Fall ist. Darüber hinaus steht bei Organisationsentwicklung die Partizipation aller Mitarbeiter im Mittelpunkt, wohingegen dies beim Change Management nicht der Fall ist. Die Prozessorientierung in der Organisationsentwicklung weicht beim Change Management einem starken Projektcharakter. Wir vertreten den Standpunkt, dass Organisationsentwicklung zeitgemäßer und bedeutender denn je ist, sofern sie sich den veränderten Rahmenbedingungen anpasst, beispielsweise durch eine professionelle Projektplanung, durch eine systemische Analyse der Ausgangslage und durch eine starke Zielorientierung über den gesamten Veränderungsprozess hinweg.

Phasenmodelle von Veränderungsprozessen

Phasenmodelle von Veränderungsprozessen liefern für zahlreiche Theorien der Organisationsentwicklung den Ausgangspunkt. Wir möchten hier allerdings bereits von Anfang an einen zentralen Kritikpunkt aufzeigen, der alle Phasenmodelle betrifft: Wenn die Autopoiese in Unternehmen, das heißt die Selbstorganisation und ständige Selbstveränderung, ernst genommen

Tab. 4.3 Phasenmodelle von Veränderungsprozessen

Lewin (1953) [10]	Streich (1997) [11]	Kotter (1996) [6]
1. Auftauen 2. Verändern 3. Einfrieren	1. Schock 2. Verneinung 3. Einsicht 4. Akzeptanz 5. Ausprobieren 6. Erkenntnis 7. Integration	1. Gefühl der Dringlichkeit erzeugen 2. Koalition der Führung etablieren 3. Vision und Strategie entwickeln 4. Vision kommunizieren 5. Mitarbeiter zur Umsetzung befähigen 6. Kurzfristige Erfolge garantieren und sichtbar machen 7. Veränderung vorantreiben und nie nachlassen 8. Verankerung der Veränderung in der Unternehmenskultur

wird, dann können Phasenmodelle von Veränderungsprozessen lediglich vage Anhaltspunkte bieten. Wann beginnt ein Veränderungsprozess? Wann endet ein Veränderungsprozess? Wie lässt sich die Phaseneinteilung empirisch überprüfen?

In Tab. 4.3 stellen wir drei Phasenmodelle von Veränderungsprozessen einander gegenüber, um sie im weiteren Verlauf dieses Kapitels detailliert zu diskutieren. Dabei muss bei allen Modellen berücksichtigt werden, dass diese lediglich eine Annäherung an eine zeitliche Perspektive auf Veränderungsprozesse ermöglichen, da keine vergleichenden oder über die Zeit hinweg aussagekräftigen empirischen Untersuchungen existieren. Dennoch liefern diese Phasenmodelle zahlreiche Anhaltspunkte für die Planung von Veränderungsprozessen, weshalb wir eine intensive Auseinandersetzung damit als sehr wichtig erachten. Das Modell von Lewin wird in zahlreichen Theorien der Organisationsentwicklung als Erklärungsgrundlage herangezogen, so dass es alleine aus diesem Grund als berichtenswert erscheint. Im Gegensatz dazu wird das Modell von Streich in zahlreichen Konzepten in der Praxis aufgegriffen. Und Kotter ist einer der wichtigsten internationalen Protagonisten im Zusammenhang mit der Veränderung in Organisationen, so dass er der Vollständigkeit halber nicht fehlen darf.

Wir beginnen mit dem 3-Phasen-Modell von Kurt Lewin, dessen Grundaussagen auch in Abb. 4.2 zusammengefasst sind. Dabei bezog er sein Modell ursprünglich auf Lernen auf individueller Ebene und erweiterte es erst später um die organisationale Perspektive. In der ersten Phase, der des Auftauens, sind insbesondere Information und Feedback wichtig, um etablierte Muster und Routinen „aufzutauen". In der zweiten Phase erfolgt aufbauend auf der in der ersten Phase angeregten Reflexion ein Veränderungsprozess, der zu tatsächlichen Veränderungen von Verhaltensweisen oder Einstellungen führt. Wichtig ist allerdings auch die dritte Phase, in der durch Wiederholung der Anwendung neuer Verhaltensweisen ein „Einfrieren" erfolgt und somit der Grundstein für eine beständige Veränderung gelegt wird. Eine Grundannahme des gesamten Modells ist dabei, dass es zu Beginn und zum Ende der Veränderung jeweils einen Gleichgewichtszustand gibt, wobei der Gleichgewichtszustand am Ende auf einem höheren Level eingefroren ist.

Diese Gleichgewichtszustände müssen allerdings kritisch betrachtet werden, da sie den heutzutage selbstverständlichen ständigen Veränderungen nicht Rechnung tragen. Darüber hinaus stehen sie im Widerspruch zu den Grundsätzen der Autopoiese, wonach sich Organisationen ständig selbstständig verändern, so dass von Gleichgewichtszuständen keine Rede sein kann. Dennoch kann das Bild des Gleichgewichts im übertragenen Sinn durchaus hilfreich

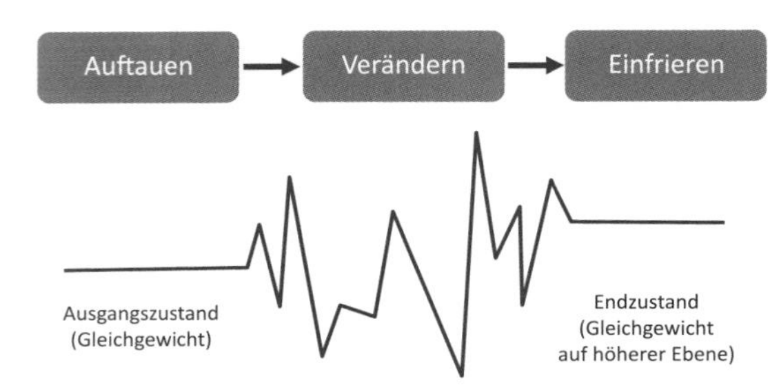

Abb. 4.2 3-Phasen-Modell von Kurt Lewin, in Anlehnung an [2, 10]

4

sein, sofern Veränderung immer Bewegung in eine Organisation bringt und ständige Bewegung möglicherweise eher zu Stagnation als zu echter Veränderung führt. Es ist also bei der Konzeption von Veränderungsprozessen von großer Bedeutung, dass auch Phasen der Konsolidierung und der Beruhigung berücksichtigt werden.

Das 7-Phasen-Modell von Richard Streich findet in zahlreichen Konzepten sowohl in der Praxis als auch in der Wissenschaft Anwendung (siehe Abb. 4.3). Dabei geht man davon aus, dass insbesondere die Wahrnehmung der persönlichen Kompetenz in Bezug auf die Steuerung der Veränderung für den Erfolg von Veränderungsprozessen relevant ist. In der ersten Phase führt der Unterschied zwischen den eigenen und den fremden Erwartungen dementsprechend zu einem großen Schockzustand. Dies resultiert in der zweiten Phase in eine Verneinung, was jedoch auf ein unpassendes Sicherheitsgefühl und vor allem auch auf eine Überschätzung der eigenen Kompetenzen zurückzuführen ist. In der dritten Phase folgt die Einsicht, dass neue Verhaltensweisen und neue Vorgehensweisen erforderlich sind. Das wird in der vierten Phase der Akzeptanz fortgeführt, das heißt, das Loslassen alter Verhaltens- und Vorgehensweisen beginnt. In der fünften Phase des Ausprobierens werden neue Verfahrens- und Vorgehensweisen gesucht, wobei hier selbstverständlich sowohl mit Erfolgen als auch mit Misserfolgen zu rechnen ist. Die sechste Phase der Erkenntnis führt zu einer reflektierteren Perspektive auf Erfolg und Misserfolg, so dass die eigene Kompetenz wieder positiver wahrgenommen wird. In der siebten Phase der Integration werden erfolgreiche Verhaltens- und Vorgehensweise in das eigene Repertoire übernommen.

Von diesen sieben Phasen der Veränderung lassen sich zahlreiche Implikationen für die Gestaltung von Veränderungsprozessen ableiten. So geht es insbesondere in den Phasen 1 und 2 um die Information der Betroffenen, wohingegen in Phase 3 und 4 eine wechselseitige Kommunikation von Bedeutung ist. In den Phasen 5 und 6 sind Training und Coaching wichtig, um die Kompetenzen der Betroffenen weiterzuentwickeln und damit die Phasen des Ausprobierens und der Erkenntnis auf dieser Ebene zu unterstützen. In der letzten Phase der Integration steht dagegen das Monitoring im Vordergrund.

Eine zentrale Aussage lässt sich aus diesem Modell ableiten, die für alle Veränderungsprozesse von essentieller Bedeutung ist: Die betroffenen Mitarbeiter können sich zu einem Zeitpunkt im Veränderungsprozess in ganz unterschiedlichen persönlichen Entwicklungsphasen bezüglich ihrer positiven und negativen Gefühle und ihrer Kompetenzwahrnehmung befinden. Die Betrachtungsebene der von ihnen selbst wahrgenommenen persönlichen Kompetenz der Betroffenen macht deutlich, dass sich auf dieser individuellen Betrachtungsebene keine pauschale Aussage über das gesamte Unternehmen ableiten lässt. Folglich ist davon auszugehen, dass unterschiedliche Betroffene in ganz unterschiedlichem Tempo und mit individuellen Schleifen die einzelnen Phasen durchlaufen und dass die Planung des gesamten Veränderungsprozess entsprechend darauf Rücksicht nehmen muss.

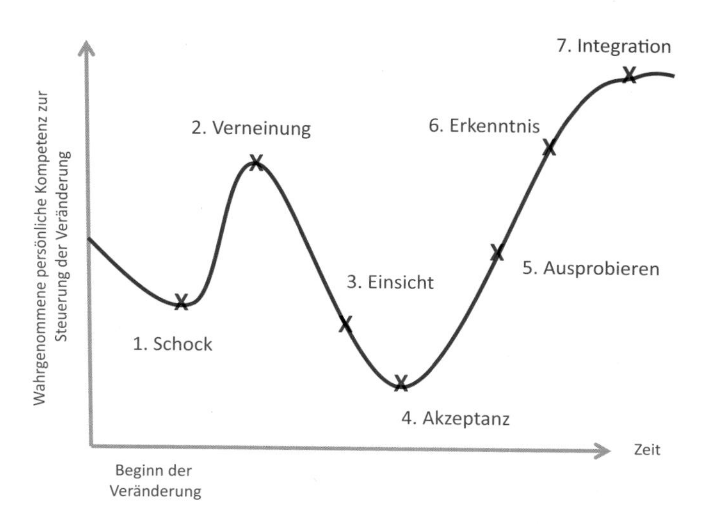

Abb. 4.3 7-Phasen-Modell von Richard Streich [11] [Eigene Darstellung in Anlehnung an [3, S. 458]]

Eine andere Betrachtungsebene wählt John P. Kotter in seinen acht Stufen der Veränderung, die sich zu einem etablierten Modell für beliebige Anlässe der Organisationsentwicklung entwickelt haben:

1. *Gefühl der Dringlichkeit erzeugen:* Hier steht die Untersuchung des Marktes und des Wettbewerbs im Vordergrund. Das ermöglicht die Identifikation und Diskussion von (potenziellen) Krisen und von grundlegenden Chancen zur Weiterentwicklung des Unternehmens.
2. *Koalition der Führung etablieren:* Im Mittelpunkt steht hier die Etablierung einer „Koalition", die über ausreichend Macht und Einfluss zur Gestaltung des Veränderungsprozesses verfügt. Dabei muss allerdings auch die Steuerungsgruppe selbst im Mittelpunkt der Betrachtung stehen, da sie wie ein Team agieren muss und insbesondere zu Beginn der Teambildung einer dem entsprechenden Aufmerksamkeit bedarf.
3. *Vision und Strategie entwickeln:* Die Entwicklung einer Vision ist hier der erste Schritt, um einen Anhaltspunkt für den gesamten Veränderungsprozess zu erhalten. Die Strategie bricht dabei die Vision auf konkrete Handlungsschritte herunter, die zu deren Umsetzung erforderlich sind.
4. *Vision kommunizieren:* Jede Möglichkeit und jedes Medium muss genutzt werden, um die Vision und die Strategie permanent zu kommunizieren. Die Steuerungsgruppe dient dabei als Vorbild für die Umsetzung der Vision und der Strategie und steht somit im besonderen Fokus aller Betroffenen.
5. *Mitarbeiter zur Umsetzung befähigen:* Hindernisse müssen in dieser Phase konsequent beseitigt werden, was auch zu grundlegenden Veränderungen von Strukturen und Systemen führen kann. Riskantes Verhalten im Sinne neuer Ideen in Richtung der Umsetzung der Vision muss konsequent ermutigt und gefördert werden.
6. *Kurzfristige Erfolge garantieren und sichtbar machen:* Kurzfristige Erfolge und Verbesserungen müssen systematisch gesucht, geschaffen und kommuniziert werden. Das bedeutet auch, dass Personen ausgezeichnet und belohnt werden, die für diese Erfolge und Verbesserungen im Sinne der Vision verantwortlich sind.
7. *Veränderung vorantreiben und nie nachlassen:* In diesem Schritt geht es auch um die Anstellung oder auch Kündigung von Personen, die für die Realisierung der Vision förderlich beziehungsweise hinderlich sind. Genauso müssen Erfolgspersonen befördert werden, die

der Realisierung der Vision förderlich sind. Alle Systeme, Strukturen und Regeln müssen in Richtung der Vision verändert werden. Genauso wichtig ist es allerdings, dass neue Prozesse, Projekte und Themen definiert werden, um den Veränderungsprozess lebendig zu halten.
8. *Verankerung der Veränderung in der Unternehmenskultur:* Führung spielt in dieser Phase eine große Rolle, da diese essentiell für die Verankerung der Veränderung und der damit zusammenhängenden Vision in der Unternehmenskultur ist. Die Verbindung zwischen neuen Verhaltensweisen und Unternehmenserfolg wird dabei herausgearbeitet und kommuniziert.

Die Reihenfolge der Stufen ist dabei nicht beliebig gewählt, so dass ein Überspringen einer Stufe zu einem späteren Zeitpunkt zu Problemen führen kann. Grundsätzlich können aber natürlich mehrere Stufen gleichzeitig bearbeitet werden, sofern dies die Realität tendenziell besser abbildet.

Bei diesen acht Stufen der Veränderung wird allerdings sehr deutlich, dass es sich weniger um ein zeitliches Phasenmodell, als um ein umfassendes Modell zur Erklärung von Erfolgsfaktoren in organisationalen Veränderungsprozessen handelt. Aus diesem Grund werden wir uns in einem späteren Kapitel vertiefend damit auseinandersetzen, wenn wir uns mit Erfolgsfaktoren in Veränderungsprozessen beschäftigen. Es sei aber so viel vorweggenommen, dass dieses Modell ein sehr erfolgsversprechender Ansatz für die Planung von Organisationsentwicklung ist.

Unserer Meinung nach stellt sich weniger die Frage nach dem richtigen und zutreffenden Phasenmodell von Veränderungsprozessen. Es geht aus praktischer Perspektive vielmehr darum, mit welchen Modellen sich Veränderungsprozesse systematisch konzipieren lassen und welche Modelle Stellschrauben aufzeigen und Implikationen ableiten lassen, die für erfolgreiche Veränderung notwendig sind. Diese Kriterien erfüllen unserer Meinung nach alle drei vorgestellten Phasenmodelle, wobei eine differenziertere Ausarbeitung dementsprechend mehr Ansatzpunkte ermöglicht, so dass das 3-Phasen-Modell von Kurt Lewin hier nur bis zu einem gewissen Punkt hilfreich ist.

Zwischenfazit

In diesem Abschnitt haben wir uns mit Phasenmodellen von Veränderungsprozessen beschäftigt. Dabei stellt das 3-Phasen-Modell von Kurt Lewin aus historischer Perspektive den Ausgangspunkt für zahlreiche Theorien der Organisationsentwicklung dar. Allerdings liefert es durch seine hohe Abstraktionsebene nur eingeschränkte Ansatzpunkte für die Planung von Veränderungsprozessen. Ergiebiger sind hier das 7-Phasen-Modell von Richard Streich und die acht Stufen der Veränderung von John P. Kotter, die zahlreiche Stellschrauben für Veränderungen aufzeigen. Letztlich muss aber bei allen Modellen berücksichtigt werden, dass sie lediglich eine Annäherung an Veränderungsphasen ermöglichen, da aus wissenschaftlicher Perspektive bisher keine umfassende Überprüfung erfolgt ist.

Inhaltliche Theorien zu Veränderungsprozessen

Neben dieser zeitlichen Perspektive auf Veränderungsprozesse werden wir uns nun mit inhaltlichen Theorien beschäftigen. Dabei unterteilen wir diese in Theorien zur lernenden Organisation, Theorien zur Unternehmenskultur, Theorien zur Resilienz und Theorien zur Präsenz. Diese Unterteilung erhebt keinen Anspruch auf Vollständigkeit, doch liefert sie eine hilfreiche Ausgangslage für die systematische Exploration der umfangreichen Grundlagen der Organisationsentwicklung.

■ **Tab. 4.4** Vergleich zwischen organisationalem Lernen und konventionellem organisationalem Wandel nach Schreyögg [16, S. 435]

Organisationales Lernen	Konventioneller organisationaler Wandel
– Wandel als Normalfall – Wandel als generelles Problem – Indirekte, dezentrale Gestaltung des Wandels – Wandel als Kompetenz aller Mitglieder der Organisation	– Wandel als zeitlich befristeter Sonderfall – Wandel als spezielles Problem – Oftmals zentrale Steuerung des Wandels – Wandel durch interne und/oder externe Experten, Mitglieder der Organisation als „Klienten"

Lernende Organisation

Eine Perspektive der lernenden Organisation erfordert in einem ersten Schritt die Auseinandersetzung mit dem lernenden Individuum. Es liegt somit auf der Hand, dass Organisationsentwicklung nicht ohne Personalentwicklung erfolgreich sein kann. Genauso kann Personalentwicklung in vielen Fällen nicht ohne die passenden organisationalen Rahmenbedingungen erfolgreich sein, so dass diese beiden Perspektiven idealerweise Hand in Hand geplant und umgesetzt werden. Gleichzeitig zeigen die Ergebnisse einer umfassenden Studie zur Zukunft der Personalentwicklung, dass die Begleitung von Change-Prozessen in den nächsten Jahren den größten Bedeutungszuwachs erfahren wird, so dass Personal- und Organisationsentwicklung noch enger zusammenarbeiten und zusammenwachsen müssen [12]. Insofern wird organisationales Lernen sicherlich weiterhin ein dominierender Ansatzpunkt der Organisationsentwicklung sein.

Peter M. Senge gilt zwar als Pionier der Überlegungen zur lernenden Organisation, doch gab es auch bereits davor Auseinandersetzungen mit der Entwicklung von Organisationen, die auf diesem Blickwinkel beruhten [13]. Die Frage nach der Grundlage und nach den Erfolgsfaktoren organisationalen Lernens und damit auch organisationaler Veränderung standen dabei früh im Mittelpunkt [14, 15]. Zu den Kennzeichen einer lernenden Organisation gehört danach, dass sie sich aus sich selbst heraus ständig verändert, was sich insbesondere auch in den Überlegungen zur Autopoiese wiederfindet, die wir bereits aus systemischer Perspektive kennengelernt haben.

In ■ Tab. 4.4 wird organisationales Lernen dem konventionellen organisationalen Wandel gegenübergestellt, um eine differenzierte Ausgangslage für die weitere Diskussion zu erhalten. Dabei wird eindrücklich dargestellt, dass die heutigen Rahmenbedingungen von Unternehmen, die sich ständig in Veränderung befinden, organisationales Lernen überlebensnotwendig machen. Es stellt sich somit für Unternehmen nicht die Frage, ob sie Organisationsentwicklung benötigen, sondern es stellt sich die Frage, ob sie bereits eine lernende Organisation sind, um flexibel auf die sich verändernden Rahmenbedingungen reagieren zu können. Organisationsentwicklung ist damit auch nicht eine Aufgabe des Vorstands oder der Geschäftsführung oder einer spezifischen Abteilung, sondern jedes einzelnen Mitglieds der Organisation.

Nach Peter M. Senge sind fünf Disziplinen besonders relevant, damit sich Unternehmen als lernende Organisation entwickeln:

- *Selbstführung:* Eine Klärung der eigenen Zielsetzung bildet hierbei den Ausgangspunkt. Zielsetzung ist eine permanente Weiterentwicklung der eigenen Kompetenzen, unter anderem auch, um die Wahrnehmung der mentalen Modelle in der zweiten Disziplin zu erweitern.
- *Mentale Modelle:* Hier stehen vielfältige mentale Modelle davon im Mittelpunkt, wie wir Wissen, Weltbilder, Repräsentationen etc. wahrnehmen. Neben der Wahrnehmung und Identifikation im ersten Schritt geht es dabei in einem zweiten Schritt auch um die Bewertung dieser mentalen Modelle.

- *Gemeinsame Visionen:* Die Identität des Unternehmens und gemeinsame Ziele sind wichtige Grundpfeiler für gemeinsame Visionen. Jede Aufgabe ist somit ein Zwischenschritt in Richtung der gemeinsamen Vision und folglich ein wichtiger Beitrag für das gesamte Unternehmen.
- *Teamlernen:* Die Intelligenz der Teams und damit der gesamten Organisation ist mehr als die Summe der einzelnen Bestandteile, wie wir es bereits beim World Café als Großgruppenmethode kennengelernt haben. Eine Kultur des Dialogs ohne kollektive Abwehrmechanismen ist dementsprechend der angestrebte Zustand.
- *Systemisches Denken:* Sozusagen im Mittelpunkt der vier bereits dargestellten Disziplinen steht das systemische Denken. Dabei geht es um eine ganzheitliche Betrachtung des Unternehmens ohne eine Reduktion oder Hervorhebung einzelner Abteilungen oder Bereiche. Die Kenntnis und Berücksichtigung von Abhängigkeiten und Wechselwirkungen ermöglicht dann ein Lernen auf einer höheren Ebene, nachdem über den Tellerrand der eigenen Perspektive hinausgeschaut werden kann.

Bei diesen fünf Disziplinen wird deutlich, dass es vor allem um eine Verknüpfung von Individuum (z. B. Selbstführung), Team (z. B. Teamlernen) und Organisation (z. B. systemisches Denken) geht. Passend zu dieser Perspektive wird dem Umgang mit Komplexität als spezifische Kompetenz laut einer aktuellen Expertenbefragung der größte Bedeutungszuwachs in den nächsten Jahren beigemessen [12]. Damit einher gehen die Fähigkeit zum Umgang mit Veränderungen (was auch immer darunter – angesichts der Tatsache, dass dies für sich bereits ein weites Feld ist – konkret verstanden werden soll), der Umgang mit Wissen und allgemeine Selbst-Management-Fähigkeiten.

An dieser Liste wird bereits deutlich, dass auch die Personalauswahl und -entwicklung in Unternehmen an der Gestaltung der Vision der lernenden Organisation mitwirken müssen, da die Organisationsentwicklung alleine hier zu kurz greifen würde. Gleichzeitig wird auch an dieser Stelle deutlich, dass ein besonderes Menschenbild erforderlich ist, um die fünf Disziplinen und damit die lernende Organisation in die Realität umzusetzen: Selbstbestimmung und das Streben nach Selbstverwirklichung sind hier zwei zentrale Stichworte, die wir bereits beim Exkurs zu Theorie X und Theorie Y diskutiert haben.

Zusätzlich zu diesen Disziplinen können drei Ebenen organisationalen Lernens unterschieden werden: Single-Loop-Learning, Double-Loop-Learning und Deutero-Learning [14]. ◘ Abb. 4.4 verdeutlicht diese drei Ebenen des organisationalen Lernens, auf die wir im Folgenden detailliert eingehen möchten.

- *Single-Loop-Learning:* Diese erste Lernebene kann als kybernetischer Regelkreis verstanden werden, der sich in einem festen Rahmen bewegt. Werte, Regeln und Normen sind hier also gesetzt und Lernen erfolgt in diesem festgelegten Kontext. Innerhalb eines festen Bezugsrahmens kann Single-Loop-Learning somit zu einer inkrementalen Erweiterung der bereits bestehenden Wissensbasis beitragen, wobei auch kleine Korrekturen nicht gewollter Abweichungen möglich sind.
- *Double-Loop-Learning:* Im Rahmen des Double-Loop-Learning können Standards überprüft werden, das heißt der feste Bezugsrahmen der ersten Lernebene kann hier modifiziert werden. Es können somit neue Standards etabliert werden, damit neben dem reinen Anpassungslernen auf der ersten Ebene auch ein Veränderungslernen möglich wird. Das setzt allerdings die Veränderung von Werten, Regeln und Normen voraus, so dass sich der Bezugsrahmen stark verändern kann – ohne eine offene Unternehmenskultur und Veränderungsbereitschaft ist das folglich schwer möglich.

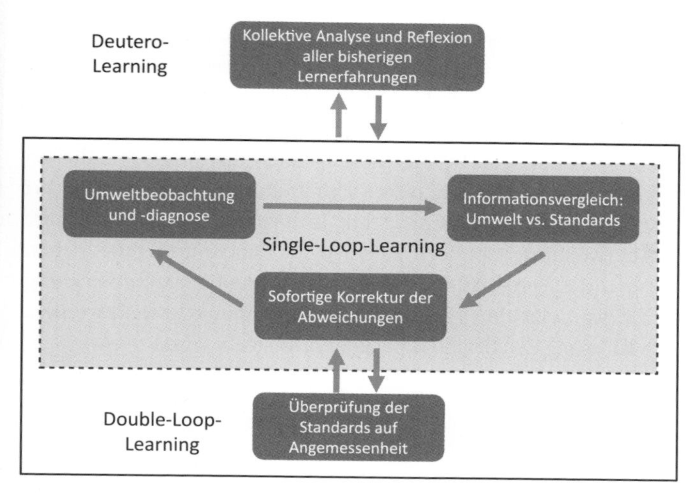

Abb. 4.4 Drei Ebenen organisationalen Lernens [16] [Eigene Darstellung in Anlehnung an [16, S. 437]]

- *Deutero-Learning:* Letztlich kann Deutero-Learning als eine höhere Ebene des Lernens betrachtet werden, das heißt eine Meta-Perspektive, die über die beiden vorhergehenden Ebenen hinausgeht. Im Mittelpunkt der Betrachtung steht hier das Lernen selbst, um Lernerfolge und -misserfolge systematisch zu reflektieren und das gesamte Lernen im Sinne lernförderlicher und entgegen lernhinderlichen Faktoren zu verändern. Deutero-Learning kann deshalb auch als Prozesslernen bezeichnet werden, da es die Veränderungsfähigkeit einer Organisation an sich betrachtet.

Eine neue Klassifikation der Lernebenen thematisiert exploitatives und exploratives Lernen [17]. Bei exploitativem Lernen steht eine möglichst effiziente Anwendung und darauf aufbauende Verfeinerung bereits vorhandenen Wissens im Vordergrund: die Erweiterung vorhandenen und der Auf bau neuen, ungewohnten Wissens. Dagegen geht es bei explorativem Lernen um eine Erkundung und das Experimentieren mit ungewohnten Kontexten, das heißt auch mit riskanten Varianten und unkonventionellen Perspektiven.

Diese Sicht auf unterschiedliche Lernebenen bringt zahlreiche Herausforderungen mit sich, sofern exploitatives und exploratives Lernen um gemeinsame Ressourcen kämpfen müssen und beide Ebenen nicht gleichzeitig verfolgt werden können [8]. Dabei kann zu viel exploitatives Lernen – bei allen Vorteilen im Sinne von Sicherheit, vorhersehbaren Ergebnissen und konventionellen Ergebnissen – aber schnell zu fehlender Wettbewerbsfähigkeit des Unternehmens führen, da Innovation aus dieser Perspektive heraus nur begrenzt möglich ist. Letztlich geht es für jede Organisation um eine bestmögliche Balance zwischen diesen beiden Ebenen, um einen Ausweg aus diesem Dilemma zu finden. Dabei muss einem allerdings bewusst sein, dass höchstwahrscheinlich immer Kompromisse erforderlich sind, da größtmögliche Sicherheit und maximale Innovation nicht permanent miteinander zu vereinbaren sind.

Forschungsergebnisse deuten darauf hin, dass insbesondere ein Lernprozess mit direkten sozialen Interaktionen für den Erfolg einer lernenden Organisation ausschlaggebend ist [18]. Dabei spielen IT-Anwendungen oder sonstige Datenbanksysteme nur eine sehr untergeordnete Rolle, obwohl sie oftmals als wichtige Erfolgsfaktoren genannt werden. Allerdings schwächt sich der Lerneffekt aus sozialer Interaktion mit der Zeit ab, je länger Teams zusammenarbeiten. Das spricht folglich für eine Rotation der Mitarbeiter zwischen unterschiedlichen Abteilungen und Aufgabenbereichen, die allerdings im Sinne des Wissensmanagements eine Herausforderung darstellt. Ein ein Pendeln zwischen diesen beiden Polen erscheint hier langfristig am vielversprechendsten, um die bestmöglichen Ergebnisse zu erzielen.

Sowohl die fünf Disziplinen der lernenden Organisation als auch die unterschiedlichen Unterscheidungen der Lernebenen machen deutlich, dass Flexibilität und Selbstreflexion für Organisationen überlebensnotwendig sind. Das gilt nicht nur in Bezug auf explizit geplante Maßnahmen der Organisationsentwicklung, sondern genauso für den unternehmerischen Alltag. Umso wichtiger erscheinen diese Annahmen aber als Zielrichtung für die Entwicklung von Organisationen, sofern damit nicht einzelne Themen in den Mittelpunkt gestellt werden, sondern vielmehr eine visionäre Richtung des flexiblen Lernens angestrebt wird.

Unternehmenskultur

Unternehmenskultur ist unserer Meinung nach der zentrale Ausgangspunkt für jegliche Maßnahme der Organisationsentwicklung, sofern jede Organisationsentwicklung letztlich auch eine Kulturentwicklung darstellt. Vorreiter der Forschung zur Unternehmenskultur sind Edgar H. Schein und Geert Hofstede, die mit umfangreichen Studien und Beiträgen diese Thematik maßgeblich geprägt haben [19, 20]. Bereits in einem früheren Exkurs (vgl. ► Kap. 2) haben wir uns mit Unternehmenskultur beschäftigt; an dieser Stelle wollen wir uns vertieft damit auseinandersetzen.

Wie lässt sich die Unternehmenskultur beschreiben? Die Meinung in der Forschung ist hier sehr heterogen, weshalb wir uns auf den folgenden Rahmen festlegen möchten [8]:

- *Unternehmenskultur ist implizit:* Gemeinsam geteilte Überzeugungen und selbstverständliche Annahmen bilden den impliziten Kern der Unternehmenskultur. Eine Reflexion oder ein Nachdenken darüber erfolgt üblicherweise nicht, sofern es „schon immer so war“ und sofern es doch „ganz selbstverständlich so ist“.
- *Unternehmenskultur ist kollektiv:* Bereits bei der impliziten Natur der Unternehmenskultur wurde der Aspekt des miteinander Geteilten angesprochen. Unternehmenskultur ist immer kollektiv geprägt und wird somit vom Konsens der Angehörigen der Organisation definiert und geprägt.
- *Unternehmenskultur ist konzeptionell:* Die Unternehmenskultur ist ein Anhaltspunkt für alle Angehörigen der Organisation, das heißt sie ist Sinngeber und konzeptioneller Rahmen. Sie liefert somit einen Referenzrahmen für das Verhalten im jeweiligen Unternehmen.
- *Unternehmenskultur ist emotional:* Im Mittelpunkt der Unternehmenskultur stehen keine kognitiven abstrakten Annahmen, sondern emotionale Momente. Es geht um Hass und um Liebe, es geht um starke Emotionen.
- *Unternehmenskultur ist historisch:* Dieser Aspekt ist von großer Bedeutung für uns Organisationsentwickler, da eine Unternehmenskultur immer historisch gewachsen ist. Die Vergangenheit hat bereits einen Rahmen vorgegeben, wie Probleme gelöst werden und wie mit Herausforderungen umgegangen wird – manchmal beispielsweise mit Widerstand. Gleichzeitig befindet sich die Unternehmenskultur nie an einem statischen Punkt, wie wir bereits bei der Autopoiese gesehen haben, sondern sie ist ständig in Bewegung.

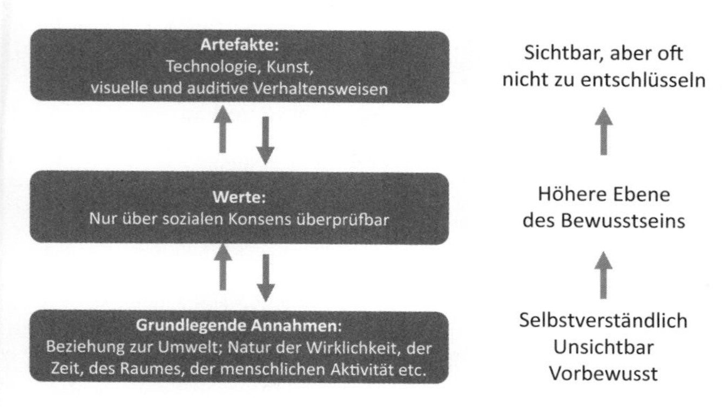

Abb. 4.5 Ebenen der Unternehmenskultur nach Schein [21] [Eigene Darstellung in Anlehnung an [21, S. 14]]

- *Unternehmenskultur ist interaktiv:* Der Kern der Unternehmenskultur ist die Sozialisation aller Mitglieder der Organisation. Diese Traditionen werden interaktiv weitergegeben und gegebenenfalls modifiziert. Eine Unternehmenskultur ist somit ein ständiger sozialer Interaktionsprozess, der letztlich zwischen allen Angehörigen der Organisation stattfindet.

Bereits an dieser Darstellung von Kernelementen der Unternehmenskultur wird deutlich, wie wichtig diese für die Organisationsentwicklung ist. Letztlich muss jede ernst gemeinte und nachhaltig geplante Maßnahme der Organisationsentwicklung sowohl auf die vorhandene Unternehmenskultur Bezug nehmen als auch gleichzeitig die Unternehmenskultur in eine neue Richtung weiterentwickeln und offen zur Diskussion stellen. Wenn das nicht der Fall ist, wird jede Veränderung lediglich an der Oberfläche erfolgen und nachhaltige Effekte sind unwahrscheinlich. Für eine Analyse und Änderung der Unternehmenskultur sind auch die dafür relevanten Ebenen hilfreich, die wir uns im Folgenden anschauen möchten.

Abbildung 4.5 visualisiert die unterschiedlichen Ebenen der Unternehmenskultur nach Edgar H. Schein. Danach setzt sich die Kultur in einem Unternehmen aus unterschiedlichen Ebenen zusammen, die komplett unsichtbar bis vollständig sichtbar sind:

- *Grundlegende Annahmen:* Unsichtbare und vorbewusste Elemente der Unternehmenskultur sind grundlegende Annahmen über die Beziehungen zur Umwelt sowie über die menschliche Natur. Auch an dieser Stelle wird deutlich, wie wichtig eine differenzierte Auseinandersetzung mit dem Menschenbild (in) einer Organisation ist, wie wir es in ► Kap. 2 vorgestellt haben. Diese selbstverständlichen Annahmen haben großen Einfluss auf die anderen Ebenen der Kultur und können somit einem Veränderungsprozess auch maßgeblich im Weg stehen.
- *Werte:* Auf einer höheren Bewusstseinsebene zugänglich sind Werte und Normen, die aber lediglich über sozialen Konsens überprüfbar sind, das heißt sie sind in gewisser Weise sozial ausgehandelt. Dabei kann es sich um implizite Verbote und um allgemeine Orientierungsrahmen handeln, die das Verhalten in der Organisation maßgeblich beeinflussen. Sie sind allerdings nicht explizit niedergeschrieben und somit auch nicht immer direkt beobachtbar. Von solchen Werten und Normen zu unterscheiden sind von oben verordnete Leitlinien oder Grundsätze (z. B. der Führung oder der Unternehmensphilosophie), die sich nicht immer mit der gelebten Realität decken müssen.

Tab. 4.5 Ansatzpunkte zur Messung der Unternehmenskultur [18, S. 144]

Verbale Ansatzpunkte	Interaktionale Ansatzpunkte	Objektivierte Ansatzpunkte
– Geschichten – Mythen – Anekdoten – Parabeln – Legenden – Slogans – Grundsätze – Sprachregelungen – Hymnen	– Riten, Zeremonien, Traditionen – Feiern, Jubiläen – Konventionen – Konferenzen und Tagungen – Vorstandsbesuche – Auswahl und Einführung neuer Mitarbeiter – Vorgehen bei der Beförderung – Entlassung oder Bestrafung von Mitarbeitern – Beschwerden – Tabus	– Statussymbole – Abzeichen, Geschenke – Logos – Preise und Urkunden – Idole – Kleidung sowie allgemein äußere Erscheinung – Architektur – Arbeitsbedingungen – Plakate und Broschüren

- *Artefakte:* Unterschiedliche Symbole, die von Edgar H. Schein als Artefakte bezeichnet werden, sind direkt sichtbar. Dazu gehören beispielsweise visuelle und auditive Ausdrucksweisen wie Kleidung und sprachliche Umgangsformen. Genauso können die architektonische Gestaltung des Unternehmensgebäudes sowie das grafische Erscheinungsbild (d. h. Corporate Identity) als sichtbare Symbole herangezogen werden. Auch Rituale und Mythen gehören zu diesen sicht- und hörbaren Artefakten. Herausfordernd ist dabei allerdings, dass die Interpretation und Sinngebung der Symbole nicht immer eindeutig ist, da oftmals vielfältige Bedeutungen möglich sind.

Diese Ebenen der Unternehmenskultur zeigen bereits die Herausforderung für externe Organisationsentwickler auf, die sich der Kultur eines Unternehmens nur auf vielen Wegen annähern können, um auch die tiefliegenden grundlegenden Annahmen zu verstehen – und gerade diese sind für Veränderungsprozesse besonders bedeutend.

Eine für Praktiker wichtige Frage ist somit die nach der Messbarkeit der Unternehmenskultur. Dabei existieren zahlreiche Ansätze von der Analyse von Firmenprotokollen über von Checklisten geleitete Erhebungen bis hin zu quantitativen Fragebögen [3]. Wichtig ist dabei, dass eine rein quantitative standardisierte Erfassung der Unternehmenskultur sehr problematisch ist, da gerade Werte und grundlegende Annahmen nur eingeschränkt mit quantitativen Fragebögen erfasst werden können. Insofern gewinnen qualitative Interviews und auch kreative andere Methoden an Bedeutung, um sich der Unternehmenskultur angemessen anzunähern. Dabei spielen beispielsweise auch Rituale (z. B. zur Aufnahme neuer Mitarbeiter, zur Würdigung von Jubiläen, zum Feiern von Erfolgen) und Legenden und Mythen (z. B. zur Gründung des Unternehmens, zur Überwindung einer existenziellen Unternehmenskrise) eine große Rolle, weil diese Aufschluss über Werte und grundlegende Annahmen der Organisation geben. Eine Übersicht über Ansatzpunkte zur Messung der Unternehmenskultur gibt Tab. 4.5. Allerdings sind dabei in allen Fällen umfangreiche Feedbackschleifen mit Mitgliedern der Organisation notwendig, da es ansonsten bei einem außenstehenden externen Berater schnell zu falschen Interpretationen kommen kann. Der kulturelle Kern einer Organisation erschließt sich nur über eine sukzessive Annäherung über die unterschiedlichen Ebenen der Kultur [8].

Praxistipp: Übung „Rituale und Mythen"

Die Bedeutung von Ritualen im Kontext der Unternehmenskultur wird angesichts dessen kontrovers diskutiert, dass sie selbstverständlich lediglich ein Merkmal einer Unternehmenskultur sind und keineswegs als einziges Artefakt herangezogen werden sollten [8]. Allerdings bieten Rituale zahlreiche Ansatzpunkte, um sich der Unternehmenskultur einer Organisation anzunähern, gerade auch in Form von Gesprächen über vermeintlich Nebensächliches mit Angehörigen des Unternehmens; die folgenden Fragen können als Einstieg dienen.

- Aufnahmeritual: Wie werden neue Mitarbeiter in Ihrer Organisation begrüßt? Welche (feierlichen) Formen der Einführung sind üblich? Wer entscheidet über die Form und die Gestaltung der Aufnahme?
- Abschiedsritual: Wie werden ehemalige Mitarbeiter in Ihrer Organisation verabschiedet? Wie wird über die Verabschiedung entschieden und wer ist daran beteiligt?
- Bekräftigungsrituale: Wie werden in Ihrer Organisation besondere Leistungen ausgezeichnet? Welche Veranstaltungsformate existieren dafür?
- Übergangsrituale: Wie wird das Zepter bei Führungswechseln übergeben? Welche feierlichen Formen und Veranstaltungsformate sind hier üblich? Wer gestaltet wie diese Übergänge?

Genauso aufschlussreich zur Annäherung an die Unternehmenskultur einer Organisation sind Mythen und Geschichten, die häufig erzählt werden. Das empirische Fundament liefert hier das Storytelling, das auch als Methode im Management und auch bei der internen Unternehmenskommunikation herangezogen werden kann [22]. Häufig erzählte Mythen und Geschichten prägen die Unternehmenskultur maßgeblich, da sie erstrebenswertes und zu vermeidendes Verhalten anhand von Anekdoten aufzeigen und somit in lockerer Form einen normativen Rahmen überliefern. Folgende Fragen können hier zur Annäherung herangezogen werden:

- Wie wurde Ihr Unternehmen gegründet und welche Details und Geschichten kennen Sie dazu? Wie ist es genau abgelaufen, wie ist die Idee dazu entstanden?
- Welche Herausforderungen musste Ihr Unternehmen in den letzten Jahren oder Jahrzehnten meistern? Welche existenziellen Krisen wurden dabei erfolgreich überstanden, und wer hat wie dazu beigetragen?
- Welche Personen haben momentan den größten Anteil am Erfolg Ihres Unternehmens und welche Personen waren das in der Vergangenheit?
- Welchen Herausforderungen muss Ihr Unternehmen in den nächsten Jahren begegnen und wie wird das im Unternehmen gesehen?

Ein prominenter Mythos ist beispielsweise bei Apple vorhanden, darauf bezogen, dass in der existenziellen Krise um die Jahrtausendwende Steve Jobs zurück ins Unternehmen geholt wurde und danach die Erfolgsgeschichte von Apple erst richtig begann. Ein Mythos dieser Art kann gleichzeitig eine Legitimation für unkonventionelle Vorgehensweisen oder auch für harte Einschnitte sein, wenn so Erfolg ermöglicht wurde; bezogen auf den konkreten Fall Apple: Ohne Steve Jobs und seine Art des Vorgehens gäbe es das Unternehmen in dieser Form gar nicht mehr (wenn man streng aus der Perspektive dieser Geschichte heraus argumentiert).

Tab. 4.6 Unterschiedliche Klassifikationen der Unternehmenskultur

Vier Felder [24]	Konfliktkultur [25]	Erfolgskultur [8]
– „Alles-oder-nichts"-Kultur (Individualismus der Mitglieder) – „Brot-und-Spiele"-Kultur (Außenwirkung auf Umwelt) – „Analytische-Projekt"-Kultur (Planung und Analyse) – „Prozess"-Kultur (Fehlerfreier Arbeitsablauf)	– Kollaborative Konfliktkultur (d. h. offener Umgang mit Konflikten) – Vermeidende Konfliktkultur (d. h. ausweichender Umgang mit Konflikten)	– Starke Kultur (d. h. hohe Bindung der Mitarbeiter) – Schwache Kultur (d. h. niedrige Bindung der Mitarbeiter)

Es existieren zahlreiche Klassifikationen der Unternehmenskultur, weshalb wir in Tab. 4.6 einige dieser Klassifikationen skizzieren. Dabei ist offensichtlich, dass es beliebige inhaltliche Aspekte gibt, die in den Mittelpunkt der Unternehmenskultur gestellt werden können: Von Konfliktkulturen über Führungskulturen bis hin zu Leistungskulturen ist alles denkbar. Umso wichtiger ist bei der Betrachtung einer konkreten Organisation, dass diese immer individuell und umfassend erfasst wird.

Die Einordnung in vorhandene Klassifikationen liefert hier nur sehr eingeschränkte Anhaltspunkte für den weiteren Prozess der Organisationsentwicklung. Darüber hinaus muss auch beachtet werden, dass eine Unternehmenskultur nicht in allen Abteilungen, an allen Standorten oder in allen Ländern gleich „stark" vertreten ist. Angepasste Subkulturen werden beispielsweise durch regionale Grenzen und durch erschwerte Kommunikation begünstigt, so dass beispielsweise auch nicht automatisch von einer Unternehmenskultur in der Zentrale eines Unternehmens auf die Kultur an allen anderen Standorten geschlossen werden kann. Die Herausforderung für die internationale Organisationsentwicklung wächst dadurch insofern noch weiter, als dann auch Landeskulturen mit berücksichtigt werden müssen [23]. Die GLOBE-Studien haben hier eindrucksvoll gezeigt, dass die Unternehmenskultur und insbesondere die Führungskultur maßgeblich von der jeweiligen Landeskultur beeinflusst wird, worauf wir im Exkurs „Internationale Organisationsentwicklung im Spannungsfeld unterschiedlicher Kulturen" vertieft eingehen.

Grundsätzlich ist es natürlich für eine Organisation erstrebenswert, dass sie eine starke Unternehmenskultur besitzt. „Stark" verbinden wir dabei mit einer Sichtbarkeit und Lebendigkeit der Unternehmenskultur, das heißt die daraus resultierenden Symbole und Artefakte und damit die Verhaltensweisen aller Mitarbeiter entsprechen der Unternehmenskultur. Allerdings kann das auch Gefahren mit sich bringen, beispielsweise wenn Werte wie Gehorsam und Autorität in der Kultur dominieren oder bei moralisch gefährlichem Verhalten von Führungskräften und Unternehmensleitung [26]. Gerade die aktuellen Ereignisse und Diskussionen zu Compliance, das heißt zur Regelkonformität, gewinnen dadurch besondere Brisanz. Zahlreiche Korruptionsfälle bei Großkonzernen in den letzten Jahren zeigen hier auf, wie wichtig Werte für Organisationen in der alltäglichen Arbeit tatsächlich sind.

Offiziell festgeschriebene Leitlinien und Grundsätze gegen Korruption sind das eine, doch die gelebte Praxis in einem Unternehmen kann ganz anders aussehen, gerade wenn sie entsprechend historisch gewachsen ist und somit Kern der Kultur wurde. Offiziell festgeschriebene Leitlinien ändern somit aus einer Kulturperspektive heraus erst einmal wenig am Verhalten der Mitarbeiter, sofern diese Leitlinien erst in kulturelle Werte übersetzt und entsprechend in die vorhandene Kultur integriert werden müssen.

Exkurs: Internationale Organisationsentwicklung im Spannungsfeld unterschiedlicher Kulturen

Internationale Organisationsentwicklung muss sich insofern ständig dem Spannungsfeld unterschiedlicher Kulturen stellen, als die jeweilige Landeskultur auch Auswirkungen auf Werte, Normen und grundlegende Annahmen der Unternehmenskultur im jeweiligen Land hat. Das Schlagwort „Diversity" spielt hier ebenfalls eine Rolle, wobei Diversity natürlich auch zahlreiche Herausforderungen mit sich bringt, etwa wenn eine deutsche Führungskraft an einem chinesischen Standort beschäftigt ist. Allgemein hängt Führung – wie bereits erwähnt – sehr eng mit der Unternehmenskultur zusammen, sofern Letztere maßgeblich über das Verhalten der Führungskräfte transportiert und etabliert wird.

Inspirierende Grundlagen für die internationale Organisationsentwicklung liefert die GLOBE-Studie (*G*lobal *L*eadership & *O*rganisational *B*ehaviour *E*ffectiveness), die von 170 Wissenschaftlern aus über 60 Ländern durchgeführt wurde [23]. Es handelt sich dabei mit über 17.000 befragten mittleren Führungskräften aus über 900 Organisationen aus wiederum über 60 Ländern um eine der aufwändigsten und aussagekräftigsten Studien zu Unternehmenskultur und Führung mit internationalem Schwerpunkt. Bei den untersuchten Branchen beschränkt sich die Studie aus Gründen der Vergleichbarkeit auf Finanzen, Telekommunikation und Nahrungsmittel.

In der GLOBE-Studie wird davon ausgegangen, dass implizite Führungstheorien die Führungseffektivität stark beeinflussen. Wenn zwischen einer Führungskraft und dem eigenen impliziten Führungskonzept des Mitarbeiters Übereinstimmung besteht, so führt dies zu erhöhtem Führungseinfluss und damit zu Führungseffektivität. Dabei existieren einige Führungskonzepte (oder auch Führungswerte aus kultureller Perspektive), die stark zwischen unterschiedlichen Ländern variieren. Ein dankbares Beispiel ist hier ein Führungsverhalten, das darauf aus ist, dass ein Mitarbeiter sein Gesicht wahren kann – ein Führungsverhalten, das in asiatischen, teils vom Konfuzianismus beeinflussten Kulturen (China, Hongkong, Japan, Südkorea, Singapur, Taiwan) viel stärker ausgeprägt ist als in deutschsprachigen europäischen Ländern (Deutschland, Österreich, Schweiz).

Einen anregenden Ansatzpunkt für die internationale Organisationsentwicklung liefern universelle Führungskonzepte, die somit auch für die Unternehmenskultur relevant sind. Ein Beispiel dafür ist die charismatische Führung, die offensichtlich in allen untersuchten Ländern als positives und damit effektives Führungskonzept wahrgenommen wird. Letztlich bleibt aber bei jeder internationalen Organisationsentwicklung die Herausforderung, eine Balance zwischen „Standardisierung" auf der einen Seite und „Flexibilisierung" in Bezug auf das jeweilige Land auf der anderen Seite zu finden. Unserer Erfahrung nach sind ein offener Dialog und eine Einbindung von Landesvertretern aus anderen Kulturkreisen ein wichtiger Erfolgsfaktor, um die Akzeptanz für den Veränderungsprozess zu erhöhen.

Zusammenfassend möchten wir noch einmal betonen, dass eine Organisation und insbesondere Organisationsentwicklung ohne eine Unternehmenskultur nicht möglich ist. Es gibt kein System ohne Kultur. Die Frage ist somit, ob ich die für meinen Markt und mein Geschäftsmodell hilfreiche Kultur habe und ob ich – falls erforderlich – in der Lage bin, diese Kultur entsprechend anzupassen. In allen Fällen ist ein Kulturwandel ein sehr anspruchsvolles Ziel, dem wir uns in ► Kap. 7 vertieft widmen werden.

Für Organisationsentwickler – egal, ob sie die Organisation aus interner oder externer Perspektive betrachten – bietet die Unternehmenskultur sehr viele Ansatzpunkte beziehungsweise Stellschrauben, an denen angesetzt werden kann. Und hier gilt mehr denn je: Eine umfangreiche und fundierte Diagnose auf qualitativer (z. B. Interviews und Analysen der Symbole, Rituale etc. der Organisation) und quantitativer (z. B. die Ergebnisse einer Mitarbeiterbefragung, die Ergebnisse von 360°-Feedbacks) Ebene sollte der Ausgangspunkt jedes Kulturwandels sein, da man sich ansonsten auf eine Reise begibt, ohne zu wissen, wo man sich aktuell befindet. Das ist in den seltensten Fällen ein erfolgversprechender Start, und wenn, dann dauert der Weg insgesamt zweifellos länger, als wenn man sich die Zeit für eine Diagnose am Anfang genommen hätte.

Resilienz

Mit organisationalem Lernen und Unternehmenskultur haben wir uns zwei theoretischen Zugängen zur Organisationsentwicklung zugewandt, die seit Jahren und sogar Jahrzehnten in Wissenschaft und Praxis dominant vertreten sind. Sie fehlen in praktisch keinem Werk zur Organisationspsychologie und -entwicklung und mussten dementsprechend auch angemessen in unserem Buch behandelt werden. Gleichzeitig haben wir uns die Frage gestellt, welche Theorien denn neuartige Zugänge zur Organisationsentwicklung ermöglichen. Dabei sind wir in intensiven Diskussion sowohl untereinander, im Autorenteam, als auch mit Wissenschaftlern und mit erfahrenen Führungskräften auf die folgenden Themen gestoßen: Resilienz und Präsenz beziehungsweise Achtsamkeit.

Sicherlich entsprechen diese Themen auch in gewisser Weise dem Zeitgeist, sofern in Zeiten der Zunahme psychischer Erkrankungen (Stichwort: Burnout-Syndrom) Unternehmen vermehrt mit diesen Themen konfrontiert werden [27]. Erschöpfende Arbeit ist somit auch ein Phänomen der heutigen Zeit, so dass Resilienz und Achtsamkeit hier als umso bedeutender erscheinen [28]. Allerdings geht es uns nicht um eine oberflächliche Betrachtung, bei der es letztlich doch nur um eine kurzfristige Erhöhung der Leistungsfähigkeit von Mitarbeitern geht, sondern um Grundlegenderes: Wir sind davon überzeugt, dass Unternehmen und Mitarbeiter nur dann langfristig erfolgreich, leistungsfähig und motiviert bleiben können, wenn die Rahmenbedingungen sowohl für das Unternehmen als auch für die Mitarbeiter bestmöglich gestaltet werden. Selbstverständlich gibt es Krisenzeiten und selbstverständlich müssen manchmal Einschnitte gemacht werden, doch auch damit kann besser umgegangen werden, wenn beide Perspektiven in einem offenen Dialog berücksichtigt werden.

Bei „Resilienz" geht es um die Widerstandsfähigkeit gegenüber äußeren Belastungen und Krisensituationen [29]. Insofern bezeichnet „Resilienz" genau die Fähigkeit von Unternehmen, trotz sich ständig verändernder äußerer Rahmenbedingungen und häufig auftretender und nicht immer zu antizipierender Krisen zu bestehen. Der äußere Druck auf Unternehmen nimmt immer weiter zu, das lässt sich sicherlich nicht mehr leugnen, so dass vor allem infrage steht, wie mit diesem gestiegenen Druck möglichst konstruktiv umgegangen werden kann [4]. Ursprünglich wurde das Konzept der Resilienz aus der Physik in die Psychologie übernommen und an Kindern und Jugendlichen untersucht. Die Ausgangsfrage lautete dabei folgendermaßen: Wie – aufgrund welcher Faktoren – können sich Kinder in schwierigen Familien- und Lebensverhältnissen dennoch bestmöglich entwickeln? Letztlich lässt sich diese Frage identisch auf den organisationalen Kontext übertragen, wenn der Fokus auf Mitarbeiter gelegt wird.

Der Psychologe Al Siebert hat sich jahrzehntelang mit dem Konzept der Resilienz beschäftigt [30], weshalb wir gerne seine fünf Ebenen der Resilienz aufgreifen möchten, die in ◘ Abb. 4.6

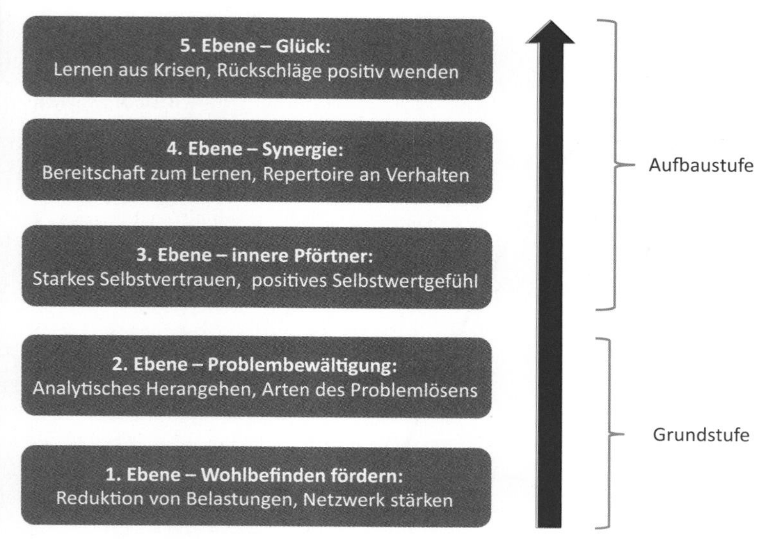

Abb. 4.6 Fünf Ebenen der Resilienz [29, 30]

dargestellt sind. Hier muss allerdings berücksichtigt werden, dass sich diese Perspektive auf Individuen bezieht, aber im nächsten Schritt werden wir sie auf Unternehmen übertragen.

Bei den ersten beiden Stufen geht es vor allem um eine optimale Gesundheit in physischer und psychischer Hinsicht sowie um den Aufbau von Fähigkeiten und Strategien zur Problemlösung. Die dritte Ebene beschäftigt sich mit den „inneren Pförtnern", die sich aus Selbstvertrauen, Selbstwertgefühl und Selbstkonzept zusammensetzen. Auf der vierten Ebene geht es um die Bereitschaft zum Lernen sowie um die Erweiterung des Verhaltensrepertoires in Bezug auf den Umgang mit Problemen und Krisensituationen. Diese vier Ebenen resultierten dann in die fünfte Ebene des „Glücks", in der Individuen aus Krisen lernen können und Rückschläge positiv für sich nutzen.

Bereits bei dieser Darstellung zeigt sich, dass die fünfte Ebene auch für Unternehmen sehr erstrebenswert ist, wenn wir das Konzept auf organisationale Resilienz übertragen. Resilienz kann dabei als Widerstandsfähigkeit durch Vielfältigkeit und durch Vernetzung verstanden werden [31].

Letztlich geht es für Unternehmen dabei sowohl um Effizienz als auch um Resilienz, wie aktuelle empirische Befunde zeigen, die aus der Untersuchung zahlreicher Ökosysteme abgeleitet wurden [32]. Die Autoren der betreffenden Studie übertragen die Ergebnisse insbesondere auf Finanzsysteme, doch auch die Übertragung auf Unternehmen ist naheliegend. Entsprechend geht es auch bei der Organisationsentwicklung um eine Balance zwischen Effizienz und Resilienz, da ein Ausschwenken Richtung Effizienz zu Verletzlichkeit durch fehlende Flexibilität und ein Ausschwenken Richtung Resilienz zu einem stagnierenden System aufgrund zu geringer Produktivität führt.

In Abb. 4.7 haben wir diese Kernaussagen visualisiert. Natürliche Ökosysteme pendeln sich im Bereich der optimalen Balance ein, das heißt in der Mitte zwischen Effizienz und Resilienz, mit leichter Tendenz in Richtung Resilienz. Beispiele dafür können aus verschiedenen Bereichen der Natur herangezogen werden, etwa Monokulturen bei Pflanzen und deren Ertrag in Relation zur Anfälligkeit gegenüber Schädlingen oder ökologische Gleichgewichte in Meeresbiotopen. Mit einer leichten Tendenz in Richtung Resilienz sind die untersuchten natürlichen Systeme langfristig überlebensfähig, während sie außerhalb des optimalen Bereichs früher oder

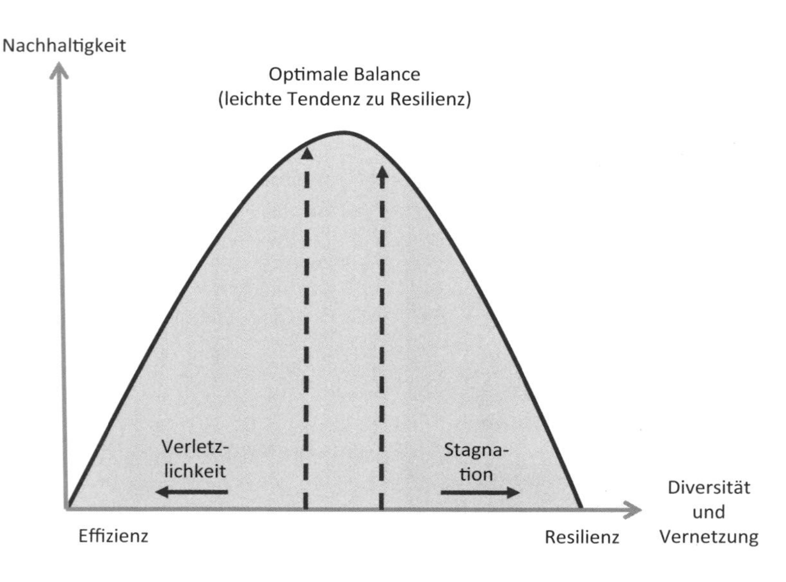

Abb. 4.7 Nachhaltigkeit in (Öko-) Systemen als Balance zwischen Effizienz und Resilienz [32]

später kollabieren. Die fünfte Ebene im Modell von Al Siebert deckt sich somit genau mit diesem optimalen Bereich als Gleichgewicht zwischen Resilienz und Effizienz.

Exkurs: Chinesische und westliche Perspektiven auf Gegensätze

In der chinesischen Philosophie sind Yin und Yang zwei Gegensätze, die allerdings nur miteinander existieren können. Beispiele gibt es dafür viele, von Frau und Mann bis hin zu Gesundheit und Krankheit. Dabei stellt sich nicht die Frage nach dem Entweder-oder, sondern – ganz im systemischen Sinn – nach dem Sowohl-als-auch. Am Beispiel der Geschlechter: Eine langfristige Existenz kann nur gemeinsam möglich sein, das heißt sowohl durch Frauen als auch durch Männer. Genauso gibt es bei Frauen männliche Elemente und bei Männern weibliche Elemente, so dass die Übergänge fließend sein können.

Es geht somit mehr um eine ganzheitliche Perspektive auf die Natur und auf alle Dinge als um eine Wertung und damit eine einseitige Perspektive. Im Mittelpunkt steht dabei ein fragiles Gleichgewicht, das es zu erreichen und zu bewahren gilt. Das gilt genauso für die Natur wie für soziale Systeme.

Was hat das also mit Resilienz in Unternehmen zu tun? Sehr viel sogar, sofern die Balance zwischen Effizienz und Resilienz – aus der Perspektive von Yin und Yang – bereits die Antwort in sich enthält. Es geht um ein Gleichgewicht, das einmal nach links und einmal nach rechts ausschert, aber das langfristig nur durch den anderen Pol existieren kann.

Es lässt sich selbstverständlich sehr kritisch fragen, ob aktuelle chinesische Strategien, sowohl auf politischer als auch auf unternehmerischer Ebene, den Grundsätzen des Yin und Yang weiterhin treu bleiben. Möglicherweise ist durch das starke Wirtschaftswachstum der letzten Jahrzehnte auch etwas aus dem Gleichgewicht geraten, so dass die optimale Balance erst wieder gefunden werden muss.

Interessanterweise sind die empirischen Befunde zur Resilienz in Unternehmen bisher sehr dürftig, so dass hier von wissenschaftlicher Seite viel Nachholbedarf besteht. Zweifellos spielen

Führungskräfte aber eine zentrale Rolle, sofern sie durch ihr Führungsverhalten die Resilienz der Mitarbeiter fördern, in den Mittelpunkt stellen oder auch gefährden können [29]. Darüber hinaus können anhand der folgenden Eigenschaften resilienter Organisationen Implikationen für die Organisationsentwicklung abgeleitet werden:

- Die Organisation besitzt Flexibilität im Umgang mit Krisen, insbesondere durch Improvisation und Einsatz vielfältiger Ressourcen. Hier wird deutlich, dass bürokratisch-hierarchische Organisationsformen schnell an ihre Grenzen stoßen.
- Die Organisation akzeptiert die Realität und redet sie nicht schön, das heißt der Umgang mit Scheitern, mit Widerständen und mit Herausforderungen ist von Offenheit und Transparenz gekennzeichnet. Auf diesen Aspekt werden wir im nächsten Kapitel vertieft eingehen.
- Die Organisation geht mit Optimismus und Sinngebung an ihre Arbeit, das heißt eine positive Grundeinstellung prägt den Organisationsalltag. Unter Rückgriff auf unser Kapitel zum Menschenbild in Organisationen zeigt sich, dass ein mechanistisches Menschenbild dabei tendenziell schnell an Grenzen stößt.
- Die Organisation greift bereits in guten Zeiten potenziellen Krisen in der Zukunft vor, indem beispielsweise Reserven und Rücklagen aufgebaut werden. Diesen Aspekt greifen wir an späterer Stelle im Zuge der strategischen Mobilisierung auf, die bei allen Mitarbeitern des jeweiligen Unternehmens ansetzen muss.
- Die Organisation strebt nicht die absolute Maximierung der Effizienz um jeden Preis an, sondern verfolgt gleichzeitig die Maximierung von Resilienz und Risikovorbeugung, selbst wenn das mit Investitionen oder kurzfristigen Einbußen verbunden ist.

Präsenz

Die vorherigen Ausführungen zur Resilienz in Unternehmen deuten bereits an, dass Präsenz eine wichtige Voraussetzung für Resilienz darstellen könnte. Präsenz ist dabei im organisationalen Alltag sicherlich eine gewünschte, aber gleichzeitig schwer zu erreichende Komponente. Wir erinnern uns an wenige Workshops mit Führungskräften, in denen die Führungskräfte nicht mit vollen To-do-Listen und der Bearbeitung von E-Mails und Anrufen in den Workshop-Pausen konfrontiert waren. Ist das ein Zeichen für fehlende Präsenz? Nein, denn wir verstehen Präsenz insbesondere im Kontext des „Prinzips Dringlichkeit", wie es von John P. Kotter aufgezeigt wird [5]. Dabei geht es beispielsweise darum, dass man als Führungskraft nicht untätig die nächste Krise erwartet oder dass man eine Krise nicht um jeden Preis vermeiden möchte. Das hat insofern mit Präsenz zu tun, als dass nicht blinder Aktionismus oder gar kein Aktionismus die Antwort auf die aktuellen Herausforderungen darstellt, sondern Präsenz. Nach Peter Senge ist Präsenz durch folgende Merkmale gekennzeichnet [33]:

- Präsenz bedeutet, vollkommen bewusst und uneingeschränkt aufmerksam in der Gegenwart zu sein.
- Präsenz bedeutet tiefgründiges Zuhören und Offenheit gegenüber vermeintlich feststehenden Meinungen und etablierten Lernansätzen. Tiefgründiges Zuhören bedeutet, wirklich zuzuhören, was gesagt wird, und es in Bezug zu dem zu setzen, was bisher gemeint und gedacht war, sowie das eigene Denken und Fühlen über diesen Prozess gegebenenfalls mit zu verändern.
- Präsenz bedeutet das Lösen von vergangenen Identitäten und von dem Bedürfnis nach absoluter Kontrolle.

Somit unterstützt und erfordert Präsenz ein besonderes Menschenbild, das von Offenheit und Wertschätzung geprägt ist. Gleichzeitig kann Präsenz langfristig nur dann funktionieren, wenn auch die organisationalen Rahmenbedingungen unterstützend wirken. Bezogen auf die Organisationsform sind somit offene Organisationsformen wie Netzwerkstrukturen oder Holocracy förderlicher als traditionelle bürokratische Organisationsformen wie die Linienorganisation. Weitergedacht bedeutet das, dass Präsenz einen Paradigmenwechsel in der Betrachtung von Organisationen und in der Gestaltung von Veränderungen in Organisationen notwendig macht. Genauso erfordert Präsenz eine neue Perspektive auf Führung, worauf wir in ► Kap. 6 detailliert eingehen [34]. Genau wie bei der lernenden Organisation, bei Unternehmenskultur und auch bei Resilienz ist jede Führungskraft auch in Bezug auf Präsenz sowohl Ausgangspunkt als auch durch ihr Verhalten Erfolgsgarant.

Gerade die bereits erwähnte Dringlichkeit steht der Präsenz bei einer oberflächlichen Betrachtung im Weg. Wie kann ich mich beispielsweise vollkommen bewusst und uneingeschränkt aufmerksam einem Anliegen eines Mitarbeiters widmen, wenn ich doch eigentlich gerade Krisenmanagement bezogen auf die gesamte Abteilung betreiben müsste? Letztlich ist die Zielrichtung der Präsenz genau die, dass akutes Krisenmanagement möglicherweise mittel- und langfristig gar nicht mehr notwendig ist, wenn eine vollkommene Fokussierung auf den Augenblick erfolgt. Das kann beispielsweise daran liegen, dass durch die Fokussierung auf den Augenblick ganz neue Ideen und ganz neue potenzielle Krisen wahrgenommen werden, die ansonsten gar nicht antizipiert worden wären. Eine andere Zielrichtung ist die, dass durch eine Fokussierung auf den Augenblick möglicherweise entweder der Mitarbeiter oder sogar die Führungskraft selbst neue Perspektiven auf das Krisenmanagement bekommt. Folglich kann die Krise auf einer anderen Ebene bearbeitet werden, so dass die zugrunde liegenden Ursachen bearbeitet werden und nicht nur oberflächliche Phänomene [33].

Hier sind wir bei einer wichtigen Annahme der Theorien zu Präsenz: Unternehmen können nur dann langfristig erfolgreich sein, wenn sie sich bewusst und aufrichtig den aktuellen Herausforderungen stellen – so schmerzhaft und mühsam es auch ist und so viele Ressourcen es auch kostet. Genau dafür sind tiefgründiges Zuhören und absolute Offenheit notwendig, weil Präsenz nur funktionieren kann, wenn alle an einem Strang ziehen. Genauso wichtig ist es aber, dass nicht von vornherein traditionelle Werte und Ansätze präferiert werden – „weil es schon immer so war". Diese Ausrede hört man vor allem auch in bürokratisch-hierarchischen Organisationen mit langer Historie sehr oft. Aufwändige Prozesse und möglicherweise unnötige Hindernisse werden immer weiter so praktiziert beziehungsweise beibehalten, weil es schon immer so war. Die Zeit legitimiert folglich Prozesse, die möglicherweise, von einer Meta-Perspektive aus betrachtet, eher antiquiert wirken.

Oftmals werden genau an diesen Punkten externe Berater in die Organisation geholt, um mit einer vermeintlich objektiven Perspektive Lösungen für die aktuellen Probleme zu finden – beispielsweise für erhöhte Kosten, für langwierige Entscheidungen, für immer weiter ansteigende Verwaltungskosten.

Präsenz setzt woanders an, nämlich bei den eigenen Mitarbeitern und bei den eigenen Führungskräften, sofern diese die Ressourcen bereits mitbringen, um für das Unternehmen passende Lösungsansätze zu erarbeiten. Dafür ist eine Prozessbegleitung durch externe Berater anfangs sicherlich hilfreich. Allerdings sollte die übergeordnete Zielsetzung jedes externen Beraters sein, dass er die Organisation so begleitet, dass sie möglichst bald (wieder) langfristig erfolgreich und selbstständig handlungsfähig bleibt. Das widerspricht wiederum der Erfolgsmaximierung und der Existenzberechtigung mancher externer Beratungsfirmen, so dass bereits der Auftrag an sich eine Ambivalenz in sich birgt.

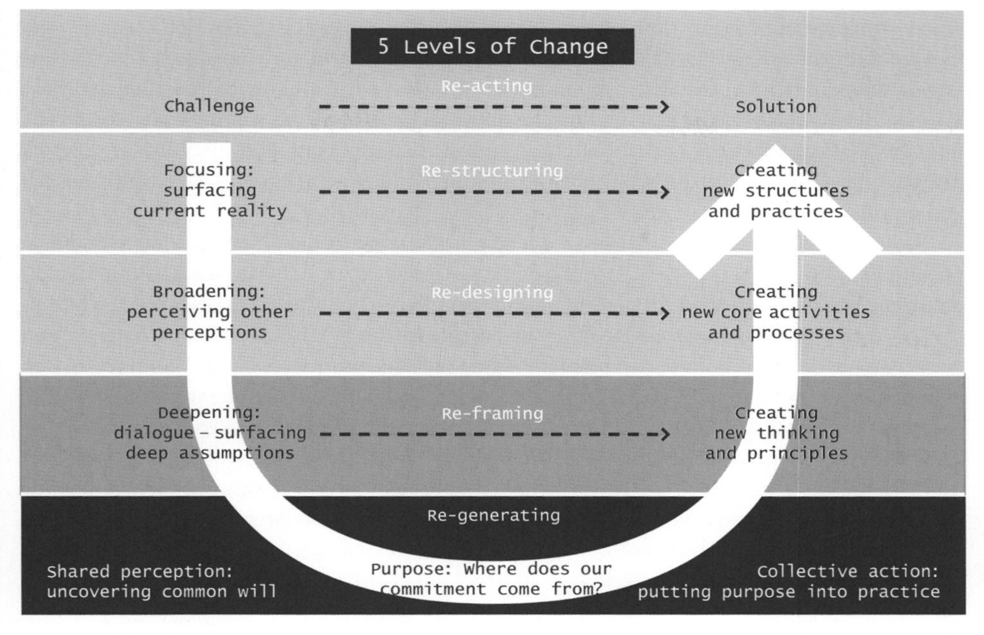

Abb. 4.8 Sieben Phasen der Theorie U [35]

Diese Überlegungen resultierten in der Theorie U, die C. Otto Scharmer weiter ausgearbeitet hat [35]. Die Theorie U ist in Abb. 4.8 dargestellt. Insgesamt geht es beim gesamten Modell um die Öffnung des eigenen Geistes, des eigenen Herzens und des eigenen Willens. Die Phasen der Theorie lassen sich folgendermaßen beschreiben:

- *Focusing:* Im Mittelpunkt des *Focusing* steht die Wahrnehmung der gegenwärtigen Realität mit fokussierter Aufmerksamkeit.
- *Broadening:* Neben der gegenwärtigen Realität werden in der zweiten Phase auch andere Wahrnehmungen zugelassen, um die Wahrnehmung zu erweitern.
- *Deepening:* Bei dieser Phase des *Deepening* handelt es sich um einen Dialog, der tief zugrunde liegende Annahmen abrufen und aktivieren soll.
- *Creating:* Neues Denken und neue Prinzipien können durch die vorherigen Phasen konstruiert und gestaltet werden. In der letzten Phase des *Creating* werden neue Kernaktivitäten und Prozesse in neuen Strukturen und neuen Gewohnheiten etabliert.

In den Phasen der Theorie U stehen explizit auch Gefühle im Fokus, da immer sowohl der Geist als auch das Herz angesprochen werden. Am unteren Ende des U-förmigen Verlaufs geht es um die Sinn-Frage, das heißt das Aufdecken eines gemeinsamen Willens. Gleichzeitig geht damit die Frage einher, wo die Basis für das Commitment in der Organisation herkommt. Dabei ist auch aufgrund aktuellster Befunde aus den Neurowissenschaften davon auszugehen, dass sich bei regelmäßig diesen Phasen folgendem Vorgehen das Gehirn entsprechend anpasst [36]. Dies würde bedeuten, dass sich diese Vorgehensweise als Routine im Gehirn abbildet und somit leichter abgerufen und aktiviert werden kann.

Neben Präsenz (engl. „presence") gewinnt auch Achtsamkeit (engl. „mindfulness") in den letzten Jahren in Wissenschaft und Praxis an Bedeutung [37]. Dabei stellt Achtsamkeit letztlich eine Grundlage für Präsenz dar; dementsprechend zielen die ersten Stufen der Theorie U genau auf Achtsamkeit ab. Darunter kann beispielsweise eine Form der Gegenwartszentriertheit verstanden werden, bei der man vollkommen fokussiert auf die aktuelle Situation ist. Diese erhöhte Bewusstheit erlaubt erst die Entscheidung darüber, ob – und wenn ja: wie – Kontrolle über das Wahrgenommene und die daraus resultierenden Implikationen ausgeübt werden soll. Das steht im Gegensatz zu automatischen Reaktionen und einem Handlungs-Aktionismus bei anderen Bewusstseinszuständen.

Achtsamkeit ist aus der Perspektive der Psychotherapie in die Organisationspsychologie gekommen [38]. Dabei liegt der Ursprung der Überlegungen zur Achtsamkeit im Buddhismus, der wiederum die Grundlage für die Anfänge in therapeutischen Anwendungskontexten bildete [39]. Es bleibt interessant abzuwarten, welche Ergebnisse diesbezüglich in den nächsten Jahren entstehen, da die Forschung mit explizitem Bezug zu Organisationen momentan noch in den Kinderschuhen stecken [40]. Wünschenswert ist eine intensive Auseinandersetzung zweifellos; Konzepte der Achtsamkeit lassen sich in den unterschiedlichsten Religionen wiederfinden, so dass eine Integration in organisationale Umgebungen letztlich nur förderlich für Mitarbeiter und Organisation sein kann. Gleichzeitig muss hier beachtet werden, dass das vorherrschende Paradigma der Wissenschaft eine Auseinandersetzung möglicherweise erschwert [33]. Insofern bleiben viele Theorien vorerst auf konzeptioneller Ebene, was der Anwendung in der Praxis unserer Erfahrung nach allerdings keinen Abbruch tut.

Praxistipp: Übung „Bewegung und Achtsamkeit"

Gehmeditation als Schlüssel zu Führungs-Kraft und strategischer sowie kultureller Mobilisierung

An diesem Beispiel möchten wir illustrieren, wie Achtsamkeit gezielt als methodischer Zugang in Programme der Personalentwicklung integriert werden kann. Gleichzeitig wird dadurch Achtsamkeit auf organisationaler Ebene implementiert, sofern in der Organisation über die neuen Erfahrungen der Führungskräfte ein neues Bewusstsein Einzug hält.

Ziele

Im achtsamen Gehen löst sich der Geist von Altbekanntem und öffnet sich für Neues. Dieses Prinzip machen sich Strategieparcours und Stadtwanderungen zunutze, indem sie Führungskräfte im wörtlichen wie im übertragenen Sinne in Bewegung bringen. Die mehrtägigen Programme verbinden die grundlegende Perspektive der Gehmeditation, die Ich, Welt und Bewegung in ein neues Verhältnis zueinander setzt, mit konkreten inhaltlichen Impulsen aus den Bereichen Innovation, Strategie und Führung. Im Wechselspiel von Loslassen und einem Sich-Öffnen für eine unbekannte Umgebung und ungewohnte Fragestellungen eröffnen sich neue Denk- und Wahrnehmungsräume, die den Blickwinkel der Beteiligten über das „business as usual" hinaus erweitern. Auf diese Weise können die üblichen Sachzwänge des Geschäftsalltags vorübergehend ausgeblendet werden, um sich selbst in der Rolle der Führungskraft neu zu entdecken und sich konkreten fachlichen Fragen aus einer Haltung der Unvoreingenommenheit heraus zu stellen.

Eckdaten

Es geht um eine systematische Kombination der meditativen Komponenten des Gehens mit zentralen Fragen aus dem Arbeitsalltag der Führungskräfte. Die Wanderungen und Parcours

sind jeweils unter ein Oberthema gestellt, das fachliche und persönliche Fragen aus dem Arbeitsalltag verbindet. Zusätzlich wirkt ein bildender Künstler bei der Planung und Umsetzung mit, der darüber hinaus künstlerische Perspektiven ins Spiel bringt, die wiederum neue Wahrnehmungsräume öffnen.
Hauptstadtwanderung: Während des dreitägigen Formats „Hauptstadtwanderung", die Berlin als Wüste zu einem Ort der möglichen Selbst- und Welterkundung macht, legen die Programmteilnehmer insgesamt 60 Kilometer zu Fuß zurück. Als Vorbereitung auf den Tag gehört eine Morgenmeditation zum Programm, die einen gedanklichen „Reset" initiiert, so dass die Teilnehmer die äußeren Eindrücke, denen sie später während der Wanderung ausgesetzt sind, und ihre inneren Assoziationen in größtmöglicher Achtsamkeit wie vor einer weißen Leinwand wahrnehmen können. Über den Tag wechseln sich Phasen des Gehens in Schweigen mit Etappen ab, in denen die Wandernden über konkrete Fragen aus ihrem beruflichen Kontext reflektieren. An verschiedenen Stationen der Einkehr, beispielsweise in kulturellen Institutionen oder wissenschaftlichen Einrichtungen, werden gezielte inhaltliche Impulse gesetzt, die den inneren Reflexionsprozess fördern und neue Anregungen liefern, die über konventionelle Arbeitsperspektiven hinausweisen. Der persönliche Erfahrungsprozess der Beteiligten wird durch den Austausch in der Gruppe unterstützt, der die Bandbreite möglicher Perspektiven auf das Oberthema der Wanderung erweitert und auch einen Rahmen für die fachliche Einordnung des Erlebten schafft.
Strategieparcours: Der Strategieparcours vermittelt den Teilnehmenden in überschaubarem zweitägigem Rahmen eine Art Ahnung oder Vorgeschmack des Jakobswegs, denn die Wanderung über 50 Kilometer führt vom Kloster Andechs bis zum Kloster Wessobrunn, beides Stationen auf dem Weg, der bis nach Santiago de Compostela, dem Ziel des Jakobswegs, führt. Auch hier wechseln sich Phasen des Gehens in Schweigen mit durch vorgegebene Leitfragen unterstützten Prozessen der Selbstreflexion ab, die vom regelmäßigen Austausch in der Gruppe und Partnerübungen zur Vertiefung der Erfahrungen flankiert werden.

Bedeutung der Achtsamkeit und Herstellung von Anwendungsbezügen
Die räumliche Distanz von der üblichen Arbeitsumgebung sowie das Element der Bewegung lassen – durch die Abwesenheit der gewohnten Bezugspunkte – neue Freiräume entstehen, die eine Wahrnehmung jenseits der im Geschäftsalltag üblichen Muster fördern. Das achtsame Gehen schärft das Bewusstsein für die eigene Person und Persönlichkeit und öffnet ein Tor zu Möglichkeiten, die aufgrund eingeschliffener Verhaltensweise im Arbeitsalltag häufig nicht wahrnehmbar sind.
Jede Wanderung bezieht systematisch entwickelte Leitfragen ein, durch die die Teilnehmer sich in ihrem persönlichen Erfahrungsprozess die fachliche Perspektive des Oberthemas erschließen. Phasen des freien Assoziierens, beispielsweise zu persönlichen Motivationen oder grundsätzlichen Gedanken über das Leben und Arbeiten, wechseln sich mit konkreten Aufgabenstellungen ab, die sich auf die Unternehmensführung, Zukunftspotenziale in konkreten Geschäftsfeldern und Ressourcenmanagement beziehen. Meta-Fragen bringen eine zusätzliche philosophische und gesellschaftliche Dimension ins Spiel, beispielsweise indem sie zum Nachdenken über die Bedeutung von Mut und Kraft, Herzensqualitäten, Menschenbildern, Freude und Schmerz, Scheitern und Erfolg anregen. Diese multiperspektivische Herangehensweise bringt geistige Ressourcen ins Spiel, die im Tagesgeschäft aufgrund eines vergleichsweise zielorientierten Denkens häufig eher ausgeblendet werden.

Präsenz und Achtsamkeit sind insofern sehr eng mit Resilienz verknüpft, als eine resiliente und achtsame Organisation zahlreichen Herausforderungen bewusster und damit auch überlegter begegnen kann. Dabei steht eine langfristige Perspektive im Mittelpunkt, wie sie heute vor allem von Familienunternehmen bekannt ist [41]. Gleichzeitig möchten wir betonen, dass eine lernende Organisation nur dann möglich ist, wenn Präsenz den Ausgangspunkt des Lernprozesses darstellt. Ansonsten erfolgt er entweder zufällig oder unsystematisch und damit ziellos, was in keiner Variante erstrebenswert erscheint. Genauso müssen Präsenz und Achtsamkeit in die Unternehmenskultur eingebettet sein, damit genau diese Werte (vor-) gelebt werden. Insofern sind die theoretischen Perspektiven auf Organisationsentwicklung in diesem Kapitel sehr eng miteinander vernetzt zu betrachten, da die eine Perspektive nur zusammen mit den anderen Perspektiven zu einem Verständnis von Organisationsentwicklung führen kann. Das bedeutet in der Konsequenz aber zugleich, dass umfangreiche Veränderungsprozesse notwendig sind, um eine strategische und kulturelle Mobilisierung in Organisationen ernsthaft in Gang zu setzen. Und dass diese Prozesse sicherlich eher Jahre als Monate an „Veränderungszeit" benötigen, weil es dabei auch um einen Bewusstseinswandel geht, wie wir bereits im Kapitel zum Menschenbild in Veränderungsprozessen dargestellt haben.

Insgesamt möchten wir an dieser Stelle allerdings auf einer grundlegenden Ebene kritisch anmerken, dass die Anwendung von Präsenz und Achtsamkeit im Arbeitskontext auch zahlreiche Fallstricke mit sich bringt. Letztlich geht es dabei um diese Kernfrage: Arbeiten wir, um zu leben, und verwenden wir alle Techniken der Achtsamkeit, um uns arbeitsfähig zu halten, oder leben wir, und einige müssen leider noch arbeiten, damit sie sich ihr Leben leisten können? Gleichzeitig sind wir davon überzeugt, dass es – obwohl die momentanen Entwicklungen (z. B. zunehmende psychische Erkrankungen und die Diskussion um Burnout) Arbeit in einem oftmals negativen Licht erscheinen lassen – auch ganz anders geht. Für diese andere Perspektive auf Arbeit ist Achtsamkeit sicherlich ein erfolgversprechender Zugang, solange sie nicht zu einem Optimierungs-Instrumentarium degradiert wird. Für uns ist Arbeit, um zu leben, der langfristig dankbarste Ansatz, gerade auch bei wahrgenommener Sinnhaftigkeit der eigenen Arbeit für das eigene Leben.

Zwischenfazit

In diesem Kapitel haben wir uns mit Unternehmenskultur, mit der lernenden Organisation, mit Resilienz und mit Präsenz sowie Achtsamkeit beschäftigt. Dabei wird deutlich, dass es sich bei den Theorien zur Unternehmenskultur und zur lernenden Organisation um etablierte und stark erforschte Ansätze handelt, die auch in der Praxis häufig aufgegriffen werden. Im Gegensatz dazu handelt es sich bei Resilienz und Präsenz um neuere Ansätze, die gerade in der Forschung im spezifisch organisationalen Kontext noch nicht umfassend exploriert wurden. Unserer Meinung nach darf keiner dieser theoretischen Zugänge vernachlässigt werden, um fundiert und erfolgreich Organisationsentwicklung zu betreiben. Jede der vorgestellten Theorien liefert zahlreiche Ansatzpunkte für Implikationen in Unternehmen und bietet somit eine wertvolle Grundlage für die Auseinandersetzung mit Organisationsentwicklung.

Synthese der Theorien

Gerne möchten wir an dieser Stelle eine Synthese der Theorien darstellen, um dadurch eine schlüssige Ausgangslage für alle weiteren Kapitel aufzuzeigen.

Für uns kann die Unternehmenskultur insofern als ein Kern jeder Organisation verstanden werden, als durch die ihr zugrunde liegenden Annahmen, durch die Werte und Normen und durch die Artefakte und Symbole die organisationale Zusammenarbeit maßgeblich geprägt wird. Somit ist die Unternehmenskultur sinnvollerweise auch immer ein diagnostischer Ausgangspunkt für die Entwicklung von Organisationen, da die Reise nur dann geplant werden kann, wenn der Startpunkt bekannt ist. Alleine das kann bereits eine Herausforderung für sich sein und erfordert von jedem Organisationsentwickler – ganz im Sinne der Theorie U – eine vollkommen bewusste und uneingeschränkt aufmerksame Wahrnehmung der Gegenwart. Allerdings muss auch die Vergangenheit des Unternehmens berücksichtigt werden, da gerade über diese und damit zusammenhängende überlieferte Geschichten und Anekdoten wertvolle Merkmale der Kultur identifiziert werden können. Dazu zählen genauso Rituale und Mythen, die mit dem Unternehmen verbunden sind und die am Leben erhalten werden.

In einem zweiten diagnostischen Schritt stellt sich die Frage, wie die Organisation in der Vergangenheit gelernt hat und wie sie in der Gegenwart lernt. Das bringt bereits zahlreiche Implikationen für die bevorstehende Entwicklung der Organisation mit sich, doch steht vorerst eine Fokussierung auf die diagnostische Perspektive im Vordergrund.

Für diese beiden diagnostischen Schritte bietet es sich an, direkt mit Vertretern der Organisation zu arbeiten und gemeinsam die Kultur und das Lernen zu reflektieren. Dabei sind insbesondere die Phasen und Prinzipien der Präsenz empfehlenswert, um sich nicht von vornherein von alten Konzepten leiten und blenden zu lassen.

Nach einer Sammlung dieser diagnostischen Informationen kann der weitere Prozess der Organisationsentwicklung geplant werden. Dabei ist unter Rückgriff auf die Phasenmodelle von Veränderungsprozessen allerdings wichtig zu erkennen, dass sich die Organisation sowieso bereits unentwegt in Veränderung befindet. Es geht somit mehr um die möglichst zielgerichtete Steuerung und Führung dieser ohnehin stattfindenden Veränderung.

Diese Steuerung und Führung erfordert von den Führungskräften wahre Führungs-Kraft. Es ist keine Aufgabe der Verwaltung, der Planung und der Organisation, sondern es ist eine Aufgabe der Führung. Für uns ist die Entwicklung der Organisation letztlich die Führungsaufgabe schlechthin. Das beginnt allerdings nicht erst auf organisationaler Ebene, sondern bereits bei jeder Führungskraft selbst: bei ihrem Menschenbild, ihren Mustern, bei ihren Ritualen, ihren grundlegenden Annahmen. Und schon bewegen wir uns wieder auf kulturellem Territorium. Letztlich können zukunftsfähige Organisationen auf einer ersten und auf einer zweiten Gestaltungsebene betrachtet werden. Die erste Gestaltungsebene befasst sich mit dem alltäglichen Leben und mit allen damit zusammenhängen Aufgaben, die jetzt direkt erledigt werden müssen. Die zweite Gestaltungsebene ist genau diese Führung von Veränderung, das heißt die Führung und Organisation und Planung des Unternehmens aus einer Zukunftsperspektive heraus. Aus dieser Perspektive heraus beginnt der Prozess sozusagen in der Zukunft und wird bis in die Gegenwart hinein ausgedehnt. Dabei geht es sowohl um strategische Dimensionen (Stichwort: strategische Mobilisierung) als auch um kulturelle Aspekte (Stichwort: Kulturwandel). Die Aufgaben und Inhalte von Veränderungsprozessen leiten sich aus dieser zweiten Gestaltungsebene fast von selbst ab, wenn man sie ernsthaft und aufmerksam angeht.

Somit stellt sich für Unternehmen auch nicht die Frage, ob sie Organisationsentwicklung oder Change Management brauchen oder ob sie das nicht sowieso tun. Jede Führungskraft ist Organisationsentwickler und Change Manager – die eine füllt diese Kernaufgabe der Führungstätigkeit nur bewusster aus als die andere. Fehlendes Bewusstsein wiederum setzt genau bei der Präsenz an, das heißt ohne Präsenz sind auch keine ernst gemeinte strategische Mobilisierung und kein erfolgversprechender Kulturwandel möglich. Organisationsentwicklung macht also alleine deshalb für Unternehmen Sinn, weil sie die zukünftige Existenz und die Resilienz der Organisation absichert und ausbaut. Durch eine Antizipation der Zukunft kann diese zwar nicht vorweggenommen werden und es wird sicherlich vieles anders kommen als geplant – doch Nichtstun ist die falsche Antwort darauf.

Wir hören immer wieder von Vorständen, Geschäftsführern oder sonstigen Führungskräften, dass sie Organisationsentwicklung oder Change Management gar nicht brauchen, schließlich sei es bisher auch gut gegangen. Zum einen sind wir hier bei der gleichen Argumentation, die wir bereits an früherer Stelle von bürokratisch-hierarchischen Organisationen kennengelernt haben – „das haben wir schon immer so gemacht". Doch abgesehen davon kann heutzutage kein Unternehmen leugnen, dass sich die Rahmenbedingungen durch die zunehmende Internationalisierung, durch die sich verändernde Alterspyramide und durch zunehmenden Wettbewerb verändern. Selbst wenn es heute noch gut geht, kann es morgen bereits anders aussehen, und genau für den Umgang damit liefert eine fundierte Organisationsentwicklung die Grundlage. Deshalb plädieren wir dafür, dass sich jeder Vorstand, jeder Geschäftsführer und jede Führungskraft mit den Themen „Unternehmenskultur", „lernende Organisation", „Resilienz" und „Präsenz" auseinandersetzt, weil nur dann nachhaltiger Unternehmenserfolg möglich ist. Dabei muss es allerdings nicht automatisch um eine inhaltlich zielgerichtete Veränderung gehen, sofern unserer Auffassung nach die kulturelle und strategische Mobilisierung einer Organisation das erfolgversprechendste Zukunftskonzept ist – mehr dazu lesen Sie in einem späteren Kapitel.

Zusammenfassung

Im vorliegenden Kapitel haben wir uns mit der Differenzierung von Organisationsentwicklung und Change Management beschäftigt; für uns ist dabei die Perspektive auf nachhaltigen und grundlegenden Wandel in Organisationen – im Gegensatz zum kurzfristigen Projektcharakter – ein wichtiges Merkmal der Organisationsentwicklung. Im Anschluss daran haben die Phasenmodelle von Veränderungsprozessen gezeigt, dass unterschiedliche Phasen in Veränderungsprozessen differenziert werden können (z. B. Auftauen, Verändern und Einfrieren nach Kurt Lewin). Es wird deutlich, dass Veränderungen in Organisationen keinen festen Anfang und kein festes Ende haben, so dass Phasenmodelle an Grenzen stoßen. Dennoch bilden sie einen hilfreichen Anhaltspunkt für die Konzeption von Veränderungsprozessen.

Die Beschäftigung mit Unternehmenskultur und der lernenden Organisation zeigt auf, dass Organisationen über ihre Historie und über aktuelle Ereignisse lernen und sich weiterentwickeln. Merkmale der Unternehmenskultur wie die Symbole (z. B. Kleidung und Sprache) und Werte und Normen sind sowohl Ergebnis als auch Ursache für Lernprozesse und bestimmen somit maßgeblich die Entwicklung von Unternehmen. Eine Entwicklung des Unternehmens in Richtung Resilienz und Präsenz ist dabei eine mögliche Zielrichtung der Organisationsentwicklung, aber gleichzeitig eine theoretische Perspektive auf Veränderung in Organisationen. Wenn Veränderung als Gefahr und Bedrohung verstanden und kommuniziert wird, dann kann sicherlich nicht von einer resilienten Organisation gesprochen werden. Wir schließen damit ab, dass Führungskräfte heutzutage auf zwei Gestaltungsebenen ihre Führungstätigkeit ausüben und ausfüllen müssen: Auf der ersten Gestaltungsebene geht es um alltägliche und oftmals operative Aufgaben. Die zweite Gestaltungsebene beinhaltet allerdings die Führung der Organisation aus der Zukunft heraus, woraus sich bereits umfangreiche Implikationen für die Entwicklung der Organisation ableiten lassen.

Literatur

1 Brown J, Isaacs D, World Café Community (2005) The World Café: Shaping our futures through conversations that matter. Berrett-Koehler, San Francisco
2 Schiessler B (2013) Die Rolle der Organisationsentwicklung im Change Management. In: Landes M, Steiner E (Hrsg) Psychologie der Wirtschaft. Springer VS, Heidelberg, S 589–611
3 von Rosenstiel L (2003) Grundlagen der Organisationspsychologie. Schäffer-Poeschel, Stuttgart
4 Doppler K, Lauterburg C (2008) Change Management: Den Unternehmenswandel gestalten. Campus, Frankfurt a. M.
5 Kotter JP (2009) Das Prinzip Dringlichkeit. Campus, Frankfurt a. M.
6 Kotter JP (1996) Leading change. Harvard Business School Press, Boston
7 McGregor D (1973) Der Mensch im Unternehmen. Econ, Düsseldorf
8 Schreyögg G (2008) Organisation: Grundlagen moderner Organisationsgestaltung. Gabler, Wiesbaden
9 Zimbardo PG, Gerrig RJ (2003) Psychologie. Springer, Heidelberg
10 Lewin K (1953) Die Lösung sozialer Konflikte. Christian, Bad Nauheim
11 Streich R (1997) Veränderungsmanagement. In: Reiß M, von Rosenstiel L, Lanz A (Hrsg) Change Management. Schäffer-Poeschel, Stuttgart, S 237–254
12 Schermuly CC, Schröder T, Nachtwei J, Kauffeld S, Gläs K (2012) Die Zukunft der Personalentwicklung. Zeitschrift für Arbeits- und Organisationspsychologie 56(3):111–122
13 Senge P (1996) Die fünfte Disziplin. Kunst und Praxis der lernenden Organisation. Klett-Cotta, Stuttgart
14 Argyris C, Schön DA (1978) Organizational learning: A theory of action perspective. Addison-Wesley, Reading
15 March JG, Olsen JP (1979) Ambiguity and choice in organizations. Universitetsforlaget, Bergen
16 Vahs D (2009) Organisation: Ein Lehr- und Managementbuch. Schäffer-Poeschel, Stuttgart
17 March JG (1991) Exploration and exploitation in organizational learning. Organization Science 2(1):71–87
18 Nerdinger FW, Blickle G, Schaper N (2011) Arbeits- und Organisationspsychologie. Springer, Heidelberg
19 Schein EH (1991) Organizational culture. American Psychologist 45(2):109–119
20 Hofstede G (1980) Culture's consequences: International differences in work-related values. Sage, Beverly Hills
21 Schein EH (1985) Organizational culture and leadership. Jossey-Bass, San Francisco
22 Thier K (2010) Storytelling: Eine Methode für das Change-, Marken-, Qualitäts- und Wissensmanagement. Springer, Heidelberg
23 Chhokar J, Brodbeck FC, House R (Hrsg) (2008) Culture and leadership across the world: The GLOBE Book of in-depth studies of 25 societies. Lawrence Erlbaum, Mahwah, NJ
24 Deal T, Kennedy A (2000) Corporate cultures. The rites and rituals of corporate life. Perseus Books, Cambridge
25 Gelfand MJ, Leslie LM, Keller K, de Dreu C (2012) Conflict cultures in organizations: How leaders shape conflict cultures and their organizational-level consequences. Journal of Applied Psychology 97(6):1131–1147
26 Jones GR, Bouncken RB (2008) Organisation. Theorie, Design und Wandel, 5. Aufl. Pearson, München
27 Kypta G (2006) Burnout erkennen, überwinden, vermeiden. Carl-Auer, Heidelberg
28 Keupp H, Dill H (2010) Erschöpfende Arbeit: Gesundheit und Prävention in der flexiblen Arbeitswelt. transcript, Bielefeld
29 Scharnhorst J (2012) Burnout: Präventionsstrategien und Handlungsoptionen für Unternehmen. Haufe, Freiburg
30 Siebert A (2010) The survivor personality. Perigee, New York.
31 Goethe J (2013) Resilienz und Effizienz – Architektur für nachhaltigen Unternehmenserfolg. In: Landes M, Steiner E (Hrsg) Psychologie der Wirtschaft. Springer VS, Wiesbaden, S 801–822
32 Lietaer B, Ulanowicz RE, Goerner SJ, McLaren N (2010) Is or monetary structure a systemic cause for financial Instability? Evidence and remedies from nature. Journal of Future Studies 14(3):89–108
33 Senge P, Scharmer CO, Jaworski J, Flowers BS (2004) Presence: Human purpose and the field of the future. SoL, Cambridge, Mass.
34 Koch M, Werther S (2014) Innovationsprozesse als Herausforderung für traditionelle Führungsstile: Konstruktive Autorität und Präsenz der Führung als neue Führungsleitbilder. Zeitschrift Führung + Organisation. Erscheint erst in der Ausgabe 1/2015
35 Scharmer CO (2009) Theory U: Leading from the futures as it emerges. Berrett-Koehler, San Francisco
36 Davidson R, Begley S (2012) Warum wir fühlen, wie wir fühlen: Wie die Gehirnstruktur unsere Emotionen bestimmt – und wie wir darauf Einfluss nehmen können. Arkana, München
37 Brown KW, Ryan RM (2003) The benefits of being present: Mindfulness and its role in psychological well-being. Journal of Personality and Social Psychology 84(4):822–848

38 Kabat-Zinn J (1982) An outpatient program in behavioral medicine for chronic pain patients based on the practice of mindfulness meditation: Theoretical considerations and preliminary results. General Hospital Psychiatry 4:33–47
39 Kuan T (2008) Mindfulness in early buddhism: New approaches through psychology and textual analysis of Pali, Chinese and Sanskrit sources. Routledge, New York.
40 Jordan S, Messner M, Becker A (2009) Reflection and mindfulness in organizations: Rationales and possibilities for integration. Management Learning 40(4):465–473
41 Rüsen TA, von Schlippe A, Groth T (2009) Familienunternehmen: Exploration einer Unternehmensform. Josef Eul, Köln

Anleitung zum Scheitern

Simon Werther, Christian Jacobs

F. C. Brodbeck, E. Kirchler, R. Woschée (Hrsg.),
Organisationsentwicklung – Freude am Change, Die Wirtschaftspsychologie,
DOI 10.1007/978-3-642-55442-1_5,

Zum Einstieg

Ausgangslage

In einem schon laufenden Veränderungsprozess, der darauf abzielte, dass sich die Unternehmenskultur nachhaltig weiterentwickelte und sich auch Teile der Strategie verändern sollten, kam es auf der zweiten Führungsebene zu Widerständen. Die Führungskräfte waren eher der Meinung, dass doch so weit alles in Ordnung sei und das Geschäft noch ganz gut laufe. Termine, die sich mit den Themen „Unternehmenskultur" und „Strategie" beschäftigten, wurden verschoben oder die Führungsverantwortlichen waren nicht vorbereitet und hatten auch keine Motivation, weiter an dem betreffenden Thema zu arbeiten. Die Frustration in der Geschäftsführung nahm dementsprechend immer weiter zu. Der Prozess drohte sich zu einem schweren Konflikt zwischen den Führungsverantwortlichen der zweiten Ebene und der Geschäftsleitung auszuweiten.

Lösungsansatz

Die Geschäftsführung suchte Rat. In einem langen Gespräch mit der internen Personalentwicklung und einem externen Berater für Organisationsentwicklung waren sich alle am Tisch einig, dass es eine starke Intervention geben musste, die die Führungsverantwortlichen wieder in den Veränderungsprozess brachte. Im Gespräch entwickelte sich die Idee einer paradoxen Intervention, mit der das Risiko verbunden war, dass der Prozess der Veränderung ganz eskalierte, wobei diese paradoxe Intervention aber auch die Wende bringen könnte. Die Führungsverantwortlichen wurden zu einem Workshop eingeladen, bei dem die Geschäftsführung darum bat, dass diesmal bitte wirklich alle teilnehmen sollten, da der Workshop für alle äußerst wichtig sei. Der Workshop hatte den Titel „Anleitung zum Scheitern" und war so – mit diesem Inhalt – natürlich im Vorfeld nicht kommuniziert worden. Im Workshop begann der Vorsitzende der Geschäftsführung darüber zu berichten, dass „so weit ja alles ganz gut" sei und die Weiterentwicklung zwar langsamer als von ihm gewünscht ablaufe, aber „in Ordnung" sei. Er habe zu dem Workshop mit dieser Dringlichkeit eingeladen – zu dem übrigens bis auf Erkrankte alle Führungsverantwortlichen gekommen waren –, da er sich gerne „für den ernsteren Fall" einmal mit den Kollegen abstimmen wolle. Der „ernstere Fall" sei der, dass das Unternehmen entweder am Markt oder bezüglich der eigenen Kultur beziehungsweise der eigenen Strukturen und Prozesse scheitern würde. Nach seiner Ansprache, in der er einige wenige Beispiele für ein mögliches Scheitern gebracht hatte, gingen die Führungsverantwortlichen sofort in kleine Arbeitsgruppen und hatten die folgende Aufgabe:

- Versetzen Sie sich bitte in die Rolle unserer größten Wettbewerber.
- Diskutieren Sie intensiv darüber, was wir alles tun können, um am Markt zu scheitern.
- Halten Sie diejenigen Aspekte in einer Präsentation fest, die uns sicher werden scheitern lassen.

Nach einer anfänglichen kurzen Irritation wegen dieser Aufgabe wurde in den Gruppen mit großer Freude an dem Untergang des eigenen Unternehmens, wie er aus Sicht der Wettbewerber ablaufen könnte, gearbeitet. Ideen wie: „Wir verzichten auf unseren Vertrieb", oder auch: „Lass uns weiter so wenig in Innovation investieren", zeigten nur einige der vielen Möglichkeiten, das Scheitern gewiss werden zu lassen.Die Arbeitsgruppen stellten einander ihre Präsentationen des Scheiterns vor, und es durften während der Präsentationen weitere Ideen für das Scheitern am Markt entwickelt werden.Unmittelbar nach diesem freudvollen

Vernichten des eigenen Unternehmens wurde erneut ein Auftrag an kleine Arbeitsgruppen verteilt:

- Stellen Sie sich jetzt bitte unser Unternehmen aus Sicht aller Führungskräfte und Mitarbeiter vor.
- Diskutieren Sie bitte darüber, was wir tun müssen (intern), damit wir sicher scheitern.
- Erarbeiten Sie eine Anleitung zum Scheitern.

Tatsächlich war die Freude groß, das eigene Unternehmen auch noch aus dieser Perspektive zu vernichten. Viele Beispiele wurden gefunden, die aber nicht erfunden werden mussten, sondern den Alltag schon zu dieser Zeit kennzeichneten:

1. Es wird keine klare und attraktive strategische Aussage getroffen.
2. Die Führungsverantwortlichen arbeiten im Alltag mit jeweils unterschiedlichen impliziten Erfolgsmodellen.
3. Klare Ziele und Aufgaben fehlen.
4. Die Organisation und die Menschen werden bezüglich der Anforderungen, mit denen sie konfrontiert sind, nicht entwickelt.
5. Bei auftretenden Schwierigkeiten werden grundsätzliche Entscheidungen infrage gestellt und geändert.
6. Entscheidungen im Alltag basieren nicht auf Daten und Fakten.
7. Die Erfolge werden zu wenig kommuniziert.
8. Die guten Mitarbeiter dürfen nicht so arbeiten, wie sie es für richtig halten.
9. Der Prozess der Entwicklung der Strategie passt nicht auf den Prozess der strategischen Planung.

10 …

Bei den Präsentationen gab es viel Diskussionsbedarf über die Aspekte des Scheiterns, die aus Sicht der Kollegen schon heute Alltag waren. Die Führungsverantwortlichen und die Geschäftsführung hatten sichtlich Freude und waren erleichtert, dass so offen über durchaus kritische Themen gesprochen werden konnte. Nach einem langen Abend heftiger Diskussion über die Themen, an denen Veränderungen ansetzen mussten, wurden am zweiten Tag Arbeitsgruppen gebildet, die sich damit beschäftigten, was jetzt sinnvolle Projekte, Aufgaben, Entscheidungen wären, die in jedem Fall ein Scheitern verhindern würden. Mit den Präsentationen aus diesen Arbeitsgruppen wurde ein Aktionsplan erstellt, der in der Folge tatsächlich bearbeitet wurde und endlich den gewünschten Effekt erzielte: Das Unternehmen begab sich in einen Prozess der kontinuierlichen Kultur- und Strategieentwicklung, der von den Führungsverantwortlichen maßgeblich mitgestaltet wurde. So war die anfangs paradoxe Intervention am Ende ein glücklicher Griff, der in diesem Unternehmen bei den Führungsverantwortlichen das Bewusstsein für die notwendigen Veränderungen geschaffen hatte.

„Scheitern" ist ein Wort mit einer sehr „starken" Bedeutung, das sowohl im geschäftlichen als auch im persönlichen Kontext ungern verwendet wird. Es wird mit Niederlagen assoziiert, mit dem Status eines Verlierers, den niemand gerne hat. Dabei ist es zweifellos leichter, über das Scheitern zu schreiben, als über das Scheitern zu reden, gerade aufgrund dieser Konnotationen, die beinahe automatisch damit einhergehen [1]. Das hängt auch damit zusammen, dass Scheitern immer mit der ganzen Person verbunden wird, das heißt, man scheitert nicht *entweder*

■ **Abb. 5.1** Scheitern im internationalen Vergleich

im Beruflichen *oder* im Privaten. Man *ist* vielmehr *gescheitert,* unabhängig davon, in welchem Kontext die Ursache dafür liegt. Auf der anderen Seite bringt ein Scheitern die Chance mit sich, dass man daraus in der Zukunft hilfreiche Schlüsse zieht. Genauso ist mit einem Risiko die Chance verbunden, dass man größere Erfolge erzielt als bei risikovermeidendem Verhalten. Und jedes Risiko ist immer mit der Gefahr des Scheiterns verbunden, so dass letztlich auch jede Organisation in der Gefahr ist zu scheitern.

Wir möchten uns diesem anregenden, wenn auch nicht durchwegs positiv besetzten Thema in folgenden Schritten nähern: Im ersten Teil dieses Kapitels beschäftigen wir uns mit der Tabuisierung des Scheiterns auf einer allgemeinen gesellschaftlichen Ebene. Im zweiten Teil des Kapitels werden wir uns dann mit Widerständen in Veränderungsprozessen beschäftigen, die maßgeblich mit dem Thema des Scheiterns zusammenhängen. Im dritten Teil des Kapitels widmen wir uns dem Thema „Emotionen bei Veränderung", das unserer Erfahrung nach von großer Bedeutung ist.

Die Tabuisierung des Scheiterns

Warum wird Scheitern immer noch so stark tabuisiert? Scheitern ist in einer Gesellschaft und einem Zeitalter von Gewinnern und Siegertypen – wenig überraschend – sehr unbeliebt [2]. Die Anzahl an Erfolgsratgebern wächst auf dem Buchmarkt stetig an, doch mit dem Umgang mit Scheitern beschäftigen sich sehr wenige Ratgeber. Allerdings muss beachtet werden, dass es oftmals nur ein kleiner Schritt ist, der das Gelingen vom Scheitern trennt, so dass eine erfolgreiche „Gratwanderung" keinesfalls selbstverständlich ist [2].

Zudem ist eine Differenzierung notwendig, sofern Scheitern aus zwei unterschiedlichen Perspektiven betrachtet werden kann: Ich kann mich selbst als gescheitert betrachten, weil ich ein Ziel nicht erreicht habe. Das können mein soziales Umfeld und die Gesellschaft ganz allgemein zwar ganz anders sehen, doch für mich selbst bin ich gescheitert. Genauso kann ich aber auch in den Augen meines sozialen Umfelds und der Gesellschaft gescheitert sein, weil mein Lebenskonzept, meine Arbeitstätigkeit etc. nicht dem dort vorherrschenden Konsens entsprechen. Die Frage ist dann, wie ich damit umgehe, sofern ich aus meiner Sicht gar nicht gescheitert sein muss.

Sicherlich ist es heute insofern leichter denn je zu scheitern, als alle Geschlechter letztlich alle Rollen und Erfolge gleichzeitig in sich vereinen müssen – von Familie über Beruf bis hin zu Freundeskreis und Freizeitgestaltung [3]. Das betrifft folglich nicht nur den beruflichen Kontext, sondern genauso das Privatleben. Extremsport wie Marathonlaufen, strapaziöse Urlaube in fernen Ländern, große Häuser und teure Autos, erfolgreiche Kinder und eine perfekte harmonische Beziehung – Leistungsdenken hört nicht in der Freizeit auf, sondern wird dort vielmehr fortgeführt. Dementsprechend schwebt das Scheitern in allen Lebensbereichen wie ein Damoklesschwert über einem. Somit ist es kein Wunder, dass das Burnout-Syndrom immer mehr Aufmerksamkeit gewinnt. Ist es nicht letztlich die einzige legitimierte psychische Erkrankung, auf die teilweise fast schon bewundernd geschaut wird? Schließlich hat man sich überarbeitet, bis man zusammengebrochen ist!

Allerdings gibt es immer mehr Menschen, die sich gerade diesem Erfolgsdiktat verwehren. Die bewusst – trotz Sicherheit im Beruf und „objektiv" idealer Bedingungen – kündigen, weil die Arbeitsbelastung zu hoch ist oder weil die zwischenmenschlichen Beziehungen am Arbeitsplatz zu belastet sind. Die ihre Arbeitszeit reduzieren, obwohl sie mehr arbeiten könnten, weil sie im Gleichgewicht bleiben möchten und ihre Freizeit genießen wollen. Ist das nun ein Scheitern oder ist das nicht ein echter Erfolg? Das ist sicherlich eine Frage der Perspektive, je nachdem, welche „Brille" man aufsetzt und mit welcher Werthaltung man auf diese Entscheidungen blickt.

Wenn es auf die „Brille", auf die Perspektive, auf die Werthaltung ankommt, dann ist es naheliegend, dass mit Scheitern in unterschiedlichen Kulturen auch unterschiedlich umgegangen wird [4]. Eine Betrachtung aus kultureller Perspektive ist unserer Auffassung nach sehr wichtig, sofern die Bandbreite des Verständnisses von Scheitern und des Umgangs damit hier sehr groß ist:

- Scheitern orientiert sich in Deutschland an der Zuverlässigkeit, die uns Deutschen oftmals nachgesagt wird. Damit geht einher, dass man für etwas genau einen Versuch zur Verfügung hat. Wenn man in diesem einen Versuch scheitert, dann ist man als Person diskreditiert und man verliert jegliches Vertrauen anderer.
- Eine asiatische Variante des Scheiterns liefert die Betrachtung von Japan. Dort steht das Individuum – durch die Fokussierung auf die Organisation – weniger im Mittelpunkt. Dennoch muss man als Individuum im Fall einer Krise die Verantwortung übernehmen, wodurch man aus der Perspektive der Organisation aber eher Respekt verdient.
- Scheitern in China hängt besonders mit Erwartungen an Individuen zusammen. So sind Suizide unter Studenten keine Seltenheit, nachdem sie beispielsweise dem Konkurrenzdruck und den hohen Erwartungen, die ihre Familien an sie als einziges Kind haben, nicht mehr standhalten können oder wollen.
- In Amerika steht dagegen der Prozess im Mittelpunkt. Ein Mensch ist dann gescheitert, wenn er sich nicht angemessen angestrengt hat. Das Scheitern an sich als Ergebnis des Handelns ist somit nicht der Schwerpunkt dieser Perspektive aufs Scheitern. Es ist folglich lobenswert und zu würdigen, wenn jemand trotz zahlreicher Misserfolge erneut aufsteht.

Insgesamt lässt sich hier erkennen, dass eine Fokussierung auf den Prozess oder auf das Ergebnis des Scheiterns bereits einen großen Unterschied macht. Die amerikanische Betrachtung von

Scheitern als Prozess liefert somit weit mehr Spielraum für jedes Individuum, das Scheitern als positive Erfahrung abzuspeichern. Im Gegensatz dazu stellt die deutsche Betrachtung von Scheitern als Ergebnis eine ultimative Abrechnung dar, bei der somit jede Wiedergutmachung ausgeschlossen ist. Diese – etwas überzeichnete – Darstellung zeigt bereits, dass das Scheitern somit auch sehr individuell betrachtet werden muss: Schließlich besitzt jede Organisation eine spezifische Kultur, die ganz unterschiedlich mit dem Scheitern umgehen kann.

Exkurs: Erfolgsgurus als Phänomen des Leistungsdenkens

Eine andere Perspektive aufs Scheitern bietet die Analyse von vermeintlichen Erfolgsgurus, die beispielsweise in Motivationsseminaren jedem Teilnehmer zu mehr Erfolg, mehr Glück, mehr Zufriedenheit und so weiter verhelfen wollen [5]. Wie können Erfolgsgurus auf so große Resonanz stoßen? Wie lässt sich dieses Phänomen aus der Perspektive des Scheiterns betrachten?

Eine Antwort ist sicherlich der Wunsch nach Erfolg, den jeder von uns kennt. Selbstverständlich ist es erstrebenswert, erfolgreich zu sein, da niemand bewusst scheitern möchte. Folglich entspricht das Streben nach Erfolg umso mehr dem Zeitgeist, wenn man eine Leistungsgesellschaft und deren Wertesystem als Basis zugrunde legt [6]. Umso spannender ist es, dass in wissenschaftlichen Ergebnissen psychologischer Forschung ebenfalls viel häufiger von Erfolgen als von Scheitern die Rede ist, obwohl sich die positive Psychologie erst relativ spät entwickelt hat. Unter „positiver Psychologie" kann die ressourcenorientierte Perspektive verstanden werden, beispielsweise der Blick auf Resilienz bei Kindern. Insofern scheint sogar die Wissenschaft von der Tabuisierung des Scheiterns bestimmt zu sein.

Als weitere Antwort auf die Ausgangsfrage aus der Perspektive des Scheiterns nach dem Grund für die große Resonanz von Erfolgsgurus müssen auch monetäre Aspekte berücksichtigt werden. Niemand zahlt gerne Geld dafür, dass er erfährt, wie es *nicht* geht und wie er alles falsch macht. Letzteres mag in einem kabarettistischen Sinne unterhaltsam sein, aber das widerspricht dem ernsthaften Streben der Menschen nach Erfolg. Möglicherweise wird Erfolg auch im Sinne der Theorie Y mit Weiterentwicklung verwechselt? Somit wäre es nachvollziehbarer, da jeder Mensch nach Weiterentwicklung und Selbstverwirklichung strebt und Erfolgsgurus genau dieses Streben für ihre Zwecke instrumentalisieren können.

Wir sehen sowohl Erfolgsgurus als auch „allwissende" Berater, die mit einem Ansatz oder einer Theorie von fünf Punkten jedem Menschen und jedem Unternehmen weiterhelfen, sehr kritisch. Unserer Auffassung nach ist die Realität zu komplex, als dass sie in genau einer Checkliste und in genau einer Theorie abgebildet werden kann. Hier plädieren wir stattdessen für mehr Vielfalt, für einen offenen Diskurs und für einen sehr vorsichtigen Umgang mit „Experten"!

Die oben erwähnte Unterscheidung zwischen Scheitern und Misserfolg ist auch insofern hilfreich, als ein Misserfolg eine andere Perspektive mit sich bringt. In einem Workshop mit Führungskräften haben wir einmal von Scheitern gesprochen und die Teilnehmer haben irritiert und verstört reagiert. Ihr Wunsch war dann, ob wir nicht eher von Fehlern oder von Misserfolgen sprechen könnten, weil „Scheitern" so endgültig klinge. Tatsächlich können aus einem Misserfolg die richtigen Schlüsse gezogen werden, damit, langfristig gesehen, möglicherweise doch noch ein Erfolg daraus werden kann [6]. Scheitern dagegen geht noch einen Schritt weiter und stellt gleichzeitig die Handlungsfähigkeit der Person infrage.

Tab. 5.1 Psychologische Perspektiven auf das soziale Phänomen „Scheitern" [6]

Scheitern als Normalität	**Scheitern als Zeitfrage**
– Letztlich können psychische Störungen als Normalität aufgefasst werden. – Dabei geht es um Widersprüche, die tief in der Natur des Menschen verankert sind, beispielsweise Egoismus und Altruismus. – Letztlich geht es um Ansätze, die das Scheitern in die Normalität zurückholen und die gesellschaftliche Normen bezüglich ihrer „Menschlichkeit" kritisch hinterfragen.	– Bereits vor dem Scheitern kann das Scheitern beginnen, beispielsweise durch unrealistisch hohe Ziele. – Wir erkennen ungern unser Scheitern, so dass es oft eine Zeitfrage ist (nehmen wir uns die Zeit dazu?), ob das Scheitern überhaupt erkannt wird. – Scheitern erfordert vielfältige Bewältigungsstrategien, die jeweils für sich Zeit erfordern. – Somit ist Scheitern auch als zeitlicher Prozess zu betrachten, der immer zeitaufwändig ist.
Scheitern als Veränderung	**Scheitern als Hürde**
– Scheitern kann zu zahlreichen Veränderungen führen, beispielsweise zum Reframing einer Situation (d. h. ihrer Umdeutung). – Attributionen spielen ebenfalls eine Rolle, sofern Erfolge eher mir als Person (z. B. Kompetenz) zugeschrieben werden und Misserfolge eher äußeren Umständen (z. B. Pech). – Zielsetzung dieser kognitiven „Veränderungen" ist eine Entlastung.	– Unrealistische Einschätzungen bezüglich der Erfolgswahrscheinlichkeit oder der Handlungskontrolle begünstigen ein Scheitern. – Einmal eingeschlagene Wege werden nur sehr schwer verlassen, teilweise auch aufgrund des sonst möglichen Gesichtsverlusts gegenüber dem sozialen Umfeld. – Ein Beispiel dafür ist das Leugnen des Jobverlusts gegenüber der eigenen Familie.

Die Unterscheidung zwischen einem Misserfolg und Scheitern ist allerdings oftmals aus der individuellen Perspektive insofern schwer möglich, als die Zeit den Unterschied verwischen kann: Man kann zu einem Zeitpunkt „gefühlt" gescheitert sein, doch in einem Jahr sieht es bereits wieder ganz anders aus, so dass etwas nachträglich (nur) zum Misserfolg wird. Das geht damit einher, dass es immer mit einer subjektiven Wahrnehmung und Bewertung verbunden ist, was als Belastungen und als Stress angesehen wird [7]: Was für eine Person „stressig ist", kann für eine andere Person im Normalbereich liegen. Was für eine Person ein Scheitern darstellt, kann für eine andere Person bloß ein Misserfolg sein. Letztlich ist die Unterscheidung zwischen Scheitern und Misserfolgen also sehr subjektiv und trägt vor allem der Tatsache Rechnung, dass Misserfolge nicht zu stark negativ konnotiert sind.

In Tab. 5.1 haben wir unterschiedliche psychologische Perspektiven auf das soziale Phänomen „Scheitern" dargestellt. Dabei wird deutlich, dass Scheitern ein komplexes soziales Phänomen darstellt, das letztlich immer subjektiv geprägt ist. Gleichzeitig kann Scheitern durch unterschiedlichste Strategien vermieden werden, die sowohl auf individueller als auch auf kollektiver Ebene zum Tragen kommen. Gerade das Festhalten an einmal eingeschlagenen Wegen ist im Geschäftskontext ein häufiges Phänomen, das die Korrektur von Fehlentscheidungen verhindern und damit ein Scheitern begünstigen kann. Scheitern ist deshalb oftmals auch kein Führungsthema, schließlich geht es bei Führung um positive Erfolge [8].

Eine weitere Perspektive auf Scheitern in Organisationen liefert das Konzept der Energiezonen [9]. Dabei wird zwischen der Leidenschafts-, der Aggressions-, der Komfort- und der Resignationszone unterschieden. In einer dieser Zonen können sich Organisationen befinden:

- Die *Leidenschaftszone* beschreibt dabei den Zustand einer Organisation mit einem als positiv wahrgenommenen Energiefluss.
- In der *Aggressionszone* wird der Energiefluss dagegen als negativ wahrgenommen, das heißt es handelt sich um pausenloses Antreiben zum Handeln.

Tab. 5.2 Energiezonen in Unternehmen [9]

	Leidenschaftszone	Aggressionszone	Komfortzone	Resignationszone
Beste Wirkungspunkte	– Strategie – Pflichterfüllung – Personalflussmanagement	– Pflichterfüllung – Struktur – Personalflussmanagement	– Pflichterfüllung – Strategie – Kultur	– Pflichterfüllung – Strategie
Schlechteste Wirkungspunkte	– Trennen – Loslassen	– Trennen – Energetisieren – Freiwillige Zusatzleistungen	– Trennen – Loslassen – Führung – Außenkooperation – Energetisieren	– Trennen – Energetisieren – Loslassen
Beschreibung der Aspekte	– Außenkooperation: Wie gut ist die Organisation bei Zusammenschlüssen und Partnerschaften? – Energetisieren: Wie gut ist die Organisation beim „Energetisieren", d. h. bezüglich eines positiv aufgeladenen Energieflusses in der Organisation? – Freiwillige Zusatzleistungen: Wie gut schätzt sich die Organisation bezüglich des Angebots an freiwilligen Zusatzleistungen ein? – Führung: Wie gut ist die Organisation bezüglich Führung? – Kultur: Wie gut ist die Organisation bezüglich Kultur? – Loslassen: Wie gut ist die Organisation beim Loslassen? – Personalflussmanagement: Wie gut ist die Organisation bezüglich eines konsequenten Personalflussmanagements? – Pflichterfüllung: Wie gut ist die Organisation bei der Pflichterfüllung? – Strategie: Wie gut ist die Organisation bezüglich der strategischen Orientierung? – Struktur: Wie gut ist die Organisation bezüglich ihrer strukturellen Organisation? – Trennen: Wie gut ist die Organisation beim Trennen, z. B. von Mitarbeitern?			

- Die *Komfortzone* ist zwar von einem positiven Energiefluss gekennzeichnet, der allerdings nur eine geringe Intensität aufweist und somit mit geringer Veränderungsbereitschaft verbunden ist.
- In der *Resignationszone* steht ein negativer Energiefluss im Vordergrund, der von einer geringen Intensität gekennzeichnet ist.

In Tab. 5.2 sind die Aspekte dargestellt, in Bezug auf welche die Organisation in der jeweiligen Zone am besten beziehungsweise am schlechtesten abschneidet. Ein Beispiel: In der Leidenschaftszone ist die Strategie gemeinsam mit der Pflichterfüllung und dem Personalflussmanagement der positivste Wirkungspunkt. Die negativsten Wirkungspunkte sind dagegen das Trennen und das Loslassen. Wir fokussieren uns bei der Betrachtung auf die Aspekte Trennen und Loslassen, da sie für uns bezüglich des Scheiterns eine große Relevanz besitzen. Auffällig ist dabei, dass Trennen und Loslassen in allen Phasen sehr schwach ausgeprägt sind. Hier zeigt sich das Beharren und Festhalten an Entscheidungen, wie wir es bereits in Tab. 5.1 kennengelernt haben. „Trennen" bezeichnet dabei die Kündigung von Mitarbeitern, die trotz wiederholter Erinnerung nicht die vereinbarte Arbeitsleistung zeigen. „Loslassen" beschreibt dagegen die Freigabe eines Mitarbeiters durch die Führungskraft, wenn dieser keine bemerkbare Verbesserung innerhalb der Abteilung oder innerhalb des gesamten Unternehmens erreichen kann. Wir plädieren bezüglich der Kündigung von Mitarbeitern aber für eine sehr sorgsame Diskussion, nachdem die Kosten hier in vielen Fällen unrealistisch veranschlagt werden. Verdeckte Kosten wie Fluktuationskosten, Vertretungskosten, Verlust der Arbeitgeberattraktivität etc. werden in vielen Fällen nicht angemessen in die Berechnung einbezogen, obwohl sie relevant sind [10].

Zwischenfazit

Scheitern wird in verschiedenen Kulturen sehr unterschiedlich aufgefasst, unter anderem auch aufgrund der Fokussierung auf den Prozess oder auf das Ergebnis des Scheiterns. Letztlich zeigt sich aber, dass Scheitern in weiten Teilen der Gesellschaft tabuisiert bleibt, sofern der Grundgedanke – scheitern zu können – den Prinzipien der vorherrschenden Leistungsgesellschaft widerspricht. Dabei wird über die Energiezonen Leidenschaft, Aggression, Komfort und Resignation ein Zusammenhang mit der fehlenden Akzeptanz von Scheitern in unternehmerischen Kontexten deutlich: Notwendige Korrekturen von früheren Entscheidungen werden entweder aufgeschoben oder gar nicht getroffen, so dass ein Scheitern langfristig begünstigt wird.

Scheitern wird in allen Gesellschaftsbereichen tabuisiert, was in der Konsequenz zu größeren Problemen führt, als es bei einem offenen Umgang damit der Fall wäre.

Widerstände bei Veränderung

Scheitern hängt insofern direkt mit Widerständen bei Veränderungsprozessen zusammen, als Widerstände in Veränderungsprozessen oftmals als negativ oder hinderlich bezeichnet werden. Bereits im dritten Kapitel haben wir uns bei den Grundgedanken zur Autopoiese damit beschäftigt, dass jeder Widerstand von Mitarbeitern auf einer bewussten Entscheidung beruht. Das bedeutet gleichzeitig, dass jeder Widerstand auch wertvolle Informationen enthält, die für die weitere Planung und Umsetzung des Veränderungsprozesses möglicherweise von großer Bedeutung sein können. Wenn diese aber lediglich als Widerstand mit negativer Konnotation abgehandelt werden, das heißt als ein Blockieren und „Bocken" der Mitarbeiter, dann werden solche konstruktiven Informationen nicht weiter berücksichtigt.

Letztlich ist es nicht verwunderlich, dass in organisationalen Veränderungsprozessen Widerstände auftauchen. Die Stabilität und Sicherheit des bekannten Systems, der bekannten Kultur, der bekannten Traditionen werden schließlich durch die Veränderung grundlegend herausgefordert. Damit gehen Unsicherheiten und Ängste einher, die folglich in Widerständen resultieren können [11]. In den wenigsten Fällen wird bereits bei der ersten Betrachtung einer anstehenden Veränderung die damit verbundene Chance, das Positive, gesehen, so dass anfängliche Widerstände sogar zu erwarten sind. Gleichzeitig können dabei unterschiedliche Phasen bei der Wahrnehmung der Veränderung durch die einzelnen Mitarbeiter unterschieden werden, wie wir sie im vierten Kapitel bereits kennengelernt haben (Schock, Verneinung, Einsicht, Akzeptanz, Ausprobieren, Erkenntnis und Integration).

Als Ursachen für Widerstand kommen nach Klaus Doppler und Christoph Lauterburg die folgenden Varianten in Frage [11, S. 337]:

1. „Der oder die Betroffenen haben die Ziele, die Hintergründe oder die Motive einer Maßnahme *nicht verstanden*.
2. Die Betroffenen haben verstanden, worum es geht, aber sie *glauben nicht*, was man ihnen sagt.

3. Die Betroffenen haben verstanden, und sie glauben auch, was gesagt wird, aber sie *wollen oder können nicht mitgehen*, weil sie sich von den vorgesehenen Maßnahmen keine positiven Konsequenzen versprechen."

Dabei muss man davon ausgehen, dass bei sachlich logischen und sinnvollen Argumenten Widerstand vor allem dann auftaucht, wenn eine emotionale Komponente mit hineinspielt. Gleichzeitig zeichnet sich Widerstand oftmals durch uneindeutige Botschaften aus, das heißt auf verbaler Ebene werden Aussagen vermittelt, die durch die Handlungen aber nicht untermauert werden. Das „not invented here"-Syndrom hat oftmals ebenfalls eine starke emotionale Komponente, da der Stolz des Systems durch die von außen initiierte Veränderung verletzt wird [12]. Alle Lösungen von außen werden dementsprechend abgewertet und nicht als Lösungsalternativen herangezogen.

Durch die emotionale Komponente kann diesen Arten von Widerständen nicht erfolgversprechend mit logischen Argumenten begegnet werden, da sich eine solche Argumentation nicht auf die Ebene des Widerstands bezieht. Erfolgversprechender ist sicherlich die Entwicklung eines tieferen Verständnisses für die Ursachen des Widerstandes, worauf wir in ► Kap. 8 vertiefend eingehen.

Grundsätzlich kann zwischen aktiven und passiven Widerständen bei Veränderungsprozessen unterschieden werden. Eine mögliche Unterteilung beschreibt sieben Typen von Personen, die ganz unterschiedlich mit anstehenden Veränderungen umgehen [13]:

- *Visionäre und Missionare:* Als Führer des Wandels gehören sie beispielsweise der ersten Führungsebene an und waren maßgeblich an der Erarbeitung des Prozesses beteiligt. Folglich sind sie auch von der Richtigkeit und von dem Erfolg der bevorstehenden Veränderung überzeugt.
- *Aktive Gläubige:* Durch diese Gruppe fühlen sich die Visionäre und Missionare bestätigt, sofern sie die anstehenden Veränderungen akzeptieren und aktiv an der Umsetzung arbeiten. Letztlich werden sie durch ihre Überzeugungsarbeit für den Veränderungsprozess selbst zu Missionaren.
- *Opportunisten:* Dieser Typ ist durch eine ambivalente Grundhaltung gekennzeichnet, da gegenüber den eigenen Vorgesetzten eine positive Einstellung signalisiert wird, während gegenüber Kollegen große Skepsis geäußert wird. Im Mittelpunkt stehen für den Opportunisten die Vor- und Nachteile, die der Veränderungsprozess für ihn selbst mit sich bringt.
- *Abwartende und Gleichgültige:* Dieser Typ stellt die Mehrheit der Mitarbeiter dar. Sie handeln nach der Devise „Abwarten", nachdem schon ganz andere Veränderungspläne „ausgesessen" wurden, die entsprechend nicht dazu führten, dass sich tatsächlich etwas verändert hätte. Dementsprechend ist die Veränderungsbereitschaft sehr gering ausgeprägt.
- *Untergrundkämpfer:* Dieser Typ geht verdeckt aktiv gegen die Veränderung vor, wirbt dementsprechend um Koalitionen und macht Stimmung gegen die Unterstützer. Dazu dienen beispielsweise Gerüchte als eine Methode des Widerstandes.
- *Offene Gegner:* Analog zu den Untergrundkämpfern geht dieser Typ gegen den Veränderungsprozess vor, allerdings auf einer offenen Ebene. Gegner sind davon überzeugt, dass es sich bei der Veränderung um den falschen Weg handelt, dementsprechend argumentieren sie auf einer sachlichen Ebene.

- *Emigranten:* In dieser Gruppe finden sich Mitarbeiter, die den Wandel auf keinen Fall unterstützen möchten. Sie verlassen lieber das Unternehmen, als dass sie den Veränderungsprozess unterstützen – oftmals auch aus dem Grund, dass ihnen keine Perspektiven geboten werden, obwohl sie sehr leistungsfähig sind und sehr viel zum Unternehmenserfolg beitragen.

Diese Unterscheidung in sieben Typen von Personen macht bereits deutlich, dass es vielfältige Faktoren und Ursachen für Widerstände bei Veränderungsprozessen gibt. Dabei müssen kreative Strategien angewendet werden, um diese Widerstände angemessen in den Prozess einzubinden und im Idealfall zu integrieren oder aufzulösen. John P. Kotter spricht in Bezug auf offene Gegner (oder „Neinsager", wie er sie nennt) von drei erfolgsversprechenden Strategien [14]:

1. Man sabotiert selbst die Sabotageversuche der offenen Gegner.
2. Man kündigt den offenen Gegnern.
3. Man enttarnt die offenen Gegner öffentlich, um Druck zu erzeugen.

Sicherlich sind weitere Strategien denkbar, doch bereits diese Beispiele machen deutlich, dass Widerständen bei Veränderungen viel Aufmerksamkeit gewidmet werden muss. Ansonsten kann der gesamte Veränderungsprozess erfolglos verlaufen. Dennoch möchten wir für einen konstruktiven und transparenten Umgang mit Widerstand und offenen Gegnern plädieren, sofern das auch eine moralische Wertfrage ist. Grundsätzlich sollte jeder die Möglichkeit haben, dass er sich auch mit kritischen Anmerkungen konstruktiv am Prozess beteiligt – doch bei permanentem „Stören" des Prozesses müssen auch Konsequenzen gezogen werden, sofern diese vorher klar angekündigt werden.

Die Aufmerksamkeit muss beim Veränderungsprozess allerdings alle Ebenen der Organisation betreffen, das heißt vom Top-Management bis zu den untersten Führungsebenen reichen. Selbstverständlich müssen auch die Mitarbeiter im Fokus der Aufmerksamkeit stehen, doch wirkt sich Widerstand unter Führungskräften noch stärker aus, da sie in ihren Abteilungen als Multiplikatoren wirken. Dabei kann gerade unter Führungskräften der Standpunkt vertreten werden, dass man sich in mühsamer jahrelanger Erfolgsarbeit im Unternehmen eingerichtet hat, so dass mit genau diesen Rahmenbedingungen alle Herausforderungen gemeistert werden sollen [13]. Grundlegende Veränderungen sind also unerwünscht, da sie den Status quo nur zu sehr gefährden und eine unsichere Entwicklung mit sich bringen. Darüber hinaus gibt es in Unternehmensleitungen die Ansicht, das Unternehmen nur dank des Top-Managements überleben, das heißt alle Veränderungen, die zu viel Autonomie der unteren Führungsebenen oder der Mitarbeiter nach sich ziehen, stellen aus Sicht des Top-Managements eine umso größere Bedrohung dar [11].

Teilweise wird bei der Betrachtung von Widerständen in Unternehmen zwischen Widerständen aus der Person (z. B. Frustration gegenüber Veränderung) und Widerständen aus der Organisation (z. B. bei Abschaffung von Privilegien) unterschieden [12]. Dabei stehen bei Widerständen aus der Person individuelle persönliche Motive im Vordergrund, wohingegen Widerstände aus der Organisation auch gesamte Abteilungen oder Personengruppen umfassen können. Wir finden die Betrachtung der einzelnen Stakeholder in der Organisation als hilfreicher, sofern alle organisationalen Widerstände über Personengruppen transportiert und kommuniziert werden. In ◘ Tab. 5.3 haben wir einige Aspekte dargestellt, die beim Top-Management und bei allen Organisationsangehörigen eine Rolle spielen können.

Tab. 5.3 Gründe für Widerstände, modifizierte Darstellung in Anlehnung an Landes & Steiner E (2013) [15]

Angehörige des Top-Managements	Organisationsangehörige
– *Rationale Gründe bezüglich der Ziele und der damit verbundenen Strategien:* Fehlende Übereinstimmung mit der Strategie auf einer sachlichen Ebene, da aus eigener Perspektive andere Ziele gesetzt würden. – *Konsistenz bei Entscheidungen als anzustrebende Führungseigenschaft:* Perspektive des Managers, dass er Konsistenz in seinem eigenen Verhalten und in seinen Entscheidungen zeigt, da es sich dabei um eine positive Eigenschaft von Führungskräften handelt. – *Angst vor Macht- und damit einhergehendem Statusverlust:* Die Veränderungen bedrohen den Status des Managers oder lassen vorhandene Privilegien und vorherrschende Exklusivität aufweichen. – *Begrenzte Rationalität der Entscheidungsträger wie Wahrnehmungsverzerrungen:* Ein Manager hat nicht alle notwendigen Informationen zur Verfügung und nimmt die vorhandenen Informationen verzerrt wahr, so dass die Veränderung unlogisch erscheint.	– *Gewohnheiten als sichere Basis im Arbeitsleben:* Langjährig etablierte Gewohnheiten bilden die Basis für die Arbeitstätigkeit des Mitarbeiters, so dass sie nicht gefährdet werden sollen. – *Betriebsblindheit aufgrund vorherrschender Perspektiven:* Aufgrund der Einbettung in die Organisation fehlen Blickwinkel, die die Veränderung als notwendig erscheinen lassen. – *Abwehrstrategien zum Umgang mit kognitiver Dissonanz:* Kognitive Dissonanz ist ein Zustand der Widersprüchlichkeit. Dieser kann durch eine Verleugnung der Notwendigkeit der Veränderung vermieden werden. – *Verteidigung des investierten eigenen Aufwands:* Nachdem bereits viel Aufwand in die Etablierung von Strukturen und Konzepten investiert wurde, würde die Veränderung alles infrage stellen und den Eindruck erwecken, dass der Aufwand umsonst war. – *Einschränkung von Freiheit und daraus entstehende Reaktanz:* Reaktanz ist die wahrgenommene Einschränkung von Handlungsalternativen. Bei drohender Einengung dieser Freiheit kann Widerstand eine Antwort sein.

Zwischenfazit

Widerständen muss bei Veränderungen mit Offenheit begegnet werden, da die Widerstände ansonsten umso stärker auftreten. Die unterschiedlichen Arten von Typen (z. B. Untergrundkämpfer vs. offene Gegner) sowie vielfältige Gründe für Widerstände können dabei einen Anhaltspunkt für Interventionen liefern, um den Widerständen angemessen zu begegnen und die jeweiligen Personen in den Veränderungsprozess zu integrieren.

Emotionen bei Veränderung

Bei Veränderung werden zahlreiche Emotionen aktiviert, die unserer Erfahrung nach angemessen in den Prozess integriert werden müssen. Dabei können neben negativen Aspekten und Emotionen wie in ◘ Abb. 5.1 natürlich genauso positive Aspekte und Emotionen wie in ◘ Abb. 5.2 auftauchen. Wichtig ist dabei allerdings in einem ersten Schritt, dass mit Emotionen gerechnet und offen umgegangen wird. Eine sehr starke Emotion, die allgemein gesellschaftlich wenig akzeptiert ist und dementsprechend auch in Veränderungsprozessen leicht vergessen wird, ist Scham.

Neben der Tabuisierung des Scheiterns kommt somit auch noch die Tabuisierung einer Emotion, der Scham, ins Spiel [16]. Dabei kann Scham in Veränderungsprozessen in vielfältiger

Abb. 5.2 Positive Aspekte im internationalen Vergleich

Weise relevant sein, beispielsweise fühlen sich Mitarbeiter nicht mehr zugehörig, weil sie dem Veränderungsprozess nicht folgen können, oder sie fühlen sich missachtet und nicht berücksichtigt, weil über ihre Köpfe hinweg entschieden wird. Nach Stephan Marks können dabei vier Quellen der Scham unterschieden werden [16]:

- *Scham durch Missachtung:* Hinter dieser Quelle steckt das Grundbedürfnis aller Menschen nach Anerkennung.
- *Scham durch Grenzverletzung:* Hier ist das Grundbedürfnis des Menschen nach Schutz relevant.
- *Scham durch Ausgrenzung:* Dahinter liegt das Bedürfnis aller Menschen nach sozialer Zugehörigkeit.
- *Scham durch Verletzung von Werten:* Hinter dieser Quelle verbirgt sich das Grundbedürfnis des Menschen nach Integrität.

Dabei ist Scham nur *eine* Emotion, die bei Veränderungsprozessen in Organisationen auftauchen kann. Genauso können Ärger, Ängste, Wut und viele andere Emotionen bei den Beteiligten ausgelöst werden. Negative Emotionen (z. B. Ärger und Angst) können Blockaden für den Veränderungsprozess darstellen, während positive Emotionen (z. B. Freude und Mut) sehr positive Implikationen nach sich ziehen können. Grundsätzlich erfüllen Emotionen aber immer eine positive Funktion in allen menschlichen Lebensbereichen, da sie ein automatisiertes Warnsystem darstellen, wenn Gefahr vorhanden ist. Das bedeutet allerdings auch, dass Emotionen in den allermeisten Fällen eher zum Scheitern von Veränderung führen, als dass rationale Gründe dafür verantwortlich sind.

Abgesehen von den im ersten Teil dieses Kapitels vorgestellten Energiezonen von Organisationen reagieren Mitarbeiter selbstverständlich auch individuell und emotional auf ein Scheitern. Dabei kann das folgende Phasenkonzept zum Verständnis beitragen [17]:

1. *Verleugnung und Abwehr:* Dabei steht im Mittelpunkt, dass die Angst weiterhin zu bewältigen ist, sofern es sich bei Verleugnung und Abwehr um einen automatischen Schutzmechanismus handelt.
2. *Externe Schuldzuschreibung:* In dieser Phase erfolgt zwar eine Anerkennung des Misserfolgs, doch wird dieser anderen Personen oder externen Systemen zugeschrieben. Dadurch wird ein Systemfehler über Personen erklärt, so dass sich am System folglich nichts ändern muss.
3. *Angst und Scham:* Hier können unterschiedliche Varianten der Angst und der Scham zum Tragen kommen. Letztlich sind sowohl Angst als auch Scham Antworten auf Herausforderungen, die mit den bekannten Strategien nicht gelöst werden können. Dabei findet sich in der Scham bzw. konkreter in der „Schamangst“ eine zentrale Ursache für die Tabuisierung des Scheiterns und damit für die konsequente Vermeidung daraus resultierender Lernprozesse.
4. *Enttäuschung und Trauer:* Beim Scheitern spielt immer das Nicht-Erreichen eines ursprünglich geplanten Ziels eine Rolle. Dementsprechend geht es in der Konsequenz auch um Enttäuschungen und um Trauer, was wiederum für sich ein komplexer Prozess mit zahlreichen Trauerphasen sein kann.
5. *Stolz und Neuorientierung:* Wenn der Abschied tatsächlich erfolgt ist, wie er in der vierten Phase dargestellt wurde, dann besteht in der fünften Phase die Chance zu einem echten Neubeginn. Das hängt auch damit zusammen, dass die Konfrontation und Überwindung der existenziellen Krise abgehärtet hat und im Nachhinein zu Lernprozessen führt.

Für Führungskräfte und Organisationsentwickler lässt sich daraus ableiten, dass eine Organisationsentwicklung auch immer Emotionsarbeit sein muss. Dementsprechend werden sowohl Einfühlungsvermögen als auch ein adäquater Umgang mit Emotionen vorausgesetzt, damit Veränderungsprozesse erfolgreich umgesetzt werden können.

Praxistipp: Übung „Archäologie des Scheiterns“

„Manchmal kann es Sinn machen, etwas als gescheitert anzuerkennen: Nur so treten bestimmte Erfahrungsaspekte scharf in den Vordergrund. Nicht an der Oberfläche, sondern in der Tiefe finden sich dann manche Lernnuggets. Dieses Experiment soll Sie darin unterstützen, das ‚Gute im Schlechten‘ zu finden und eine schwierige Erfahrung bestmöglich zu nutzen.

Instruktion

Nehmen Sie sich ein Blatt Papier. Vergegenwärtigen Sie sich eine eigene Scheitererfahrung – vielleicht kleinen und mittleren Schwierigkeitsgrades. Wie beim Skifahren ist es nicht empfehlenswert, gleich die schwierigste Piste zu wählen. Machen Sie sich zu jedem der folgenden Aspekte Notizen.

Meine Scheitererfahrung

- Was ist genau passiert?
- Wer war beteiligt?
- Was habe ich empfunden?

Die andere Seite
Jede Erfahrung hat viele Seiten. Wenn wir etwas als fehlerhaft oder gescheitert erleben, neigen wir manchmal dazu, Teilerfolge auszublenden.
- Was mir trotz des Scheiterns gelungen ist …
- Auf was ich trotz des Scheiterns stolz sein kann …

Fähigkeiten
Herausfordernde Situationen bringen uns dazu, brachliegende oder zu wenig genutzte Fähigkeiten zu aktivieren.
- Welche Fähigkeiten musste/konnte ich durch diese Erfahrung entwickeln?

Die schwachen Signale
Kaum ein Scheitern fällt vom Himmel. Meist kündigt es sich auf leisen Sohlen an. Schwache Signale weisen auf ein Risiko hin. Wenn wir freundlich untersuchen, wie wir schwache Signale überhört haben, schärfen wir für die Zukunft unsere Wahrnehmungsfähigkeit.
- Welche inneren oder äußeren Signale kündigten das Scheitern an?
- Was habe ich getan, um diese Signale zu überhören?

Das unerreichte Ziel
Scheitern impliziert, dass etwas nicht erreicht wurde. Ein vielleicht implizites, latentes oder zu hohes Ziel. Die damit verbundene Enttäuschung ist wertvoll, verweist sie doch auf eine vorangegangene Täuschung.
- Was wollte ich ursprünglich erreichen?
- Was will ich jetzt erreichen?“ [17, S. 10]

Unserer Erfahrung nach wird Emotionen in Veränderungsprozessen in den allermeisten Fällen zu wenig Aufmerksamkeit gewidmet. Die Unterhaltungsindustrie setzt in allen Medienformaten auf eine umfangreiche Aktivierung von Emotionen, doch in betrieblichen Kontexten wird oftmals eine „emotionsfreie Zone“ propagiert. Letztlich bedeutet eine „emotionsfreie Zone“ aber vor allem, dass nicht systematisch mit den Emotionen gearbeitet wird, sondern dass diese dem Zufall überlassen werden und folglich auch nicht aufgefangen und kanalisiert werden können.

Der Aufbau einer Fehlerkultur schlägt dabei insofern zwei Fliegen mit einer Klappe, als dadurch sowohl ein Scheitern als auch Emotionen keinen automatischen Gesichtsverlust mehr bedeuten. Dabei darf aber nicht vergessen werden, dass nicht jeder Fehler und jedes Scheitern einen Lernprozess notwendig macht, da ansonsten alles immer infrage gestellt werden würde [18]. Eine gewisse Beständigkeit ist hier sicherlich eher positiv als negativ, so dass es letztlich um einen offenen, aber gleichzeitig differenzierten Umgang mit Fehlern und Scheitern geht.

Zusammenfassung

Die Tabuisierung des Scheiterns spielt sicherlich auch bei Widerständen in Veränderungsprozessen eine Rolle. Paradoxerweise führt genau ein offener Umgang mit Scheitern und mit Widerständen dazu, dass es möglicherweise gar nicht erst zum Scheitern kommt. Dabei spielen sowohl unterschiedliche Typen von Personen eine Rolle, die von Missionaren und Visionären als starke Unterstützer bis hin zu Untergrundkämpfern als einflussreiche Gegnern von Veränderungsprozessen reichen. Die Gründe und Ursachen für Widerstände können dabei sehr vielfältig sein, beispielsweise von der Angst vor Machtverlust bis hin zur Aufrechterhaltung von etablierten Gewohnheiten reichen. Daneben spielen Emotionen in allen Veränderungsprozessen eine zentrale Rolle, so dass wir für einen offenen Umgang damit plädieren – egal ob es um Scham, um Angst oder um Ärger geht. Zusammenfassend lässt sich festhalten, dass Scheitern, Widerständen und Emotionen in Veränderungsprozessen mit Offenheit begegnet werden muss, um so einem endgültigen Scheitern entgegenzuwirken.

Literatur

1 Rohrhirsch F (2010) Philosophische Fragen zum Scheitern – Konsequenzen für Führung. In: Pechlaner H, Stechhammer B, Hinterhuber HH (Hrsg) Scheitern: Die Schattenseite unternehmerischen Handelns: Die Chance zur Selbsterneuerung. Erich Schmidt, Berlin, S 123–136
2 Gien G, Sill B (2013) Scheitern. EOS, Sankt Ottilien
3 Kypta G (2006) Burnout erkennen, überwinden, vermeiden. Carl-Auer, Heidelberg
4 Backert W (2004) Kulturen des Scheiterns: Gesellschaftliche Bewertungsprozesse im internationalen Vergleich. In: Junge M, Lechner G (Hrsg) Scheitern: Aspekte eines sozialen Phänomens. VS Verlag, Wiesbaden, S 63–77
5 Kanning UP (2007) Wie Sie garantiert nicht erfolgreich werden! Dem Phänomen der Erfolgsgurus auf der Spur. Pabst Science Publishers, Lengerich
6 Morgenroth O, Schaller J (2004) Zwischen Akzeptanz und Abwehr: Psychologische Ansichten zum Scheitern. In: Junge M, Lechner G (Hrsg) Scheitern: Aspekte eines sozialen Phänomens. VS Verlag, Wiesbaden, S 181–198
7 Lazarus RS, Folkman S (1984) Stress, appraisal, and coping. Springer, New York
8 Rohrhirsch F (2013) Zum Sinn von Scheitern und seiner Bedeutung in der Führung. In: Gien G, Sill B (Hrsg) Scheitern. EOS, Sankt Ottilien, S 139–161
9 Risak J, Kern A (2010) Auf den Spuren der „Verlierer". In: Pechlaner H, Stechhammer B, Hinterhuber H (Hrsg) Scheitern: Die Schattenseite unternehmerischen Handelns: Die Chance zur Selbsterneuerung. Erich Schmidt, Berlin, S 11–50
10 Duchon H (2007) Trennung ohne Abschied? Wenn Veränderungsmaßnahmen den Job kosten. OrganisationsEntwicklung 1:26–31
11 Doppler K, Lauterburg C (2008) Change Management: Den Unternehmenswandel gestalten. Campus, Frankfurt a. M.
12 Schreyögg G (2008) Organisation: Grundlagen moderner Organisationsgestaltung. Gabler, Wiesbaden
13 Vahs D (2009) Organisation: Ein Lehr- und Managementbuch. Schäffer-Poeschel, Stuttgart
14 Kotter JP (2009) Das Prinzip Dringlichkeit. Campus, Frankfurt a. M.
15 Landes M, Steiner E (2013) Psychologische Auswirkungen von Change Prozessen: Widerstände, Emotionen, Veränderungsbereitschaft und Implikationen für Führungskräfte. In: Landes M, Steiner E (Hrsg) Psychologie der Wirtschaft. Springer VS, Wiesbaden, S 723–750
16 Marks S (2011) Scham – die tabuisierte Emotion, 3. Aufl. Patmos, Ostfildern
17 Gössler M (2007) Die Kunst des Scheiterns. OrganisationsEntwicklung 1:4–11
18 Baecker D (2003) Plädoyer für eine Fehlerkultur. OrganisationsEntwicklung 2:24–27

Inhalte und Anlässe

Simon Werther, Christian Jacobs

F. C. Brodbeck, E. Kirchler, R. Woschée (Hrsg.),
Organisationsentwicklung – Freude am Change, Die Wirtschaftspsychologie,
DOI 10.1007/978-3-642-55442-1_6, © Springer-Verlag Berlin Heidelberg 2014

Im folgenden Kapitel beschäftigen wir uns mit unterschiedlichen Inhalten und Anlässen, die für Organisationsentwicklung eine zentrale Rolle spielen. Selbstverständlich lässt sich die folgende Liste von Inhalten und Anlässen beliebig erweitern, da letztlich jede organisationale Herausforderung für sich einen Anlass für Organisationsentwicklung darstellen kann.

„Innovation", „Führung" und „Gesundheit" sind dabei zweifellos wichtige Themen, die auch häufig in Veränderungsprozessen explizit besprochen werden. Die zunehmende Internationalisierung und Globalisierung führt dazu, dass sich selbst kleine und mittelständische Unternehmen diesen Themen widmen müssen, um wettbewerbs- und damit überlebensfähig zu bleiben. Mergers & Acquisitions sind ebenfalls eine Folgeerscheinung des zunehmenden Wettbewerbs, der oftmals zu Firmenzusammenschlüssen und -käufen führt, die für sich bereits einen sehr herausfordernden Organisationsentwicklungsprozess darstellen. Wir schließen dieses Kapitel mit einem Abschnitt ab, in dem es um das aktuelle Thema der Firmen ohne Kultur geht. Für moderne Firmen stellt sich heutzutage die Frage, wie Kultur – ohne Festanstellung der Mehrzahl der Mitarbeiter – weiterhin gelebt werden kann.

Anders als in allen anderen Kapiteln werden in den folgenden Abschnitten jeweils zu Anfang kurze Szenarien aus Unternehmen vorgestellt, damit die Inhalte und Anlässe der Organisationsentwicklung konkret greifbar werden. Dafür verzichten wir am Anfang dieses Kapitels auf ein Szenario, da wir in einem solchen nicht angemessen alle inhaltlichen Aspekte berücksichtigen könnten.

Innovation

Zum Einstieg

Ausgangslage

Einige Versuche hatte das Unternehmen schon unternommen, um die eigene Innovationsfähigkeit zu verbessern. Allesamt hatten sie einen kurzen Impuls gegeben und dann fiel die Organisation wieder in den Zustand der operativen und damit nur gering strategischen Arbeit zurück. Aufgrund der zunehmenden Unzufriedenheit des Leiters der Forschung und Entwicklung (F&E) wegen der wachsenden Gefahr, dass das Unternehmen seine besondere Stellung bei den entwickelten Produkten verlieren könnte, wurde erneut die Frage laut: Wie steht es bei uns mit der Innovation und wie werden wir hier besser? In der Geschäftsführung wurde dem F&E-Leiter der Auftrag gegeben, nach einem neuen und vielversprechenden Ansatz zu suchen. Sollte er eine passende Innovationsstrategie finden, die er mit Enthusiasmus vertreten könne, dürfte er sie in der Geschäftsführung vorstellen. Mit dem Wissen, dass das wahrscheinlich die letzte Chance war, bildete er ein kleines internes Team.

Lösungsansatz

Das Team „Innovationsscouts" stellte erst einmal fest, was im Unternehmen im Augenblick vor allen Dingen dazu führte, das es nicht zu ausreichender Innovation kam. Es machte sich also die Hypothesen und Glaubenssysteme des Unternehmens klar. Über die vermuteten Schwächen hinaus erkannten alle zu ihrer großen Überraschung, dass jeder im Team einen anderen Innovationsbegriff hatte. Darüber hinaus wurde sogar die Notwendigkeit, ob überhaupt ein Bedarf an Innovation bestand, unterschiedlich bewertet. Damit waren schnell zwei dringende Aktivitäten entdeckt. Es musste ein „Zukunftsinstitut" gefunden werden, das für den relevan-

ten Markt eine Einschätzung abgeben könnte, und es sollte ein Workshop organisiert werden, an dem alle für Innovation Verantwortlichen teilnehmen würden. Dieser Workshop sollte quasi als erweiterte Geschäftsführersitzung stattfinden, da auf diese Weise schon einmal das Terminproblem leichter zu lösen wäre. Außerdem würde dadurch direkt eine Entscheidungssituation herbeigeführt, die den Vorgang dringlich und bedeutsam erscheinen ließ.
Es war dann interessanterweise fast leichter, ein Institut zu finden, das eine Marktbewertung vornehmen würde, als die Menschen zu benennen, die im Unternehmen für Innovation verantwortlich waren. Nach einer längeren Diskussion stand fest, dass an dem ersten Workshop die Geschäftsführung, die Leiter strategische Entwicklung sowie F&E, der Vertriebsleiter und drei Toptalente teilnehmen sollten. Der Workshop sollte die folgenden Ziele erreichen:

1. Die Teilnehmenden teilen die Einschätzung der Innovationsnotwendigkeit und -art miteinander.
2. Bei den Verantwortlichen gibt es ein einheitliches Verständnis darüber, was zukünftig im Unternehmen unter „Innovation" verstanden wird.
3. Die erkannten Verbesserungspotenziale sind identifiziert und Maßnahmen (Diagnose, unmittelbare Verbesserung) sind vereinbart.
4. Es herrscht Klarheit, wie es weitergeht.
5. Es ist ein neues „Feuer" für das Thema „Innovation" entfacht.

Der Workshop war aufgrund des Teilnehmerkreises auf einen Tag angesetzt. Zur Sicherstellung der Effizienz wurden mit der Einladung konkrete Fragen an die Teilnehmer geschickt.

- Woher kommt der Impuls, sich mit dem Thema „Innovation" zu beschäftigen?
- Wie schätzen Sie die Notwendigkeit zu Innovationen ein? (Skala und Bereiche vorgeben)
- Was meinen Sie, wenn Sie von Innovation sprechen? (Definition)
- Wer arbeitet bei Ihnen an Innovationen?
- In welchen Themen (-bereichen) geht es zurzeit um Innovation?
- Welche Strukturen und Prozesse bilden bei Ihnen die Innovationsfähigkeit ab?
- Mit welchen Methoden/Tools arbeiten Sie?
- Was sollte/muss bei Ihnen in Bezug auf Innovationen besser werden?
- Wie bewerten Sie die Veränderungsfähigkeit Ihrer Organisation und der Menschen? (Skala)
- Welche Fragen haben Sie zum Thema beziehungsweise zur Aufgabe „Innovation"?

Diese Fragen sollten zur Vorbereitung beantwortet werden und eine Woche vor dem Workshop an das Team „Innovationsscouts" geschickt werden. Das Team war mittlerweile um einen externen Innovationsexperten erweitert und das Zukunftsinstitut erarbeitete die Einschätzung der Innovationsnotwendigkeit und der Innovationsart. Sollte es vielleicht reichen, die am Markt relevanten Entwicklungen im Rahmen eines kontinuierlichen Verbesserungsprozesses (KVP) zu bewältigen (z. B. im Handel), oder befand der Markt insgesamt an der Schwelle hin zu einer revolutionären Veränderung (z. B. bezüglich Energiewirtschaft)? Mit dem Eingang der Antworten und des Berichts bereitete das Team der „Innovationsscouts" die Präsentation und den gesamten Ablauf der besonderen Geschäftsführersitzung vor.
Im Verlauf der Sitzung konnte man sich tatsächlich auf eine Definition von „Innovation" einigen: Allen war klar, dass sich im eigenen Unternehmen beide Arten der Innovation wiederfinden mussten. Einmal musste der Bereich der Innovation über kontinuierliche Verbesserungsprozesse im Unternehmen im Sinne der Schwarmintelligenz weiterentwickelt werden. Genauso war

klar, dass ein externes Innovationscluster aufgebaut werden musste, welches es in dieser – zu entwickelnden – Form noch nicht gab. Darüber hinaus würden sich in Zukunft in der Strategie und im Budget ausdrücklich Innovationsaspekte wiederfinden. Nach dem Workshop wurden die Prozesse, Aufgaben und Tools ermittelt, die Innovation im Unternehmen schon unterstützten. Zusätzlich wurden Mitarbeiter in den Aufgabenbereichen, die verantwortlich und konzeptionell mit Innovationen zu tun hatten, auf ihre Innovationsfähigkeit hin auditiert und geschult. Außerdem wurde das gesamte Unternehmen einer Analyse der Veränderungsfähigkeit unterzogen. Alle Ergebnisse wurden wiederum im Team der „Innovationsscouts", das um die drei Toptalente erweitert worden war, ausgewertet und bewertet. Anschließend wurde der Geschäftsführung ein Entwicklungsplan „Ein innovatives Unternehmen" zur Entscheidung vorgelegt. Der F&E-Leiter konnte sich nach der Geschäftsführungssitzung über einen großen Erfolg freuen. „Innovation" war im Begriff, eine neue und größere Bedeutung im Unternehmen zu erlangen.

„Innovationen" sind bereits für sich ein sehr komplexes Thema, da erst einmal geklärt werden muss, was darunter zu verstehen ist. Der Begriff Innovation wurde im 20. Jahrhundert maßgeblich von Joseph A. Schumpeter geprägt [1]. Innovationen spielen nicht nur bei Produkten (wozu sowohl konkrete Produkte als auch Dienstleistungen zählen) eine Rolle, sondern genauso bei neuen Prozessen, so dass sie folglich für jede Organisation relevant sind [2]. Dabei ist eine Unterscheidung in vier Phasen sinnvoll [3]:

1. *Idee:* Diese Phase kann mit der oftmals mit Innovation gleichgesetzten Kreativität beschrieben werden, das heißt eine Idee zur Lösung eines vorhandenen oder komplett neuen Problems wird erkannt oder erarbeitet.
2. *Konkretisierung:* Die Idee aus der ersten Phase wird im Hinblick auf das vorhandene Problem konkretisiert, untersucht und analysiert. Das Ergebnis sollte Klarheit bezüglich Problem und Idee bringen, um weitere Handlungsschritte zu ermöglichen.
3. *Verarbeitung:* In der Phase der Verarbeitung steht die Bewertung und Auswahl von Ideen im Vordergrund. Das Ergebnis sollte dementsprechend eine Handlungsanleitung für die Umsetzung sein.
4. *Umsetzung:* Die Umsetzung beschäftigt sich mit der konkreten Anwendung der Lösung und allen damit zusammenhängenden Schritten. Produktinnovationen können dementsprechend den Markterfolg, Prozessinnovationen dagegen potenzielle Einsparungen als Zielrichtung haben [4].

Die bereits am Anfang dieses Kapitels getroffene Unterscheidung zwischen Produktinnovationen und Prozessinnovationen ist an dieser Stelle noch einmal hervorzuheben; wir möchten sie um den Bereich der Strukturinnovationen erweitern: Prozessinnovationen spielen für jede Organisation eine wichtige Rolle, sofern dadurch interne Kosten und Ressourcen eingespart werden können. Produktinnovationen müssen nicht für jede Organisation relevant sein, so dass hier vor Beginn einer Veränderungsmaßnahme eine Überprüfung der Innovationsnotwendigkeit sinnvoll ist. Zusätzlich sind Strukturinnovationen in allen Organisationen erstrebenswert, wie in ◘ Tab. 6.1 dargestellt wird. Dabei muss allerdings beachtet werden, dass inkrementelle Innovationen bezüglich Prozessen und Strukturen oftmals unbemerkt ablaufen, ohne dass explizite Projekte dafür angestoßen wurden [5]. Das ist letztlich nicht verwunderlich, wenn wir an die Autopoiese in Organisationen denken, das heißt die ständige Veränderung und Bewegung in Organisationen auch ohne explizite Projekte mit einem bestimmten Fokus.

Tab. 6.1 Klassifikation von Innovationen, modifizierte Tabelle in Anlehnung an Jones & Bouncken (2008) [2, S. 798]

	Inkrementelle Innovation	Radikale Innovation
Prozessinnovation	– Leichte Anpassung von Prozessen – Verbesserung von Teilschritten in Prozessen	– Vollständig neue Prozesse – Vollständig neue Technologien
Produktinnovation	– Anpassung des Designs – Pflege von Produkten – Austausch von Komponenten	– Verwendung komplett neuer Technologien – Integration komplett neuer Baugruppen – Vollständig neue Kunden oder Lieferanten
Strukturinnovation	– Adaption von vorhandenen Abläufen – Integration neuer Elemente in die Organisationsform	– Komplette Neukonzeption der Organisationsform – Anpassung der gesamten Struktur der Organisation

Zu Innovationen gehört dementsprechend in vielen Fällen technologischer Wandel, da sie mit der Erforschung und Anwendung neuer Technologien verknüpft sind, wie bereits in Tab. 6.1 dargestellt ist. Dabei ist die Differenzierung zwischen radikalem technologischem Wandel und inkrementellem technologischem Wandel wichtig [2]. Bei radikalem technologischem Wandel geht es um eine revolutionäre Veränderung bei der Erforschung und Anwendung von Technologien (z. B. die Entwicklung des ersten Computers). Im Gegensatz dazu geht es bei inkrementellem technologischem Wandel um die Weiterentwicklung bereits vorhandener Technologien (z. B. die Entwicklung einer neuen Softwareversion).

Letztlich können unterschiedlichste Einflussfaktoren die Innovationskraft einer Organisation beeinflussen, weshalb wir in Abb. 6.1 eine Übersicht geben. Die Ansatzpunkte können dabei im Hinblick auf Individuum, Team und Organisation unterschieden werden [6, 7]. Eine deutliche Steigerung der Innovationskraft einer Organisation kann sich somit nie lediglich aus einer Perspektive der Organisationsentwicklung heraus ergeben. Vielmehr ist eine Verknüpfung mit umfangreichen Maßnahmen der Personalauswahl und -entwicklung notwendig. In der ersten Phase „Idee" können beispielsweise kreative und ideenreiche Mitarbeiter sehr hilfreich sein, wohingegen diese in den späteren Phasen der „Verarbeitung" und „Umsetzung" eine Verzögerung oder Blockade des Prozesses bewirken können. Somit spielt die Auswahl geeigneter neuer Mitarbeiter und die Entwicklung der vorhandenen Mitarbeiter eine entscheidende Rolle bei der Verbesserung der Innovationskraft einer Organisation.

Die Organisationsentwicklung kann auf der Ebene des Teams beziehungsweise der Abteilungen und der Organisation ansetzen. Sowohl die Unternehmenskultur als auch die lernende Organisation und offene Organisationsformen spielen dabei eine zentrale Rolle:

- *Unternehmenskultur:* Innovationen können nur dann langfristig in Organisationen implementiert und die Innovationskraft kann nur dann dauerhaft erhöht werden, wenn damit zusammenhängende Werte und Normen in der Kultur der Organisation verankert werden. Selbstverständlich spielen auch entsprechende interne Prozesse und Projekte eine Rolle, beispielsweise Kaizen oder kontinuierliche Verbesserungsprozesse (KVP), Total-Quality-Management (TQM), Vorschlagssysteme für die Ideen von Mitarbeitern

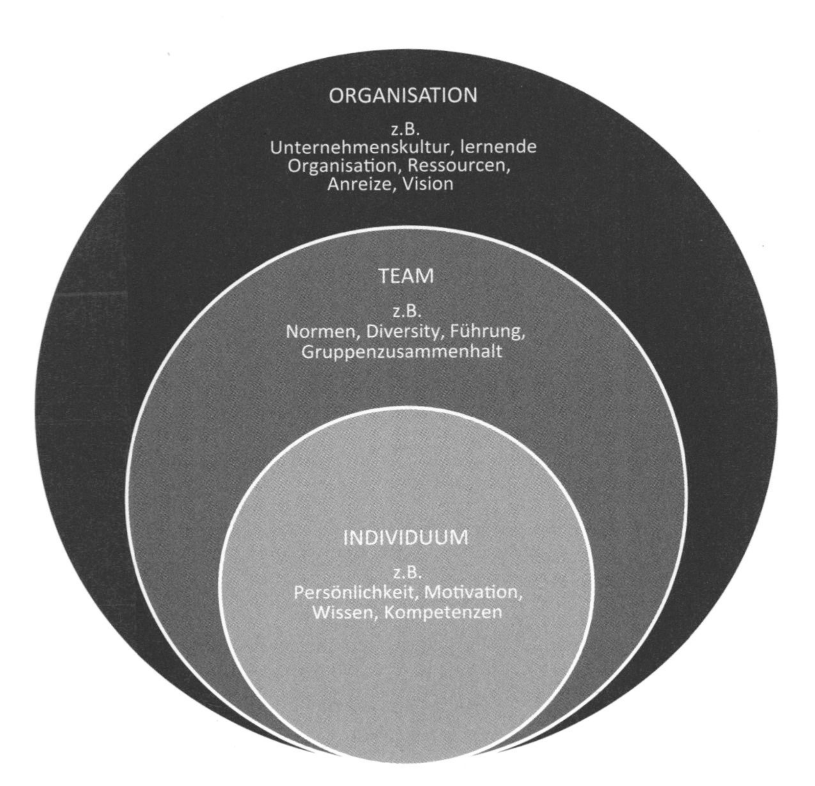

Abb. 6.1 Einflussfaktoren auf die Innovationskraft einer Organisation [4]

und viele mehr. Allerdings bleiben diese in der Organisation an der Oberfläche, wenn sie nicht in die tieferliegenden Ebenen der Kultur integriert werden.

- *Lernende Organisation:* Innovationen brauchen als Ausgangspunkt Ideen, die selbstverständlich aus den unterschiedlichsten Perspektiven der Mitarbeiter gewonnen werden können. Eine hohe Präsenz und Achtsamkeit sind für diesen Prozess sehr förderlich, um überhaupt erst weitere Innovationsschritte in Angriff nehmen zu können. Gerade Prozess- und Strukturinnovationen erfordern allerdings auch die Betrachtung der vorhandenen Prozesse und Strukturen aus einer Metaperspektive heraus, so dass hier insbesondere Double-Loop-Learning und Deutero-Learning gute Ansatzpunkte darstellen.
- *Offene Organisationsformen:* Aus systemischer Perspektive können Innovationen nicht nur aus der Perspektive der Mitarbeiter entstehen, sondern genauso durch Kunden, Lieferanten und andere externe Quellen. Allerdings muss die Organisation diesbezüglich einen offenen Dialog leben und darf sich nicht abschotten. Das bereits im vorherigen Kapitel angesprochene „not invented here"-Syndrom ist hier nur ein Phänomen, das Innovationen im Weg stehen kann. Allgemein unterstützen offene Organisationsformen sicherlich stärker die Identifikation und damit auch die Umsetzung von Innovationen, als es in bürokratisch-hierarchischen Organisationsformen der Fall ist.

Risiko und damit Scheitern, wie wir es bereits in ▶ Kap. 5 dargestellt haben, spielt für Innovationen welcher Art auch immer eine große Rolle. Man kann technologisches, wirtschaftliches und marktbezogenes Risiko unterscheiden [2]. Schätzungen zufolge führt lediglich ca. ein Fünftel der

Projekte im Bereich Forschung und Entwicklung zu marktfertigen Produkten. Bereits daran wird deutlich, dass das Scheitern hier eine große Rolle spielt und der Umgang mit dem Scheitern für eine Innovationskultur sehr bedeutsam ist. Diese muss also immer auch mit einer Fehlerkultur einhergehen, da ohne Fehler, ohne Risiko und ohne Scheitern keine Innovationen möglich sind.

Zwischenfazit

Innovationen sind für langfristig erfolgreiche Unternehmen nicht mehr wegzudenken, so dass sie letztlich auch immer eine Zielrichtung von Veränderungsprozessen sind. Dabei sind als Arten der Innovation beispielsweise Produkt-, Prozess- und Strukturinnovationen zu unterscheiden. Darüber hinaus ist es erfolgskritisch, dass die Steigerung der Innovationskraft als Zielsetzung in alle Maßnahmen der Organisationsentwicklung integriert wird. Schließlich üben sowohl die Unternehmenskultur als auch die lernende Organisation und die Organisationsform einen starken Einfluss auf die Innovationskraft einer Organisation aus. Zuletzt muss allerdings beachtet werden, dass Innovationen auch immer mit Scheitern einhergehen und somit auch eine Fehlerkultur in der Organisation implementiert und tatsächlich gelebt werden muss.

Führung

Zum Einstieg

Ausgangslage

Welche Kompetenzen benötigen unsere Führungskräfte in Zukunft? Wie bringen wir sie als Team in eine immer mehr bereichsübergreifende Zusammenarbeit? Und wie motivieren wir unsere Führungsverantwortlichen, die sagen, dass sie kaum mehr die Zeit haben, an einem Entwicklungsprogramm teilzunehmen? Diese Fragestellungen sind nicht zwingend eine alltägliche Aufgabe der heutigen Personal- bzw. Organisationsentwicklung, allerdings auch keine Überraschung, da die Anforderungen an Führungsverantwortliche stetig zunehmen – und wie schon Albert Einstein sagte: „Probleme kann man niemals mit derselben Denkweise lösen, durch die sie entstanden sind."
In einem Medienunternehmen, das in unterschiedlichen Formaten am Markt aktiv ist, ergaben sich diese Fragestellungen, da der Eigentümer eine Führungskräftequalifizierung für unbedingt notwendig hielt. Der Markt war in dramatischen Umbrüchen und der Vorteil, der aufgrund der langen Jahre des sehr erfolgreichen Agierens am Markt entstanden war, sollte erhalten bleiben. Der Personalleiter bekam die Aufgabe, einen Partner zu finden, der ein solches Entwicklungsprogramm konzipieren und umsetzen könnte.

Lösungsansatz

In einem ersten Gespräch mit dem Personalleiter war sehr schnell klar, dass die Führungsverantwortlichen unbedingt mit Lust an dem neuen Programm teilnehmen sollten. Da nun die Idee war, im Unternehmen wirklich etwas Neues zu etablieren, wurde zunächst ein Programm entwickelt, das dann erst den Führungsverantwortlichen vorgestellt werden sollte: So sollte vermieden werden, dass Ideen der Führungsverantwortlichen bestimmend würden, die dem bisher Bekannten zu ähnlich waren.
Personalleiter und ein externer Partner entwickelten also ein Programm auf der Basis von Annahmen über ein künftiges Anforderungsprofil an Führungskräfte. Die Führungsverantwort-

lichen wurden daraufhin zu einem Meeting eingeladen. In der Einladung war sehr transparent formuliert, warum das Programm entwickelt wurde und warum es ihnen erst danach vorgestellt, gewissermaßen „zum Fraß vorgeworfen" wurde. Das Ziel des Meetings lautete folgendermaßen: Die Führungsverantwortlichen haben sich auf ein Entwicklungsprogramm geeinigt. Der Personalleiter und der Entwicklungspartner formulierten an sich selbst den Anspruch, dass sich das Programm sowohl in den Inhalten als auch in den Formaten klar erkennbar von den bisherigen Programmen im Unternehmen unterscheiden sollte. Das im Programm Neue sollte sowohl die zukünftigen Anforderungen an Führungsverantwortliche behandeln als auch die Führungsverantwortlichen im Unternehmen in hohem Maße zur Teilnahme – beziehungsweise eher zur Teilhabe – motivieren.
Das Programm erfuhr, aufbauend auf dem Feedback der Führungskräfte, nur eine grundsätzliche Änderung. Es war in vier Modulen geplant. Die Führungsverantwortlichen wollten das Entwicklungsprogramm in drei Modulen absolvieren und zusätzlich die Möglichkeit haben, individuell ein weiteres Thema für sich zu bearbeiten. Zu den einzelnen Modulen gab es einige Anregungen in den Details, die allesamt integriert werden konnten. Das Ergebnis ist in ▪ Abb. 6.2 dargestellt.
Jedes Modul wurde von den einzelnen Teilnehmern inhaltlich vorbereitet. Dazu wurden Literatur, Filme und Leitfragen zusammengestellt, die die Vorbereitung erleichterten.
Zudem war es für die Teilnehmenden sehr neu, dass sie sich in dem zweiten Modul nicht in einem „Seminarhotel" wiederfanden, sondern an verschiedenen Orten der Stadt, an denen erlebt, gelernt, gearbeitet und reflektiert wurde. Weitere Teilnehmer kamen hinzu, die nicht zum Unternehmen gehörten, aber das Thema repräsentierten, wie zum Beispiel Künstler, Stadtplaner, Musikstudenten und andere.
Jedes Modul endete mit einer individuellen Aufgabe, die bis zum Beginn des nächsten Moduls bearbeitet werden durfte, und mit Projektarbeiten, die in kleinen, heterogen besetzten Teams behandelt wurden. Zu den individuellen Aufgaben und zu Projektaufgaben gab es im Anschlussmodul Feedback, und zwar zum einen im Sinne des Herausstellens der erfolgreichen Aspekte und zum anderen zu den Inhalten und Lösungen, die aus Sicht der Feedbackgeber anders und besser hätten gemacht werden können.
Den Höhepunkt bildete das letzte Modul, mit dem sich nicht nur das Thema „Veränderungsmanagement" durchdenken und erlernen ließ; vielmehr wurde unter besonderen Bedingungen in der Region des Unternehmens ein Projekt zum Wohle der Stadt realisiert.
Anschließend wurden die strategischen und kulturellen Projekte und Themen im Kreise der Führungsverantwortlichen benannt und umgesetzt; diese tragen bis heute weiter zum Unternehmenserfolg bei.

Auch bei „Führung" ist als Ausgangspunkt eine Definition hilfreich, um das Thema einzugrenzen. Führung ist ein Prozess sozialer Einflussnahme, um Verständnis und Konsens im Hinblick darauf herzustellen, welche Aufgaben auf welche Art und Weise erledigt werden müssen, um ein gemeinsames Ziel zu erreichen [8]. Dabei kann in der Historie der Führungsforschung zwischen Eigenschafts-, Verhaltens-, Kontingenz- und sozialen Austauschtheorien unterschieden werden [9]:

- *Eigenschaftstheorien:* Im Mittelpunkt dieser Betrachtungsweise steht die Führungskraft als Persönlichkeit. Führungseffektivität ist somit alleine durch Merkmale der Führungsperson zu erklären, beispielsweise durch deren Persönlichkeitseigenschaften.
- *Verhaltenstheorien:* Bei dieser Perspektive steht das Verhalten der Führungskraft im Fokus, das heißt ihre Verhaltensweisen sind für die Führungseffektivität verantwortlich.

Persönliche Meisterschaft

Zu Beginn des Programms reflektieren die Führungsverantwortlichen ihren Grad der Meisterschaft. Gemeinsam erarbeiten sie Ideen für den besten Einsatz im Team, lernen so neue Formen der Co-Creation und erfahren, wo sie ihre Kreativität am sinnvollsten in das unternehmerische Geschehen einbringen können.

Persönliche Meisterschaft und Kreativität

Titel	Grenzen entstehen nur in mir
Nutzen	✓ Sie erarbeiten eine ReVision Ihrer persönlichen und unternehmerischen Vision. ✓ Sie erlernen die Fähigkeit, Ihre Werte zu „kapitalisieren". ✓ Sie stärken Ihre bekannten und unbekannten Spielregeln des Erfolges. ✓ Sie erweitern den produktiven Umgang mit Emotionen. ✓ Sie erkennen die kreative Kompetenz Ihres Führungsteams. ✓ Sie entwickeln Ideen, wie Sie die Kreativität im Führungsteam erweitern können. ✓ Sie bringen Ihr berufliches und privates Leben in eine Balance. ✓ Sie entdecken Ihr „Secret X" und nutzen es für Ihre unternehmerische und persönliche Gesundheit.
Zielgruppe	Führungsverantwortliche des Medienunternehmens
Inhalte	Visions- und Wertearbeit, Arbeit mit unseren Unbewussten und tabuisierten Kräften, Selbstorganisation, Modelle des Bewusstseins, Kreativitätstechniken, Walt Disney-Methode
Dauer	3 Tage

Innovation

Innovationsfähigkeit ist der Kern zukünftigen unternehmerischen Erfolgs. Was bedeutet uns Innovation, wie werden wir sie immer besser betreiben und erfolgreich mit der strategischen Mobilisierung verbinden? Dies sind die zentralen Aspekte dieses Kapitels des Entwicklungsprogramms.

Innovation und strategische Mobilisierung

Titel	Von der Zukunft her denken und handeln
Nutzen	✓ Sie entscheiden sich für einen Innovationsbegriff. ✓ Sie entscheiden sich, wie Sie Innovation im/mit dem Unternehmen betreiben werden. ✓ Sie erkennen die Innovationsblockaden und erarbeiten Lösungen. ✓ Sie begegnen innovativen Menschen in der Region. ✓ Sie stellen Ihre bisherige strategische Arbeit in Bezug auf Innovation auf den Prüfstand. ✓ Sie erarbeiten einen konkreten Plan zur Verbesserung der Innovationsfähigkeit und strategischen Mobilisierung. ✓ Sie entscheiden sich für ein großes Innovationsprojekt. ✓ Sie erstellen eine Sonderausgabe „Innovation".
Zielgruppe	Führungsverantwortliche des Medienunternehmens
Inhalte	Innovationsarten, Methoden der erfolgreichen Innovation, Stadtparcours, Innovationsprojekt, strategische Mobilisierung, Theory U …
Dauer	3 Tage

Veränderungsmanagement

Jede Innovation und jedes strategisches Vorhaben scheitert oft an dem Unvermögen, Veränderungsprozesse in der Organisation erfolgreich zu gestalten. Wir werden uns damit beschäftigen, welche Rolle gemeinschaftliche Führung in Zeiten der Veränderung spielt und wie Veränderungsprozesse in Unternehmen sicher und erfolgreich gelingen.

Veränderungsmanagement

Titel	Wirklich machen
Nutzen	✓ Sie erkennen die Momente notwendiger Kulturarbeit. ✓ Sie erlernen Werkzeuge zur aktiven und bewussten Transformation von Unternehmenskultur. ✓ Sie realisieren ein Veränderungsprojekt mit nachhaltiger Wirkung in Saarbrücken. ✓ Sie erkennen und erweitern Ihre Rolle in der Kultur- bzw. Veränderungsarbeit für Ihr Unternehmen. ✓ Sie definieren wichtige Veränderungsvorhaben im Unternehmen und gestalten erste Architekturen für den erfolgreichen Wandel. ✓ Sie reflektieren das gesamte Programm und beschreiben Ihren Kollegen Ihren persönlichen Nutzen. ✓ Sie legen weitere Entwicklungsschritte fest.
Zielgruppe	Führungsverantwortliche des Medienunternehmens
Inhalte	Veränderungsmanagement ist Kulturarbeit, Theorien und Praxis der Partizipation, Regeln für erfolgreiche Veränderungsprozesse, regionales Changeprojekt, Selbstreflexion und Feedback
Dauer	3 Tage

Abb. 6.2 Konzept des Führungs-Parcours

Beispiele dafür sind transaktionale und transformationale Führungsverhaltensweisen; die Begriff „transaktional" und „transformational" haben wir bereits als Schlagworte in ► Kap. 3 in Bezug auf die Organisationsformen kennengelernt („transaktionale" vs. „transformationale" Organisationen).

- *Kontingenztheorien:* Hier wird die Führungssituation in die Betrachtung mit einbezogen, sofern Führungseffektivität als Interaktion zwischen dem Führungsverhalten und den Merkmalen der Führungssituation besser erklärt werden kann. Letztlich integrieren Kontingenztheorien in ihrem Erklärungsansatz somit auch die Verhaltenstheorien.
- *Soziale Austauschtheorien:* Nach den sozialen Austauschtheorien kann es kein durchschnittliches Führungsverhalten geben, das allgemein zu Führungseffektivität führt. Wichtig ist vielmehr die Integration von Führungskräften und Mitarbeitern in die Betrachtung, das heißt insbesondere soziale Aspekte des Austauschs zwischen Mitarbeitern und Führungsperson führen zu einer besseren Erklärung der Führungseffektivität.

■ **Tab. 6.2** Perspektiven der traditionellen und der konstruktiven Autorität [18, S. 83]

Traditionelle Autorität	Konstruktive Autorität
Dämonisierung: Misstrauen gegenüber positiven Signalen des „Gegners", da diesen grundsätzlich zu misstrauen ist.	*Vielstimmigkeit:* In einer Person stecken vielfältige Rollen und Perspektiven, so dass grundsätzlich eine positive Perspektive angebracht ist.
Kontrolle: Die Absicherung für die eigene Legitimation der Führung ist Kontrolle.	*Präsenz:* Andere können nicht kontrolliert werden, sondern das eigene Verhalten kann durch Präsenz entschieden positioniert werden.
Lineare Eskalation: Die Ursache liegt nicht bei der Führungskraft, da der andere schließlich angefangen hat – man reagiert nur.	*Zirkuläre Eskalation:* Eine Eskalation beruht immer auf Gegenseitigkeit, so dass gleichzeitig immer der eigene Beitrag angepasst werden kann.
Pflicht zu gewinnen: Unterschiedliche Gründe sind möglich (z. B. strategische oder moralische), warum man gewinnen muss. Und wenn es deshalb ist, weil der andere gewinnen will.	*Pflicht zu widerstehen:* Es geht nicht um Gewinnen oder um Verlieren. Wenn, dann geht es um eine entschiedene Positionierung gegen das Verhalten (nicht die Person) des anderen.
Vergeltung: Letztlich gilt das Prinzip „Auge um Auge, Zahn um Zahn".	*Asymmetrie:* Nicht Vergeltung, sondern Gewaltlosigkeit und kreative Lösungen sind geboten.
Konsequenz: Es ist immer und total Konsequenz als Führungskraft gefordert.	*Beharrlichkeit:* Es geht um Beharrlichkeit, das heißt, man kommt beharrlich auf Dinge zurück.
Unmittelbarkeit: Sofortige Reaktionen sind erforderlich, da ansonsten Schwäche unterstellt wird.	*Reife:* Man soll das Eisen schmieden, wenn es kalt ist, um Eskalation zu vermeiden.

Zusammenfassend lässt sich bereits an dieser Stelle festhalten, dass alle vorgestellten Perspektiven auf Führung einen Teil der Führungseffektivität erklären können. Folglich spielt neben der Persönlichkeit der Führungskraft auch deren Führungsstil beziehungsweise -verhalten eine Rolle, wobei die Situation und der Mitarbeiter ebenfalls in die Betrachtung integriert werden müssen [10]. Dabei kann zwischen unterschiedlichen Kernaufgaben unterschieden werden: Zusammenarbeit organisieren, Transaktionskosten senken, Konflikte entscheiden, Zukunftsfähigkeit sichern und selbstverständlich Mitarbeiter führen [11].

Die Sicherung der Zukunftsfähigkeit des Unternehmens beinhaltet automatisch die Leitung und Gestaltung von organisationalen Veränderungsprozessen. Somit spielt Führung nicht nur als Inhalt und Anlass für Organisationsentwicklung eine bedeutende Rolle, sondern genauso als Erfolgsfaktor für Organisationsentwicklung. Wir haben uns bereits an früherer Stelle damit beschäftigt, dass die Unterstützung durch Führungskräfte für einen Veränderungsprozess von besonderer Bedeutung ist [12]. Entscheidende Kompetenzen sind somit auf strategischen und sozialen Ebenen erforderlich, damit Führungskräfte diesen Anforderungen gerecht werden können. Der frühere Status als fachlicher Experte und bürokratischer Abwickler ist dementsprechend überholt, was sich auch in der Differenzierung zwischen Expertenlaufbahn, Projektleiterlaufbahn und Führungslaufbahn zeigt, wie wir sie bereits in einem früheren Exkurs (vgl. ► Kap. 3) vorgestellt haben.

Vielversprechend sind dabei sicherlich Führungsleitlinien in Organisationen, die Präsenz und Achtsamkeit in den Mittelpunkt stellen [13]. An dieser Stelle kommen wir auf die Theorie U zurück, die wir bereits in ▶ Kap. 4 vorgestellt haben [14]. Führungskräfte arbeiten dementsprechend *am* System anstatt *im* System und sie organisieren somit Lernprozesse der lernenden Organisation. Die dargestellten Aspekte sind vielversprechende Basisannahmen für Führungsleitlinien in Unternehmen. Aktuelle Theorien beschäftigen sich mit den folgenden Schwerpunkten, die in den nächsten Jahren sicherlich weiter an Bedeutung gewinnen werden:

- *Authentische Führung*: Dabei geht es um die Basisannahme, dass lediglich authentisches Verhalten einer Führungsperson bei den Geführten zu positiven Ergebnissen führen kann [15]. Damit gehen zahlreiche Fragen einher, zum Beispiel danach, wie Führungskräfte „ihr" individuelles authentisches Führungsverhalten kennenlernen und entwickeln können und wie dennoch Kontinuität innerhalb der Organisation bezüglich gemeinsamer Führungsleitlinien gewährleistet sein kann.
- *Geteilte Führung:* Hinter dem Ansatz der „geteilten Führung" steckt der Gedanke, dass zwei oder mehr Personen gemeinsam Führungseinfluss ausüben [16]. Dabei können sowohl formelle als auch informelle Personen Führungseinfluss ausüben, das heißt, Führung kann auch von Teammitgliedern ohne offizielle Führungsfunktion ausgeübt werden. Ein Vorteil ist hier die Kombination der Kompetenzen mehrerer Führungskräfte, um der zunehmenden Komplexität zu begegnen, wobei dies wiederum auch zu mehr Komplexität führen kann, sofern der Führungsprozess an sich dadurch komplexer wird. Im Kontext von Teilzeitregelungen könnte geteilte Führung eine Möglichkeit aufzeigen, wie sich Führungskräfte, rotierend, Führungsaufgaben teilen.
- *Konstruktive Autorität:* Führung im Sinne konstruktiver Autorität legt den Fokus auf die Grundhaltung der Führungskraft [17]. Dabei sind (Meta-) Präsenz, Beharrlichkeit und Unterstützernetzwerke wichtige Schlagworte, die Führungspersonen mit ihrer Führungs-Kraft in Verbindung bringen sollen. In ◘ Tab. 6.2 sind unterschiedliche Aspekte konstruktiver Autorität detaillierter dargestellt.

Praxistipp: Übung „Ebenen der Präsenz"

In der folgenden Übung zu unterschiedlichen Ebenen der Präsenz können Führungskräfte und Mitarbeiter mit ihrer eigenen Präsenz in Kontakt kommen. Dabei können alle Fragen neben einer direkten Beantwortung auch im systemischen Sinne zirkulär beantwortet werden, also etwa: „Was würde meine Führungskraft darauf antworten?", oder: „Was würden meine Kollegen darauf antworten?". Durch diese Perspektivenerweiterung können umfassendere Informationen gewonnen werden, als wenn die Fragen lediglich direkt für die eigene Person beantwortet würden.

„Körperliche Präsenz:

- Wie differenziert ist meine Körperwahrnehmung?
- Wie beziehe ich meinen Organismus bewusst in meine Entscheidungen mit ein?
- Höre und achte ich auf meinen Körper – meine Körperresonanz?
- Welche körperlichen Reaktionen sind mir in Krisensituationen bewusst (Stressmuster, somatische Marker)?
- Kann ich mich gut beobachten und spüren?

(…)

Pragmatische Präsenz:
- Wie kreativ bin ich?
- Kann ich in vielfältigen Situationen angemessen an meine Ressourcen anknüpfen?
- Stehen mir auch für Krisensituationen genügend Handlungsoptionen zur Verfügung?
- Woran merke ich meine Handlungsunfähigkeit? Ändern sich meine Bezüge und Unterstützungssysteme? Welche Muster zeigen sich?
- Vertraue ich mir selbst und meinen Ideen, meiner Intuition?

(…)

Ethische Präsenz:
- Wie hoch ist mein Selbstwert?
- Wie häufig reflektiere ich mich?
- Wie bringe ich meine Ideen ein?
- Wenn ich etwas mache, wie überzeugt bin ich davon?
- Was sind meine Kernwerte und handle ich danach?

(…)

Internale Präsenz:
- Bin ich mir meines Selbst bewusst? Wie gut kenne ich mich?
- Wie gut ist meine Fähigkeit ausgeprägt, mich selbst wahrzunehmen und zu steuern?
- Kann ich gut auf meine inneren Stimmen hören? Wie gehe ich dann mit dem, was ich höre, um? Welche Stimme hat Vorrang, welche überhöre ich gern? Von welchen habe ich mich verabschiedet, welche neuen sind hinzugekommen?
- Welche Situationen bringen mich aus dem inneren Gleichgewicht?
- Wie kleide ich meine Rollenidentität aus?

(…)

Intentionale Präsenz:
- Wie gestalte ich Arbeitsbeziehungen?
- Wie nehme ich Kontakt auf?
- Was tue ich, damit Arbeitsbeziehungen gelingen?
- Wie reguliere ich Nähe und Distanz?
- Wie kommuniziere ich meine Bedürfnisse? Wie nehme ich die Bedürfnisse meiner Mitarbeiter wahr?

(…)

Emotionale Präsenz:
- Wie gehe ich mit meinen Gefühlen um?
- Sind mir die körperlichen Signale bewusst?
- Welche Verhaltensweisen triggern mich an, sodass ich negativ reagiere?
- Kann ich Gefühle benennen und ausdrücken?
- Kann ich meine Gefühle kontrollieren?

(…)

Geistige Präsenz:
- Kann ich im Hier und Jetzt sein oder ist mein Geist immer beschäftigt (Vergangenheit und Zukunft)?
- Bin ich für den Moment wach und klar?
- Herrscht eher Gedankenchaos?
- Kann ich auch in Krisensituationen meinen Geist klar und ruhig halten?
- Kann ich aus der Adlerperspektive beobachten und denken?

(…)

Unterstützende Umfeldpräsenz:
- Wie bin ich in meinem Leben eingebunden?
- Bin ich häufig allein und fühle mich einsam?
- Erlebe ich gute Beziehungen und Unterstützung im Unternehmen? Weiß ich, wen ich um Unterstützung bitten kann?
- Gehe ich eher als Ich oder als Wir durchs Leben? Wer ist alles mein Wir? Wie habe ich das installiert? Zufriedenstellend? Was könnte ich anderes dafür tun? Muss ich alles allein schaffen und können?
- Habe ich gelernt, um Hilfe zu bitten? (…)" [19, S. 322–325]

An diesen aktuellen Trends und auch an der Übung „Ebenen der Präsenz" zeigt sich, dass grundlegende Werthaltungen bei Führung beteiligt sind. Das im zweiten Kapitel angesprochene Menschenbild muss demnach auch im Kontext Führung reflektiert werden. Eine neue Führungskultur ist eine sehr anspruchsvolle Zielsetzung für einen Veränderungsprozess, dabei eine sehr richtungsweisende und zukunftsorientierte, da zielgerichtete und nachhaltige Veränderung ohne echte Führung nicht denkbar ist. Gleichzeitig bringt diese Verschiebung der notwendigen Kompetenzen von Führungskräften aber insofern auch Frustrationspotenzial mit sich, als langjährige Führungspersonen möglicherweise bei jüngeren Arbeitnehmern keinen Führungserfolg mehr haben. Hier ist es auch an den Organisationen, selbstkritisch und transparent mit dieser Problematik umzugehen – und bei Bedarf entsprechende Konsequenzen zu ziehen, die von Personalentwicklung bis hin zur Kündigung reichen können.

Bezogen auf Organisationsentwicklung ist Führung somit nicht nur ein potenzieller Anlass und Inhalt, sondern genauso ein Erfolgsfaktor und Treiber des Change. Eine Führungskoalition ist dabei genauso wichtig wie das Vorleben der gewünschten Veränderungen durch die Führungskräfte. Dabei wird letztlich von den Führungskräften die Kompetenz zum Gestalten von Veränderungsprozessen verlangt, die auch das Ziel der Organisationsentwicklung sein könnte. Wir sind davon überzeugt, dass moderne Führung nicht mehr ohne umfassende Veränderungskompetenz und eine damit verbundene Freude an der Veränderung denkbar ist. „Freude am Change" ist hier sicherlich ein notwendiges Merkmal jedes Führungsleitbilds.

Zwischenfazit

Im vorliegenden Abschnitt haben wir uns mit der historischen Entwicklung von Führung beschäftigt, nämlich mit Eigenschafts-, Verhaltens-, Kontingenz- und sozialen Austauschtheorien. Neuere Trends zeigen dabei die Bedeutsamkeit des Menschenbilds und der Präsenz, die für eine erfolgeiche Führung in Organisationen umfassend reflektiert werden müssen. In Veränderungsprozessen kann Führung selbstverständlich ein Inhalt und ein Anlass sein, beispielsweise bei der Etablierung und

Verankerung einer neuen Führungskultur. Genauso spielt Führung im Sinne der Beteiligung und Einbindung der Führungskräfte aber in jedem Veränderungsprozess eine nicht zu unterschätzende Rolle.

Gesundheit

Zum Einstieg

Ausgangslage

In einem Familienunternehmen mit Seniorenresidenzen an mehreren Standorten wird die Gesundheit der Mitarbeiter ein immer wichtigeres Thema. Dabei steigt die Belastung der Mitarbeiter immer weiter an, da offene Stellen nicht besetzt werden können und die vorhandenen Mitarbeiter immer öfter wegen Krankheit ausfallen. Eine Herausforderung bedeutet offensichtlich nicht nur die physische Belastung durch die anstrengende körperliche Arbeit, sondern genauso die psychische Belastung durch den Arbeitskontext, in dem der Tod ein ständiger Begleiter ist und die Angehörigen sehr hohe Erwartungen hinsichtlich der Pflege ihrer Verwandten haben. Die Einrichtungsleitungen mehrerer Standorte kommen deshalb auf die übergeordnete Firmengruppe zu, die wiederum einen externen Berater in die Organisation holt.

Lösungsansatz

In einem ersten Schritt wird gemeinsam mit allen Einrichtungsleitungen und mit den Pflegedienstleitungen in einem 1,5-tägigen Workshop der Themenbereich „Gesundheit" sehr persönlich und sehr individuell reflektiert und erörtert. Dabei stehen die Aspekte Resilienz und Achtsamkeit im Mittelpunkt, um die Grundlage für das eigene Gesundheitsbewusstsein der Teilnehmenden zu schaffen. Dieser Workshop irritiert die Leitungsverantwortlichen sehr stark, da sie sich eigentlich mit der Gesundheit ihrer Mitarbeiter beschäftigen wollten und der Bezug zu ihrer eigenen Person und Gesundheit erst im Laufe des Workshops deutlich wird. Gleichzeitig merken sie, dass Grenzen setzen und Kommunikation und Feedbackschleifen große Bedeutung für die eigene Gesundheit haben, was ihnen eine wichtige Grundlage für das weitere Vorgehen vermittelt.
Der erste Tag schließt mit einem gesunden abendlichen Dinner, da Gesundheit bewusst auf allen Ebenen erlebt werden soll. Dabei steht das Gleichgewicht aus Körper und Psyche im Mittelpunkt, ein Gesichtspunkt, der bereits tagsüber vertieft wurde.
Am zweiten Tag werden alle Einrichtungs- und Pflegedienstleitungen zum Ende des Workshops darum gebeten, in Zweiergruppen – bezogen auf ihre jeweiligen Seniorenresidenzen – Ideen zu sammeln, wie sie bezüglich der Thematik „Gesundheit" weitermachen könnten. Die Vorschläge reichen dabei von einer Befragung der Mitarbeiter bis hin zu Großveranstaltungen für alle Mitarbeiter eines Standorts, um Handlungskompetenzen bezogen auf Gesundheit zu vermitteln. Die Leitungsverantwortlichen sind sehr unsicher, wie sie die Realisierung der Vorschläge konkret angehen könnten und wie dies überhaupt funktionieren könnte. In einem Reflexionsprozess im Plenum werden deshalb Erfolgsfaktoren für das weitere Vorgehen diskutiert, woraufhin jede Einrichtungsleitung gemeinsam mit der Pflegedienstleitung in den nächsten zwei Wochen ein individuelles Konzept für ihren Standort entwickeln soll.

Die Konzepte werden bei einem weiteren eintägigen Workshop, der zwei Wochen später mit den Einrichtungs- und Pflegedienstleitungen stattfindet, gegenseitig präsentiert und diskutiert. Daraufhin hören die Führungsverantwortlichen einen Impulsvortrag zu Erfolgsfaktoren von Veränderungsprozessen, damit diese wirklich nachhaltig und langfristig verankert werden können.
Anschließend arbeiten die Einrichtungs- und Pflegedienstleitungen eigenständig an ihren Konzepten weiter und erhalten vor Beginn der Umsetzung eine differenzierte Rückmeldung von dem externen Berater Diese stehen auch während der Ausarbeitung der Konzepte jederzeit telefonisch und per E-Mail für Rückfragen zur Verfügung.
Die Umsetzung resultiert in unterschiedlichsten Maßnahmen an den verschiedenen Standorten; in alle Maßnahmen werden alle Mitarbeiter intensiv eingebunden. Zudem werden die Führungskräfte – beispielsweise in Supervisionen und in Intervisionsgruppen zum Erfahrungsaustausch und zur gemeinsamen Fallbesprechung – für den kollegialen Austausch sensibilisiert, nachdem ein solcher Austausch in den Kulturen der Häuser bisher nicht üblich war. Darüber hinaus erhalten die Leitungskräfte jeden Monat eine Ausgabe der „Gesunden News", in denen sie auch selbst von den eigenen Maßnahmen berichten und gleichzeitig die Maßnahmen anderer Standorte mitverfolgen können. Ferner erscheint in jeder Ausgabe „Gesunde News" auch ein fachlicher Artikel der externen Berater, der insbesondere Aspekte der Unternehmenskultur, der Organisationsentwicklung und der Umsetzung von Veränderungen vertieft.
Alle Einrichtungs- und Pflegedienstleitungen haben sich darauf geeinigt, dass alle sechs Monate ein 1-tägiger Workshop stattfinden soll, in dem sich die Leitungskräfte aller Standorte vertieft austauschen können. Der Veränderungsprozess mit dem übergeordneten Thema „Gesundheit" wird andauern; unter den herausfordernden Arbeitsbedingungen des Unternehmens stellen bereits kleine Schritte einen großen Erfolg dar.

Die Beschäftigung mit Gesundheit in Unternehmen boomt momentan aus vielfältigen Gründen [18]. Die Zunahme von psychischen Krankheiten (oder möglicherweise auch eher der offenere Umgang damit) sind ein Grund dafür. Genauso spielen aber auch der Wertewandel und die damit einhergehenden veränderten Erwartungen von Arbeitnehmern eine Rolle, so dass dieser Aspekt nicht mehr von Unternehmensseite ignoriert werden kann. Unterschiedliche Interventionen zum betrieblichen Gesundheitsmanagement haben sich dabei in den letzten Jahrzehnten in mehreren Schritten entwickelt [20]:

1. Den Anfang bildeten unterschiedliche Verhaltensvorschriften, bei denen allerdings die Zielrichtung auf dem jeweiligen Produkt liegt (z. B. Verbot des Rauchens bei der Herstellung von Nahrungsmitteln).
2. Die Entwicklung setzte sich mit der Auseinandersetzung mit der Gesundheit von Führungskräften fort, beispielsweise im Rahmen von Programmen zum Umgang mit Stress und übermäßigen Belastungen.
3. Im dritten Schritt stehen Programme zur Prävention von Krankheiten und Unfällen im Mittelpunkt, wobei hier alle Mitarbeiter der Organisationen die Adressaten sind.
4. Der weitere Verlauf führte zu Programmen, die sich allgemein mit Wellness und Gesundheit beschäftigen; Gesundheit sollte gefördert und nicht nur Krankheit vermieden wird.
5. In dieser Phase wechselte der Fokus vermehrt zu Aspekten der Gestaltung des Arbeitsplatzes, um beispielsweise ergonomische Anforderungen angemessen zu berücksichtigen.

Tab. 6.3 Ansatzpunkte für die Prävention gegenüber Burnout [23, S. 150 f.]

Präventionsebene	Ziel der Maßnahme	Beispiele
Primärprävention	Allgemeine Verhinderung des Auftretens von Beschwerden und Krankheitsfällen	– Stress-, Selbst- und Zeitmanagement – Führungskräfte-Qualifizierung mit dem Fokus „gesunde Führung" – Maßnahmen der Teamentwicklung – Anpassung der Arbeitsumgebung – Erweiterung von Handlungs- oder Entscheidungsspielräumen – Angebote zur optimalen Vereinbarkeit von Familie und Beruf – Vielfältige Maßnahmen der Personalentwicklung
Sekundärprävention	Möglichst frühzeitige Erkennung von sich entwickelnden Symptomen und Warnzeichen	– Regelmäßige Mitarbeitergespräche – Mitarbeiterbefragungen – Kontinuierliche Gesundheitszirkel – Betriebsärztliche Untersuchungen
Tertiärprävention	Umgang mit bereits erkrankten Personen und Verhütung von Rückfällen	– Betriebliches Eingliederungsmanagement – Anpassung von Arbeitsplätzen und Arbeitsplatzbeschreibungen – Schulung der Führungskräfte zum Umgang mit erkrankten Mitarbeitern – Flexibilität bezüglich Arbeitszeiten

6. Wir ergänzen diese Historie um eine sechste Phase, in der ein Gesundheitsmanagement in zahlreichen Organisationen unterschiedlicher Größe Einzug hält, sowohl um Krankheit zu vermeiden als auch um Gesundheit zu fördern. Dabei wird eine ganzheitliche Perspektive eingenommen, bei der alle in den Phasen 1 bis 5 genannten Aspekte herangezogen werden.

Das Burnout-Syndrom oder allgemein der Umgang mit psychischen Erkrankungen ist dabei ein sehr aktuelles Beispiel aus dem betrieblichen Gesundheitsmanagement [21]. Warum hat sich gerade das Burnout-Syndrom in besonderes Weise in den Medien verankert und ist in den letzten Jahren in Unternehmen zum Gegenstand der Aufmerksamkeit geworden? Das hängt sicherlich auch damit zusammen, dass dies dem aktuellen Zeitgeist und der Leistungsgesellschaft entspricht, das heißt Krankheit durch Überarbeitung gilt sozusagen als Auszeichnung der eigenen Leistungsfähigkeit [22]. Außerdem sind die Folgen solcher Erkrankungen gravierend; Mit ihnen gehen lange Krankschreibungen von durchschnittlich vier Wochen sowie oftmals anhaltende Depressionen und eine erhöhte Selbstmordgefahr einher [23].

Wenn Gesundheit als Inhalt und Anlass der Organisationsentwicklung gewählt wird, geht es um Prävention in Bezug auf eine Gefährdung der Gesundheit der Mitarbeiter der Organisation. Gleichzeitig darf nicht unterschätzt werden, dass sich vielfältige Interventionen auf der Ebene der Gesundheit auch positiv beim Employer Branding auswirken, das heißt auf die Attraktivität des Unternehmens für potenzielle Bewerber.

Potenzielle Ansatzpunkte für eine Intervention in Bezug auf Burnout sind in Tab. 6.3 dargestellt. Dabei können die Maßnahmen letztlich auf den Ebenen der Personal- (z. B. Führungskräfte-Qualifizierung) oder der Organisationsentwicklung (z. B. Mitarbeiterbefragungen) verortet werden. Wir würden die Liste um eine gesundheitsförderliche Unternehmenskultur erweitern, sofern es sich dabei um einen zentralen Aspekt handelt. Wenn in der Unternehmenskultur lediglich Höchstleistung anerkannt ist, dann werden Einzelmaßnahmen der Personalentwicklung verpuffen.

Ähnlich verhält es sich mit der Qualifizierung von Führungskräften, wenn diese die betroffenen Mitarbeiter lediglich als Belastung sehen. Ein offener Umgang mit dem Thema „Gesundheit" in Mitarbeitergesprächen kann hier bereits ein erster Schritt sein, der allerdings auch erst in der Organisation implementiert und propagiert werden muss [24]. Der Themenbereich „Gesundheit und Führung" bietet somit eine wichtige Verknüpfung zwischen Führung, die wir im vorherigen Abschnitt behandelt haben, und Gesundheit in Unternehmen. Die Literatur zu gesunder Führung orientiert sich dabei wieder an Prinzipien der Achtsamkeit, wie wir sie bereits bei den theoretischen Grundlagen in ► Kap. 4 kennengelernt haben [25]. Dementsprechend geht es bei der Auseinandersetzung mit Gesundheit in Unternehmen auch immer um Resilienz, das heißt um die Frage, wie die Organisation – inklusive allen zu ihr gehörenden Mitarbeitern – möglichst resilient gegenüber externen Krisen und Herausforderungen sein kann.

Für Unternehmen können Veränderungsprozesse, die Gesundheit zum Inhalt und Anlass haben, schnell komplex und anspruchsvoll werden, da sie unterschiedliche Implikationen auf struktureller und organisationaler Ebene mit sich bringen. Ein Beispiel ist die Flexibilisierung von Arbeitszeiten, zum Beispiel Teilzeit, Gleitzeit, Sabbatical und Jobsharing [26]. Die Arbeitsplätze, die Arbeitszeiten, die Regeln und Normen der Zusammenarbeit aller Abteilungen müssen angepasst werden, wenn diese Rahmenbedingungen ernsthaft eingeführt werden sollen. Das geht beispielsweise mit einer Sensibilisierung und Qualifizierung der Führungskräfte einher, genauso mit Programmen zum Wiedereinstieg (beispielsweise nach einem Sabbatical oder auch nach der Elternzeit).

Wir gewinnen derzeit öfter den Eindruck, dass Work-Life-Balance und Gesundheitsmanagement zwar bei allen Unternehmen bekannt und beliebt sind – schließlich handelt es sich um ein öffentlichkeitswirksames Modethema; ernst gemeinte Maßnahmen werden aber alles andere als flächendeckend durchgeführt. So berichten Eltern nach dem Wiedereinstieg in die vorherige Tätigkeit in Teilzeit zwar von der Möglichkeit, in Teilzeit zu arbeiten. Faktisch müssen sie aber entweder den gleichen Arbeitsaufwand in weniger Zeit betreiben, oder ihnen werden die undankbarsten Aufgaben zugeteilt, die ansonsten niemand übernehmen möchte. Auf dem Papier klingt vieles sehr gut, doch in der praktischen Umsetzung scheint hier noch viel Entwicklungspotenzial vorhanden zu sein.

Praxistipp: Übung „Ihr Wertbeitrag im Unternehmen"

Mit der folgenden Übung möchten wir Sie einladen, Ihren Wertbeitrag im Unternehmen kritisch und ehrlich zu reflektieren. Dabei sind wir davon überzeugt, dass die Beantwortung dieser zehn Fragen zu einer besseren Fokussierung im Arbeitsleben führt und genau damit auch die Balance zwischen Arbeit und Freizeit verbessern kann.
Wenn Sie den Mut haben, nehmen Sie sich Zeit und bearbeiten die folgenden zehn Fragen in Ruhe in schriftlicher Form. Notieren Sie sich zu jeder Frage Ihre Antwort und lassen Sie sich Zeit bei der Beantwortung aller Fragen. Wir wünschen Ihnen eine gelungene Wertschöpfung!

1. Welche quantitativen und qualitativen Wertbeiträge leiste ich zurzeit? Sie können entscheiden, ob Sie nur Ihren Wertbeitrag an Ihrem Arbeitsplatz betrachten oder gleich Ihr gesamtes Leben prüfen.

2. Welche Wertbeiträge werden von meiner Rolle, meinem Vorgesetzten, meinen Kolleginnen und Kollegen, meinen Mitarbeiterinnen und Mitarbeitern erwartet? (Analog zu Frage 1: in Ihrem gesamten Leben von Ihrer Familie, von Freunden, Vereinen, Gesellschaft)
3. Gibt es Wertbeiträge, die ich gerne zusätzlich (oder auch stattdessen) leisten möchte? Wenn ja, welche und in welchen Mitwelten?
4. Welche Aufgaben und Ziele, Projekte, die ich zurzeit verfolge, dienen wirklich meinen Wertbeiträgen?
5. Welche Wertbeiträge möchte ich jetzt tatsächlich und tatkräftig leisten?
6. Welche Ziele, Projekte und Aufgaben werde ich an wen mit welchen Wertbeiträgen delegieren?
7. Welche Aufgaben, Projekte und Ziele lasse ich sein?
8. Welche Risiken gibt es, und wie gehe ich damit um?
9. Was tue ich jetzt zuerst?
10. Wann werde ich das erneut überprüfen?

Darüber hinaus muss aus wissenschaftlicher Perspektive angemerkt werden, dass bei vielen Maßnahmen zum weiten Themenbereich „Gesundheit" noch nicht eindeutig geklärt ist, ob aktuelle Trends tatsächlich zu einer Verbesserung bei den Mitarbeitern führen. Beispiele dafür sind Heimarbeit, das heißt die zunehmende Flexibilisierung bezüglich des eigenen Arbeitsortes. So hat Yahoo im letzten Jahr den lockeren Umgang mit dem „Home Office" beendet. Eine Argumentation war dabei, dass für den besten Arbeitsplatz sowohl Kommunikation als auch Zusammenarbeit eine wichtige Komponente darstellten, was bei verteilten Arbeitsplätzen nicht gewährleistet sei.

Andere Unternehmen diskutieren über das Abschalten oder Deaktivieren des unternehmensinternen E-Mail-Versands zu bestimmten Zeiten, damit Mitarbeiter nicht ständig Mails bekommen und glauben, diese lesen zu müssen. Die oftmals selbstverständliche Erreichbarkeit auch außerhalb der Arbeitszeiten wird immer mehr als wichtiger Stressfaktor und als eine Ursache für gesundheitliche Belastungen gesehen. Dabei ist allerdings wichtig, dass die wissenschaftlichen Befunde hier noch keine eindeutigen Rückschlüsse zulassen.

Uns stellt sich hier allerdings viel mehr die Frage, ob nicht eher am Selbstkonzept und an der Stressbewältigung der Mitarbeiter gearbeitet werden sollte als an einem erzwungenen Abschalten auf technischem Weg [27]. Letztlich muss jeder für sich selbst Grenzen setzen, so dass automatisierte Regelungen von Unternehmensseite hier eher kritisch zu beurteilen sind. Die Frage der Umsetzung über Ländergrenzen hinweg – mit unterschiedlichen Zeitzonen und den daraus resultierenden Herausforderungen bei der Zusammenarbeit – sei einmal dahingestellt. Schließlich handelt es sich bei der Abgrenzung und dem eigenen Umgang mit der ständigen Erreichbarkeit durch das Internet nicht um ein berufliches, sondern vielmehr um ein gesamtgesellschaftliches Phänomen [28].

Zwischenfazit

Gesundheit ist ein weites Thema, das auch in organisationalen Kontexten unterschiedliche Implikationen haben kann. Zweifellos gewinnt Gesundheit in Unternehmen immer weiter an Bedeutung, auch aufgrund der Außenwirkung in Form der Arbeitgeberattraktivität für potenzielle Mitarbeiter. Im Rahmen der Organisationsentwicklung ist das Anstreben von Gesundheit allerdings ein anspruchsvolles Ziel, wobei die Bemühungen letztlich in Richtung resilienter Mitarbeiter gehen werden. Bei der Auseinandersetzung mit Gesundheit muss somit auch eine Auseinandersetzung mit Resilienz und mit Achtsamkeit erfolgen, so dass ein umfassender Lernprozess auf der Ebene der Individuen und der Organisation erforderlich ist.

Internationalität

Zum Einstieg

Ausgangslage

In einem internationalen Konzern deutscher Herkunft wurden neben Werten, die die Produkte in Zukunft auszeichnen sollten, auch Werte entwickelt, die die Marke nach außen und innen erlebbar machen sollten. Dieser Prozess der Werteentwicklung wurde vom Top-Management gemeinsam mit einer Werbeagentur, die auf die Entwicklung von Marken spezialisiert ist, durchgeführt. Für die Einführung und das Erlebbarmachen der Markenwerte nach außen wurde ein ganzes Bündel von Aktivitäten entwickelt und verabschiedet. Wie die Werte im Unternehmen selbst etabliert und gelebt werden sollten, war nicht genauer beschrieben oder ausgearbeitet. Die Region Asia/South Pacific entschied für sich, zumindest dafür zu sorgen, dass sich die Mitarbeiter in der Handelsorganisation mit den Werten beschäftigten, und damit einen Prozess der Umsetzung der Werte zu beginnen.

Lösungsansatz

In einem Team aus Personalentwicklern und Verantwortlichen aus der Region Asia/South Pacific wurde sofort klar, dass eine besondere Idee erforderlich war, um die Beschäftigung mit den vorgegebenen Werten attraktiv zu gestalten. Einfach die Mitarbeiter mit den Werten in Form einer Präsentation oder in einer wie auch immer gedruckten Form zu konfrontieren, das fanden alle Beteiligten sinnlos und wenig erfolgversprechend. Aber wie konnten Werte in der Region vermittelt werden, die in Deutschland entwickelt wurden und nun in der ganzen Welt gelten sollten? Und wie in einer Region, in der es Länder mit sehr unterschiedlichen Werten gab, Länder, die zum Teil nicht einmal etwas miteinander zu tun haben wollten beziehungsweise zwischen denen die Beziehung schwierig war?
Im Team begann der Gedanke zu wachsen, dass in jedem Fall die angenommenen regionalen Konflikte zwischen den Ländern in irgendeiner Art „konstruktiv missachtet" werden sollten, in der Hoffnung, dass es zwischen den Menschen im Unternehmen vielleicht möglich war, die Identität eher über das Unternehmen zu bilden als über die Ursprungsländer. Und genau an dieser Stelle wurde dem Team deutlich, dass Konflikte auf der einen Seite – im Bereich politischer Themen – zu „übersehen" waren, dass die Menschen aber auf der anderen Seite in ihrer Zugehörigkeit zu den einzelnen Ländern wertgeschätzt werden sollten. Besonderheiten der Länder sollten deshalb auch deutlich werden. So entstand die Idee, mit einer „Wertekarte der Region" zu arbeiten. Die Wertekarte sollte eine tatsächliche Landkarte der beteiligten Länder werden, in der die Länder zwar abgebildet waren, aber anstelle des Namens des Landes die im Land aktuell wichtigsten vier Werte genannt wurden. Irgendwo auf der Landkarte sollten dann auch die vier Markenwerte des Unternehmens wörtlich aufgeführt werden.
Mit der Idee der Landkarte und indem es sich damit beschäftigte, was ein die Länder verbindendes Alltagsritual sein könnte, entdeckte das Team das Spiel: und die Gemeinsamkeit der Lust am Spiel – und insbesondere der Lust am Kartenspiel. Ließe sich eine Art Kartenspiel ent-

wickeln, mit dem die Markenwerte eingeführt werden könnten? Allen im Team gefiel sofort, dass Spielen natürlich eine gelungenere Form der kulturellen Aneignung war als ein Vortrag, der dann auch noch einen quasi nicht zu diskutierenden Inhalt hatte. Die Entscheidung für zwei Formen der Übermittlung (Landkarte auf der einen Seite sowie Kartenspiel mit Spielanleitungen für „Wertespiele" im Unternehmen auf der anderen Seite) beziehungsweise der Einführung der Markenwerte war gefallen. Von dort aus kam man dann relativ schnell weiter. Die grundsätzliche Idee wurde nochmals mit Mitarbeitern in der Region in groben Zügen besprochen und die Reaktionen waren positiv.
Wie aber konnte das Kartenspiel konkret erarbeitet und übergeben werden? In einem drei Tage dauernden Workshop, der mit einer Aufstellung der Länder im Raum und der Erarbeitung der länderrelevanten Werte begann, wurden gemeinsam das Kartenspiel und die Arten der Spielmöglichkeiten entwickelt. Quasi ganz nebenbei entstand eine neue Landkarte der Region, Länder befanden sich nebeneinander, die auf der Weltkarte nicht aneinandergrenzten, und die Markenwerte wurden als Joker ins Spiel eingeführt. Neben dem Kartenspiel, das in allen Ländern über „Spieleabende" als Arbeitsmittel eingeführt wurde – und in einigen Ländern sogar an Kunden verschenkt wurde –, hatten alle Beteiligten einen ganzen bunten Strauß von Aktivitäten entwickelt, wie bewusst mit Unternehmenskultur und Werten in einem Unternehmen gearbeitet werden konnte. Der Erfolg des Vorgehens führte dazu, dass weitere Regionen die Idee aufgriffen und entlang von Alltagsritualen die Markenwerte erlebnisorientiert und spielerisch einführten.

„Internationalität als Herausforderung" ist heutzutage ein Schlagwort, das keine Organisation negieren kann. Das einführende Szenario zeigt dabei eindrücklich auf, dass mit Internationalität gerade auf der Ebene der Werte zentrale Herausforderungen einhergehen. Wir betrachten die Globalisierung in diesem Abschnitt aus der Perspektive der Organisationsentwicklung vor allem im Hinblick auf Diversity in Organisationen. „Diversity" muss deshalb in diesem Zusammenhang herangezogen werden, da die Internationalisierung von Unternehmen auch mit Herausforderungen bezüglich der Diversity einhergeht. Wie lassen sich Mitarbeiter unterschiedlicher Kulturen bestmöglich integrieren? Welche Führungsform kann diesbezüglich eine Antwort sein und zum bestmöglichen Führungsergebnis führen?

Beim Thema „Diversity" muss allerdings – gleichsam ein Schritt vorher – mit einer allgemeinen Betrachtung begonnen werden. „Diversity" ist als Sammelbegriff für Vielfalt in organisationalen Kontexten momentan in aller Munde. Man kann dabei eine Diversity der inneren, der äußeren und der organisationalen Dimension unterscheiden [29]. Oftmals erfolgt diese Unterscheidung auch in Form eines Diversity-Rads aus drei Kreisen, bei denen von innen nach außen mehr Veränderbarkeit gegeben ist [30]. Die innere Dimension kann dabei nicht beziehungsweise nur bedingt vom Individuum verändert werden, während die äußere Dimension durchaus Spielraum für Veränderungen mit sich bringt:

- *Diversity der inneren Dimension:* kulturelle Abstammung, ethnische Herkunft, Alter, Geschlecht etc.
- *Diversity der äußeren Dimension*: Einkommen, Ausbildung, Elternschaft etc.
- *Diversity der organisationalen Dimension:* Seniorität, Abteilung, Funktion etc.

In diesem Abschnitt möchten wir uns aufgrund der zunehmenden Internationalisierung auf die kulturelle und ethnische Perspektive der Diversity beschränken. Dabei wirkt sich die Internatio-

■ **Tab. 6.4** Klassifikation der Zugehörigkeit (nach [31], S. 1266)

	Geringe Zugehörigkeit	Hohe Zugehörigkeit
Geringe Einzigartigkeit	**Exklusion:** Das Individuum wird in seiner Einzigartigkeit nicht als Zugehöriger der Organisation behandelt. Andere Mitarbeiter werden aber als Zugehörige gesehen.	**Anpassung:** Das Individuum wird als Zugehöriger der Organisation behandelt, wenn es sich der organisationalen oder der dominanten kulturellen Norm unterwirft.
Hohe Einzigartigkeit	**Abgrenzung:** Das Individuum wird nicht als Zugehöriger der Organisation behandelt, wobei die einzigartigen Charakteristika als für die Organisation wertvoll betrachtet werden.	**Inklusion:** Das Individuum wird als Zugehöriger der Organisation behandelt und in seinen einzigartigen Charakteristika akzeptiert.

nalisierung allerdings in mehreren Richtungen auf Organisationen aus: Bei der Eröffnung eines neuen Standorts in einem anderen Land ist die Bedeutung offensichtlich. Bei einem bodenständigen Traditionsunternehmen in Deutschland kann Diversity aber genauso relevant sein, da immer mehr Mitarbeiter mit unterschiedlichen kulturellen und ethnischen Hintergründen beschäftigt werden.

Dabei stellt sich bei Diversity auch die Frage nach der Integration andersartiger Mitarbeiter, wobei „andersartig“ in unserer Betrachtung vor allem kulturelle und ethnische Andersartigkeit meint. Das Thema „Diversity/Andersartigkeit“ ist aktueller denn je, wie etwa das Beispiel asiatisch aussehender Studierender zeigt, die uns berichteten, dass sie vom Sicherheitsdienst großer Konzerne diskriminiert wurden. Mit kulturellen und ethnischen Hintergründen sind also auch vielfältige Stereotype und Vorurteile verbunden, denen in Organisationen begegnet werden muss. In ■ Tab. 6.4 wird eine Klassifikation der Zugehörigkeit aufgezeigt. Aus Sicht des „andersartigen“ Individuums ist sicherlich der Zustand der Inklusion erstrebenswert, da alle anderen Klassifikationen der Zugehörigkeit mit Kompromissen einhergehen und damit keine vollständige Akzeptanz besteht.

Letztlich geht es bei Diversity also immer auch um Zugehörigkeit und damit um ein existenzielles Bedürfnis jedes Menschen. Gleichzeitig scheitern weiterhin zahlreiche Diversitiy-Programme mit kulturellem Schwerpunkt an der Akzeptanz der Mitarbeiter [32]. Das ist wenig verwunderlich, denn schließlich handelt es sich bei kulturellen Werten um über Generationen gewachsene Werte und Normen.

Für ein ernst gemeintes Diversity-Management ist folglich zweifellos eine Einbettung in die Unternehmenskultur erforderlich. Daneben ist es wichtig, dass positive Lernerfahrungen ermöglicht werden, um die positiven Effekte von Diversity als Erfolge wahrzunehmen und im Unternehmen zu kommunizieren. Führung spielt auch bei Diversity eine zentrale Rolle, schließlich müssen Führungskräfte auch mit Mitarbeitern anderer Kulturen und Ethnien zusammenarbeiten oder sogar in einem ganz anderen Kulturkreis als dem eigenen als Führungskraft tätig sein (beispielsweise als Deutscher in China). Spannend sind hier erneut die Ergebnisse der GLOBE-Studie [33], die wir bereits an früherer Stelle in einem Exkurs vorgestellt haben. In ■ Tab. 6.5 stellen wir Merkmale von Führungspersonen vor, die über alle Kulturen hinweg mit Erfolg verbunden werden.

Tab. 6.5: Universell positive und negative Merkmale von Führungskräften

Universell positive Faktoren von Führungskräften	Universell negative Faktoren von Führungskräften
– *Integrität:* ehrlich, vertrauenswürdig und gerecht – *Charismatisch-visionär:* vorausschauend planend, in die Zukunft blickend – *Charismatisch-inspirierend:* positiv, dynamisch, motivierend, ermutigend und Vertrauen bildend – *Teambuilder:* kommunikativ, informiert, koordinierend, integrierend	– *Selbstschützend:* einsam und asozial – *Übelwollend:* unkooperativ und gereizt – *Selbstherrlich:* diktatorisch

Insgesamt kann zwischen unterschiedlichen länderübergreifenden Varianten der Strategieimplementierung unterschieden werden, die wir im Folgenden vorstellen möchten [2]. Dabei muss zusätzlich zwischen einer Strategie zur Anpassung von Produkten (beispielsweise an individuelle Anforderungen im Zielland) und einer Strategie zur Anpassung einer Unternehmenskultur unterschieden werden.

- *Multinationale Strategie:* Bei der multinationalen Strategie werden spezifische Bedingungen im jeweiligen „Gastland" individuell berücksichtigt. Letztlich erfolgt also aus der Perspektive der Zentrale eine Dezentralisierung, auch um eine individuelle Anpassung von Produkten zu gewährleisten.
- *Internationale Strategie:* Sowohl Strukturen als auch Systeme der Muttergesellschaft werden auf die Tochtergesellschaft im „Gastland" übertragen. Damit geht einher, dass Mitarbeiter aus der Muttergesellschaft in die jeweiligen „Gastländer" entsandt werden, um die entsprechende Umsetzung zu begleiten und zu überprüfen.
- *Globale Strategie:* Bei der globalen Strategie stehen sowohl Standardisierung als auch Formalisierung im Mittelpunkt. Die Entscheidungsfindung muss deshalb im „Heimatland" erfolgen, wohingegen die Realisierung/Produktion beispielsweise an Billiglohnländern weitergegeben wird.
- *Transnationale Strategie:* Hier steht die bestmögliche Ausschöpfung unterschiedlichster Wettbewerbsvorteile im Zentrum, so dass länderspezifische Unterschiede bestmöglich berücksichtigt werden. Eine Standardisierung kann mit dieser Strategie kaum erreicht werden, wobei Funktionen teilweise zentral und teilweise dezentral umgesetzt werden – abhängig von der bestmöglichen Zielerreichung und Wertschöpfung.

Aus der Perspektive von Mitarbeitern in „Gastländern" sind multinationale und transnationale Strategien in vielen Fällen attraktiver. Das hängt auch damit zusammen, dass bei der Verknüpfung von Strategie und Diversity individuelle Einzigartigkeit erhalten bleibt – was nicht bedeutet, dass unterschiedliche, aber gegenseitig akzeptierte Werte und Normen keine Rolle spielten. Die universellen Faktoren der GLOBE-Studie sind hier inspirierende Ansatzpunkte für alle Strategien, wenn es um den internationalen Einsatz von Führungskräften geht. Unserer Erfahrung nach verspricht ein gemeinsamer Kern der Unternehmenskultur über alle Kontinente hinweg mit einem landes- und kulturspezifisch adaptierten Teil den größten Erfolg, da diesbezüglich mit der größtmöglichen Akzeptanz gerechnet werden kann. Im Sinne der Ebenen der Unternehmenskultur kann Diversity nur bei Werten, Normen und grundlegenden Annahmen abgebildet werden, wenn es Anknüpfungspunkte bei den bisher gelebten Werten, Normen und grundlegenden Annahmen gibt. Ohne Anknüpfungspunkte stehen die Leitlinien oder Philosophien lediglich auf dem Papier, ohne dass sie in der alltäglichen Arbeitspraxis umgesetzt würden.

Zwischenfazit

Die zunehmende Globalisierung stellt für viele Organisationen eine große Herausforderung dar, da sie sich sowohl in Bezug auf Absatzmärkte als auch in Bezug auf die internen Prozesse sehr stark auswirkt. „Diversity" ist dabei ein Stichwort, das im Sinne der Akzeptanz und des „Managements" von Vielfalt mehr und mehr an Bedeutung gewinnt. Dabei ist eine echte Inklusion und Integration aller Mitarbeiter eine vielversprechende Zielrichtung, das heißt dass Mitarbeiter als Angehörige der Organisation behandelt werden, unter Berücksichtigung und Beibehaltung ihrer individuellen Einzigartigkeit, beispielsweise in kultureller oder ethnischer Hinsicht.

Mergers & Acquisitions

Zum Einstieg

Ausgangslage

Die Entwicklungen in Bezug auf Internationalisierung und Professionalisierung erreichen auch die Service Professionals, die bisher noch stärker im deutschen Mittelstand tätig sind. Überlegungen, wie die auftragsbezogenen Themen besser und damit mandantengerechter bearbeitet werden können, beschäftigen Anwälte, Wirtschaftsprüfer und Berater aller Art, die eben noch nicht selbstverständlich in internationalen Strukturen beziehungsweise Netzwerken arbeiten. So ging es auch den 14 selbstständigen Service-Professional-Unternehmen, die über einen Zusammenschluss in eine Gesellschaft nachdachten, um aus einer jetzt zwar erfolgreichen, aber für die Zukunft vermutlich nicht ausreichenden Unternehmensposition hinauszuwachsen. Wie immer in solchen Situationen gab es eine kleine Gruppe, die etwas aktiver war als die anderen am „Andenken" (eines Zusammenschlusses) beteiligten Unternehmen. Insgesamt handelte es sich zu Beginn des Prozesses um 150 Partner (Mit-Inhaber), die in den jeweiligen Unternehmen tätig waren. Die Unternehmen waren unterschiedlicher Größe, hatten teilweise verschiedene Mandantenstrukturen und unterschiedliche Unternehmenskulturen. Dem „kleinen vordenkenden Team" war sofort klar, dass es für diesen Prozess unterschiedliche externe Unterstützung brauchen würde. Daher wurde Kontakt zu einem Partner gesucht, der solche Prozesse schon häufiger begleiten durfte. Ziel war dabei, möglichst viele der jetzt 14 Unternehmen und 150 Partner in diesem Prozess nicht zu verlieren und somit in einem Unternehmen gemeinsam anzukommen.

Lösungsansatz

In dem „kleinen vordenkendem Team" wurden mit dem externen Partner die Themen erarbeitet, die von besonderem Interesse waren:

- strategisch relevante Themen für alle,
- Strategieprozess in den einzelnen Unternehmen und die Harmonisierung,
- Qualität der Arbeit und Qualifizierung der Mitarbeiter,
- Employer Branding,
- Erzeugen einer Marke, die in den relevanten Kontexten wahrgenommen wird,
- zukünftiges Partner- und Führungsmodell,

- gesellschaftsrechtliche Lösung
- ... und weitere Themen

Darüber hinaus wurde eine Vorgehensweise abgestimmt, wie jetzt mit allen Unternehmen und Partnern eine gemeinsame Mobilisierung erreicht werden konnte. Alle Unternehmen sollten besucht und mit allen Partnern sollte gesprochen werden. Die Gespräche würden erfassen, wie die einzelnen Partner zu der grundsätzlichen Idee standen, wie in den Partnerschaften bisher Strategie- und Führungsarbeit geleistet wurde und welche strategischen Inhalte für die einzelnen Personen und Unternehmen im Vordergrund stehen würden. Darüber hinaus wurden auch ausdrücklich die Sorgen erfragt, die im Zusammenhang mit dem begonnenen Prozess entstanden. Die Gespräche vor Ort wurden jeweils aufgezeichnet und es entstand eine umfangreiche Dokumentation, die in einer Präsentation vor einer Auswahl von Partnern aus jedem Unternehmen zu reger Diskussion und Auseinandersetzung führte. Im Anschluss an Präsentation, Diskussion und Auseinandersetzung wurden in diesem Kreis die relevanten Themen und die mögliche weitere Vorgehensweise besprochen. Die anwesenden Partner waren übrigens in ihren Unternehmen jeweils als Vertreter für den Prozess der möglichen Integration ausgewählt worden. Mit den Ergebnissen aus dem „Treffen der Vertreter" gingen die Partner jeweils wieder an ihre Standorte, um dort von allen Partnern Feedback und Kommentare zum bisherigen Ergebnis einzufangen. Dieser Prozess wiederholte sich einige Male und dazwischen gab es Gespräche mit einzelnen Partnern, kleinen Gruppen oder auch ganzen Partnerversammlungen in den einzelnen Unternehmen, in denen immer wieder über die relevanten Themen diskutiert und entschieden wurde.
Und dann war es nach etwa zwei Jahren so weit, dass auf einem Treffen aller Partner entschieden wurde, dass es jetzt ein Unternehmen geben würde, welches einen einheitlichen Auftritt und gemeinsame Mitarbeiter hatte und einer gemeinsamen strategischen Ausrichtung folgte. Die gemeinsame Unternehmenskultur sollte sich über verschiedene kollektive Aktivitäten entwickeln, welche die Bereiche „Freizeit", „gemeinsame Bildung" und „gemeinsame Projekte" bei Kunden und intern in den Mittelpunkt stellten.
Im gesamten Prozess blieben einige der beteiligten Unternehmen auf der Strecke und auch einige Partner verließen die Unternehmen während des Prozesses oder kurz nach der Integration. Die neue integrierte Unternehmung kann sich aber schon jetzt den ursprünglich geforderten Erwartungen Internationalität und Professionalität deutlich besser stellen und wird sicher weiter erfolgreich am Markt agieren.

Merger und Akquisitionen nehmen immer weiter zu, sicherlich auch aufgrund der stärkeren Internationalisierung und des damit verbundenen erhöhten Wettbewerbsdrucks. Bei „Mergers & Acquisitions", das heißt bei Fusionen (Zusammenschlüssen) und Käufen (Übernahmen) von Organisationen, spielen Emotionen eine bedeutende Rolle [34]. Neben Angst kommt oftmals auch Wut zum Vorschein, da jahrelang gepflegte Traditionen und Routinen und mühsam investierte Ressourcen und Arbeitszeit mit einer Entscheidung des Top-Managements oder der Investorengruppe auf einmal im wahrsten Sinn des Wortes „für die Katz sind", zumindest „gefühlt", aus der subjektiven Perspektive mancher Mitarbeiter.

In vielen Fällen können dabei unterschiedlichste Unternehmenskulturen, kombiniert mit zueinander konträren Geschäftsmodellen, Produktionsroutinen und Absatzstrategien, aufeinanderprallen. Eine Integration dieser unterschiedlichen Unternehmenskulturen ist somit eine grundsätzlich richtige Zielrichtung, aber gleichzeitig eine sehr große Herausforderung. Dabei zeigt die Erfahrung, dass es – analog zur Diversity – nicht um eine hegemoniale Perspektive auf die Kulturen geht [35]. Die Dominanz einer Kultur führt dementsprechend zu großen Widerständen bei der diesbezüglich nicht berücksichtigen Organisation. Vielversprechender ist hier eine diversifizierte Unternehmenskultur, bei der Merkmale der alten Kultur erhalten bleiben und aufgegriffen werden.

Die Perspektive der sozialen Identität in Organisationen ist bei Integrationsprozessen von zentraler Bedeutung [36]. Die Zielsetzung ist hier die Etablierung einer neuen Identität für die Angehörigen beider Organisationen. Zielführend ist dabei die zusätzliche Berücksichtigung von Subgruppen-Identitäten, da die Angehörigen der jeweiligen Organisationen zweifellos eine besondere Geschichte verbindet, die auch nicht verleugnet werden soll.

Auf der Basis der Darstellungen zur Unternehmenskultur in ▶ Kap. 4 sind diese Schlussfolgerungen nicht überraschend: Wie soll sich die Unternehmenskultur eines übernommenen Unternehmens bei einem Firmenkauf von einem Tag auf den anderen ändern, wenn sie davor über Jahre oder sogar Jahrzehnte etabliert und gepflegt wurde?

Bei „Mergers & Acquisitions" lassen sich immer wieder typische Fehler des Managements identifizieren, die den Integrations- und Veränderungsprozess verlangsamen oder vollständig blockieren [12]:

- *Blitzkrieg:* In geheimer Aktion wird die Übernahme in Form einer vollständigen Überrumpelung aller Beteiligten durchgeführt.
- *Halbherzige Planungen:* Aus Angst vor Konflikten oder auch aus Unsicherheit wird an wichtigen Punkten nicht vollständig zeitlich und konzeptionell geplant.
- *Machtkämpfe:* Letztlich geht es bei Übernahmen immer um Machtverlust und -gewinn, so dass Machtkämpfe des Top-Managements den Prozess maßgeblich blockieren können.
- *Überzogene Versachlichung:* Der gesamte Übernahmeprozess wird zur „Vermeidung" von Konflikten auf einer vollständig sachlichen Ebene geplant, ohne dass Emotionen bedacht oder berücksichtigt werden.
- *Diffuse Gremien:* Die Verantwortlichkeiten der Gremien sind nicht eindeutig geklärt, so dass alle Organisations- und Steuerungsgremien (z. B. Aufsichtsrat, Betriebsrat, Vorstand, zweite Führungsebene, Projektverantwortliche) diffus nebeneinander her agieren und sich faktisch gegenseitig ausbremsen.
- *Rechnungen begleichen:* In einer vergangenheitsorientierten Perspektive werden in der Öffentlichkeit vermeintlich offene Rechnungen beglichen, um Gewinner und Verlierer zu küren.
- *Vorschnelles Ende:* Die Geschäftsleitung erklärt den Übernahmeprozess für beendet, bevor er in der Wahrnehmung der Mitarbeiter überhaupt richtig begonnen hat, weil neue dringendere Themen auf der Agenda stehen. Im eingangs beschriebenen Szenario wird deutlich, wie langfristig der Prozess angelegt ist, was ein sehr wichtiges Kriterium ist.
- *Profitierende Dritte:* Die Konkurrenz schläft bekanntlich nicht, so dass sie aus den vorherrschenden Unsicherheiten Profit schlagen und beispielsweise die besten Mitarbeiter ins eigene Unternehmen abwerben kann.
- *Vernachlässigung des Kunden:* Auf der Agenda stehen nur noch Themen rund um die Übernahme, wodurch für den Kunden und für die Produkte keine Aufmerksamkeit mehr übrig bleibt.

Alle Managementfehler haben bereits zahlreiche Implikationen, die bei der Planung einer Übernahme wichtig sind. Gerade auch aus der Perspektive der Organisationsentwicklung ist eine langfristig geplante und transparent kommunizierte Strategie erfolgsentscheidend. Fehlende Transparenz kann dabei bereits vor der offiziellen Verkündigung der Übernahme zu großen Widerständen führen: So haben die Mitarbeiter zweier Banken beispielsweise vor einigen Jahren aus der Lokalzeitung von der Zusammenlegung ihrer Banken erfahren. Die interne Kommunikation von Unternehmensseite aus erfolgte erst einen Tag später, als der „Flurfunk" bereits im vollen Gange war – und sich alle Mitarbeiter beider Banken vollkommen übergangen fühlten.

Zeit ist dementsprechend ein wichtiger Erfolgsfaktor bei Integrationsprozessen im Zusammenhang mit „Mergers & Acquisitions". Dabei geht es auf der einen Seite natürlich um Schnelligkeit, beispielsweise bei der Verknüpfung von Prozessen und selbstverständlich auch bei der Kommunikation nach innen und außen. Genauso kann zu viel Schnelligkeit aber auch einer langfristig erfolgreichen Integration im Weg stehen, wenn zu rasch Erfolge gefeiert werden und wenn die vorherrschenden Unterschiede vorschnell als Gemeinsamkeiten wahrgenommen werden. Zeit bedeutet auch, dass die Planung bereits weit vor dem Zusammenschluss beginnt, beispielsweise bei der Frage, ob die beiden Organisationen auch aus kultureller Perspektive erfolgreich zusammengeschlossen werden können. Betriebswirtschaftliche Überlegungen, Kosteneinsparungen durch Synergieeffekte und vielfältige andere zahlenorientierte Argumente sind hier die vorherrschenden Kriterien, doch können genau die weichen Faktoren der Kulturen zu einer nachhaltigen Gefährdung des Zusammenschlusses führen.

Zwischenfazit

Bei Zusammenschlüssen von Organisationen spielt die Integration unterschiedlicher Identitäten eine zentrale Rolle. Neben zweifellos wichtigen betriebswirtschaftlichen Überlegungen und Argumenten sollten bereits vor dem Zusammenschluss auch weiche Kriterien berücksichtigt werden, um die Basis für eine neue Unternehmenskultur zu schaffen. Diese zeichnet sich aber nicht durch ein vollständiges Überstülpen der Kultur des dominanten Unternehmens aus, sondern sollte vielmehr durch Diversifizierung gekennzeichnet sein, so dass Unterschiede der Kulturen bewusst gewollt und ermöglicht werden.

Firma ohne Kultur

Zum Einstieg

Ausgangslage „Zukunft"

Ein Unternehmen der Finanzwirtschaft hat sich entschieden, nur noch einen kleinen Teil der Mitarbeiter selbst zu beschäftigen. Hauptsächlich sind das alle Mitarbeiter in strategischen sowie qualitäts- und risikosichernden Rollen. Alle anderen Mitarbeiter arbeiten für unterschiedliche Unternehmen der Personaldienstleistungsbranche. Dennoch möchte der Vorstand des Unternehmens bei den Menschen, die im Unternehmen arbeiten, eine Form der Zugehörigkeit und des Teamgeists entwickeln. Und natürlich sollen die Mitarbeiter dem Leistungs- und Qualitätsanspruch des Vorstandes Rechnung tragen. Der mit Personalthemen beauftragte Personalvorstand und der Leiter Organisations- und Personalentwicklung, der als Inhaber einer strategischen und qualitätssichernden Rolle im Unternehmen verblieben ist und sogar in seiner Bedeutung gestärkt wurde, wollen die Themen nicht dem Zufall überlassen und entscheiden sich, diese Frage erst einmal konzeptionell zu lösen.

Lösungsansatz

Hier handelt es sich um ein Beispiel für ein Geschehen, das in dieser Art noch nicht real eingetreten ist. Dies wird aber aus Sicht der Autoren in naher Zukunft der Fall sein, so dass ein solcher Vorgang immer mehr Organisations- und Personalentwickler beschäftigen wird. Was wird ein Unternehmen auszeichnen, das keine traditionell angestellten Mitarbeiter mehr hat? Wird es für die Mitarbeiter selbst überhaupt zu Veränderungen in der Wahrnehmung von Zugehörigkeit, Teamgeist, Motivation und Arbeitsleistung kommen? Aus Bereichen (z. B. Produktion), in denen heute schon viel mit Leiharbeitern gearbeitet wird, kennen wir diesbezüglich sehr widersprüchliche Hinweise. Wie werden sich Maßnahmen der Personalentwicklung verändern? Wird die gesamte fachliche Qualifikation dann in den Personaldienstleistungsunternehmen ablaufen oder wird jeder Mensch, der arbeiten will, selbst in jedem Fall für seine fachliche Qualifikation und deren Weiterentwicklung sorgen müssen? Werden die Unternehmen insbesondere in den für sie selbst spezifischen Methoden schulen? Wird eine Unternehmenskultur überhaupt in Zukunft noch bewusst entwickelt werden oder verzichtet man darauf, da es eine Kultur des Unternehmens so möglicherweise gar nicht mehr geben wird? Was geschieht mit dem Mitarbeiter, der quasi keine Kollegin und keinen Kollegen mehr hat? Und wie verhält sich dieser Trend zu der Gegenbewegung, dass Unternehmen immer mehr zu Lebensräumen für ihre Mitarbeiter werden? Und ist das ein besserer Weg? Aus Sicht der Organisationsentwicklung sind das alles Fragen, die uns in den nächsten Jahren beschäftigen werden und für die Lösungsansätze entwickelt werden müssen.

Die Arbeit der Zukunft wird an vielen Stellen konträr zu den heutzutage „typischen" Rahmenbedingungen sein. Zahlreiche Forschungs- und Zukunftsinstitute beschäftigen sich regelmäßig mit dieser Thematik, die für Organisationen zahlreiche Herausforderungen mit sich bringt [37]:

- Die Typologie der Arbeitnehmer erweitert sich um einen „Arbeitnehmerselbstständigen", der prinzipiell an jedem Ort verfügbar ist und sich aufgrund der weitgehend aufgelösten formellen Hierarchien dynamisch in die jeweiligen Organisationen einfügt.
- Arbeitszeiten werden sich als Antwort auf die Erwartungen der Arbeitnehmer weiter flexibilisieren. Das geht weit über die heute üblichen Gleitzeitregelungen und das Home Office hinaus.
- Es entwickelt sich ein Markt für hochqualifizierte Zeitarbeitnehmer, die mehr oder weniger befristet in Organisationen hochqualifizierte Tätigkeiten übernehmen, aber offiziell nicht der jeweiligen Organisation angehören.
- Selbstständige Tätigkeiten gewinnen durch die Auflösung der Grenzen zwischen Arbeitnehmern und Unternehmern immer mehr an Bedeutung, so dass sich der Fokus der Gesellschaft allgemein mehr in Richtung selbstständige Erwerbstätige verschiebt, ob in der neuen Typologie des „Arbeitnehmerselbstständigen" oder auch in klassischen Typologien der Selbstständigkeit.
- Die voranschreitende Verschiebung der Wirtschaftszentren in Richtung der Großstädte beschleunigt den Kampf um qualifizierte Arbeitskräfte, insbesondere im Klein- und Mittelstand. Durch diese Urbanisierung ist eine zunehmende Flexibilität der Organisationen erforderlich, um weiterhin wettbewerbsfähig zu bleiben.

Zusammengefasst bedeuten die Veränderungen der Arbeit der Zukunft für Organisationen aller Art, dass sie mit der Herausforderung zunehmender Flexibilisierung konfrontiert sind. Das wird

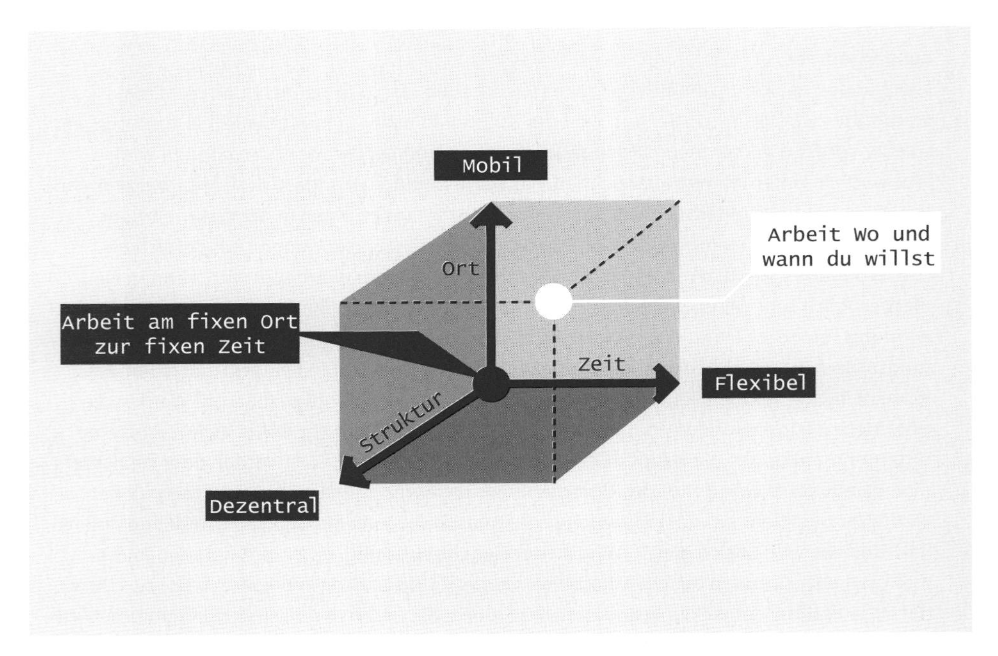

Abb. 6.3 Arbeit am fixen Ort zur fixen Zeit

auch in Abb. 6.3 deutlich. In den vorherigen Kapiteln haben wir allerdings erfahren, dass gemeinsame Werte und Normen sowie zugrunde liegende Annahmen die Basis für die Unternehmenskultur liefern. Gleichzeitig zeichnet sich eine Organisation durch kollektive Lernprozesse aus, die in der Summe die lernende Organisation charakterisieren. Führungskräfte und Mitarbeiter müssen dabei präsent und achtsam agieren, um im Sinne einer resilienten Organisation zukünftigen Krisen begegnen zu können.

Was bedeutet nun vor diesem Hintergrund die notwendige Flexibilisierung, die wir in diesem Abschnitt beschrieben haben?

Sie bedeutet zweifellos einen Paradigmenwechsel in der organisationalen Personal- und Organisationsentwicklung. Organisationen müssen mehr denn je um hochqualifizierte Mitarbeiter werben und diesen innovative Beschäftigungsformate anbieten. Dabei stehen die Organisationen im ständigen Wettbewerb mit anderen Organisationen, die den Mitarbeiter innerhalb kürzester Zeit abwerben könnten, da es keine rechtlich bindenden vertraglichen Regelungen mehr gibt; schließlich ist eine große Anzahl an Mitarbeitern selbstständig oder auf Zeitarbeitsbasis bei der Organisation beschäftigt. Damit fallen auch klassische Anreiz- und Sanktionssysteme aus, beispielsweise die langfristige Motivation und Bindung von Mitarbeitern durch unterschiedliche Karrierestufen im jeweiligen Unternehmen.

Wir sehen dabei zwei zentrale Herausforderungen für Organisationen, neben dem bereits an sich herausfordernden Umgang mit dem Wettbewerb um qualifizierte Arbeitskräfte, und zwar:

1. Wissensmanagement,
2. Kultur ohne Firma im System ohne Grenzen.

Wissensmanagement ist dabei für sich bereits eine herausfordernde Zielsetzung der Organisationsentwicklung [38]: Wie lässt sich eine Wissenskultur in Organisationen implementieren?

Dabei geht es auch um Fragen, wie Wissen identifiziert, entwickelt, verteilt, genutzt und bewahrt werden kann. In Zeiten sich auflösender Grenzen von Organisationen und zunehmender Fluktuation der Mitarbeiter handelt es sich dabei um eine erfolgskritische Stellschraube mit Relevanz für das Überleben von Organisationen.

Damit hängt letztlich die Herausforderung der „Kultur ohne Firma" zusammen. Wie lässt sich eine Kultur in einer Firma etablieren, die gar keine Firma mehr im traditionellen Sinne ist? Alle Konzepte und Theorien zur Unternehmenskultur und auch zur lernenden Organisation gehen davon aus, dass die Mitarbeiter mehr oder weniger langfristig in einer mehr oder weniger festen Konstellation zusammenarbeiten. Wie geht man aber damit um, wenn die Mitarbeiter über den Globus verteilt sind, einander möglicherweise nicht einmal persönlich kennenlernen und gleichzeitig in fünf unterschiedlichen Organisationen tätig sind? Wie können trotzdem Qualitätsstandards erfüllt und Kundenerwartungen befriedigt werden?

Wir erinnern uns an die Assoziationsphase aus dem dritten Kapitel, die durch ein Unternehmens-Biotop und durch eine kooperative Position in Wirtschaft und Gesellschaft zum Nutzen aller Stakeholder gekennzeichnet ist. Die Grenzen dieser Organisation sind dabei durchlässig, so dass sich relativ selbststeuernde Bereiche umfassend intern und extern vernetzen. Unserer Meinung nach werden Organisationen in dieser Phase leichter mit dem Problem der „Kultur ohne Firma" umgehen können als traditionelle bürokratisch-hierarchische Organisationen. Dennoch darf an dieser Stelle nicht vergessen werden, dass sich Kulturen oftmals über starke Marken auf Produktseite definieren (z. B. coole Lifestyle-Produkte bei Apple oder sportliche und luxuriöse Autos bei BMW), worüber sicherlich auch in Zukunft Mitarbeiter angezogen werden. Insofern werden Mischformen von Organisationen entstehen, bei denen traditionell festangestellte Mitarbeiter gemeinsam mit Zeitarbeitnehmern und gemeinsam mit (Arbeitnehmer-) Selbstständigen an Produkten und Dienstleistungen arbeiten.

Auch Führung spielt hier eine entscheidende Rolle, da diese im Sinne einer Begleitung, Entwicklung und Förderung aller Mitarbeiter auch bei Zeitarbeitnehmern und (Arbeitnehmer-) Selbstständigen relevant ist. Möglicherweise kann sogar über gute Führung der Wettbewerb um Talente in dem einen oder anderen Fall positiv für das Unternehmen entschieden werden. Auf keinen Fall kann es sich ein Unternehmen aber leisten, aufgrund unmotivierter oder inkompetenter (insbesondere bezüglich der Gestaltungskompetenz von Veränderungsprozessen und bezüglich sozialer Fähigkeiten) Führungskräfte angestellte oder flexibel beschäftige Mitarbeiter zu verlieren.

Zusammenfassung
Die dargestellten Inhalte und Anlässe für Organisationsentwicklung zeigen auf beeindruckende Weise auf, dass sich erfolgreiche Organisationen ständig in Veränderung befinden – egal ob aus der Perspektive der Innovation auf Produktseite oder aufgrund der Flexibilisierung des Arbeitsmarkts. Eine Grundlage für alle Veränderungsprozesse dieser Art liefern die Theorien aus den vorherigen Kapiteln, die jedoch immer in einem strategischen und kulturellen Gesamtkonzept umgesetzt werden sollten. Aus diesem Grund werden wir uns im nächsten Kapitel mit der strategischen und kulturellen Mobilisierung beschäftigen, bevor wir uns dann mit zentralen Erfolgsfaktoren für Veränderungsprozesse auseinandersetzen.

Literatur

1 Schumpeter JA, Opie R (1934) The theory of economic development: An inquiry into profits, capital, credit, interest, and the business cycle. Harvard University Press, Cambridge
2 Jones GR, Bouncken RB (2008) Organisation. Pearson, München
3 Scott SG, Bruce RA (1994) Determinants of innovative behavior: A path model of individual innovation in the workplace. Academy of Management Journal 37(3):580–607
4 Koch M, Werther S (2013) Kreativität und Innovation in Organisationen – eine systemische Perspektive. Ein Leitfaden für moderne Führungskräfte und motivierte Mitarbeiter. In: Landes M, Steiner E (Hrsg) Psychologie der Wirtschaft. Springer VS, Wiesbaden, S 751–769
5 Meissner JO, Seemann S (2013) Unternehmenserneuerung zwischen Innovationssystemen und Systeminnovationen. In: Vogel M (Hrsg) Organisation außer Ordnung. Vandenhoeck & Ruprecht, Göttingen, S 159–177
6 Hülsheger UR, Anderson N, Salgado JF (2009) Team-level pedictors of innovation at work: A comprehensive meta-analysis spanning three decades of research. Journal of Applied Psychology 94(5):1128–1145
7 Damanpour F (1991) Organizational innovation: A meta-analysis of effects of determinants and moderators. Academy of Management Journal 34(3):555–590
8 Yukl GA (2006) Leadership in organizations. Pearson, Upper Saddle River
9 Hernandez M, Eberly MB, Avolio BJ, Johnson MD (2011) The loci and mechanisms of leadership: Exploring a more comprehensive view of leadership theory. The Leadership Quarterly 22(6):1165–1185
10 Brodbeck FC (2008) Leadership in organizations. In: Chmiel N (Hrsg) An introduction to work and organizational psychology. An European perspective. Blackwell, Malden, S 281–304
11 Sprenger RK (2012) Radikal führen. Campus, Frankfurt a. M.
12 Doppler K, Lauterburg C (2008) Change Management: Den Unternehmenswandel gestalten. Campus, Frankfurt a. M.
13 Senge P, Scharmer CO, Jaworski J, Flowers BS (2004) Presence: Human purpose and the field of the future. SoL, Cambridge, Mass.
14 Scharmer CO (2009) Theory U: Leading from the futures as it emerges. Berrett-Koehler, San Francisco
15 Avolio BJ, Walumbwa FO, Weber TJ (2009) Leadership: Current theories, research, and future directions. Annual Review of Psychology 60:421–449
16 Werther S (2013) Geteilte Führung – Ein Paradigmenwechsel in der Führungsforschung. Springer Gabler, Wiesbaden
17 Koch M, Werther S (in Druck) Innovationsprozesse als Herausforderung für traditionelle Führungsstile: Konstruktive Autorität und Präsenz der Führung als neue Führungsleitbilder. Zeitschrift Führung + Organisation. Erscheint erst in Ausgabe 1/2015
18 Hahnzog S (2014) Betriebliche Gesundheitsförderung: Das Praxishandbuch für den Mittelstand. Springer Gabler, Wiesbaden
19 Stephan L, Tillner R (2013) Professionelle Präsenz und neue Autorität: Ein Führungsansatz. In: Grabbe M, Borke J, Tsirigotis C (Hrsg) Autorität, Autonomie und Bindung: Die Ankerfunktion bei elterlicher und professioneller Präsenz. Vandenhoeck & Ruprecht, Göttingen, S 317–338
20 Maes S, Boersma SN (2004) Applications in health psychology: How effective are interventions? In: Sutton S, Baum A, Johnston M (Hrsg) The SAGE handbook of health psychology. Sage, London, S 299–325
21 Renneberg B, Hammelstein P (2006) Gesundheitspsychologie. Springer, Heidelberg
22 Schmidbauer W (2011) Burnout: Depression der Erfolgreichen? Die merkwürdige Karriere eines Begriffs. Psychotherapeutenjournal 4:354–355
23 Scharnhorst J (2012) Burnout: Präventionsstrategien und Handlungsoptionen für Unternehmen. Haufe, Freiburg
24 Waldhauser S, Werther S (2013) Prävention des Burnout-Syndroms: Mitarbeitergespräche als einflussreicher Ausgangspunkt. Wirtschaftspsychologie aktuell 2:46–48
25 Schröder J-P (2013) Gesunde Führung statt Burnout: Vom starren Organigramm zum lebendigen Organismus. steinbach medien network, Schwäbisch Hall
26 Voggenreiter G (2013) Work-Life-Balance. In: Landes M, Steiner E (Hrsg) Psychologie der Wirtschaft. Springer VS, Wiesbaden, S 197–216
27 Goethe J (2013) Resilienz und Effizienz – Architektur für nachhaltigen Unternehmenserfolg. In: Landes M, Steiner E (Hrsg) Psychologie der Wirtschaft. Springer VS, Wiesbaden, S 801–822
28 Schuhler P, Vogelgesang M (2011) Abschalten statt Abdriften: Wege aus dem krankhaften Gebrauch von Computer und Internet. Beltz, Weinheim

29 Moers A (2013) Diversity Management – Mehr als nur Frauenförderung. In: Landes M, Steiner E (Hrsg) Psychologie der Wirtschaft. Springer VS, Wiesbaden, S 783–800
30 Gardenswartz L, Rowe A (1998) Managing diversity. A complete desk reference and planning guide. McGraw-Hill, New York.
31 Shore LM, Randel AE, Chung BG et al (2011) Inclusion and diversity in work groups: A review and model for future research. Journal of Management 37(4):1262–1289
32 Köppel P (2010) Diversity Management in Deutschland 2010: Ein Benchmark unter den DAX 30-Unternehmen. Synergy Consult, Parsdorf
33 Javidan M, Dorfman PW, Sully de Luque M, House RJ (2006) In the eye of the beholder: Cross cultural lessons in leadership from project GLOBE. Academy of Management Perspectives 20(1):67–91
34 Scholz H, Studt JF, Zech R (2004) Integrationsprozesse bei der Fusion von BP und Aral. OrganisationsEntwicklung 4:58–71
35 Gössler M (2007) Die Kunst des Scheiterns. OrganisationsEntwicklung 1:4–11
36 van Knippenberg D, van Knippenberg B, Monden L, de Lima F (2002) Organizational identification after a merger: A social identity perspective. British Journal of Social Psychology 41:233–252
37 Zimmermann KF (2013) Reflektionen zur Zukunft der Arbeit. Forschungsinstitut zur Zukunft der Arbeit, Bonn
38 Probst G, Raub S, Romhardt K (2013) Wissen managen – Wie Unternehmen ihre wertvollste Ressource optimal nutzen. Springer Gabler, Wiesbaden

Mobilisierung von Organisationen

Simon Werther, Christian Jacobs

F. C. Brodbeck, E. Kirchler, R. Woschée (Hrsg.),
Organisationsentwicklung – Freude am Change, Die Wirtschaftspsychologie,
DOI 10.1007/978-3-642-55442-1_7,

Zum Einstieg

Ausgangslage

In einem mittelständischen Unternehmen trifft die Geschäftsführung die Entscheidung, dass Werte bewusst im Unternehmen etabliert werden sollen. Die Führungsverantwortlichen entscheiden sich dabei für Kultur als ein Führungsinstrument. In einer Kulturentwicklung sind zwar immer Menschen die maßgeblichen Protagonisten, dennoch ist sie nur dann nachhaltig erfolgreich, wenn dabei auch Strukturen, Prozesse, Arbeitsmittel und Ausstattungen, Räume etc. berücksichtigt werden. Aus diesem Grund wird die Kulturentwicklung im Unternehmen mit umfangreichen Interventionen und einer langfristigen Perspektive mit Hilfe externer Berater umgesetzt.

Lösungsansatz

Bei dem Werteprozess des mittelständischen Unternehmens wird sowohl die Entwicklung der Menschen als auch die des Unternehmens über die Auseinandersetzung mit den Unternehmenswerten zukunftsfähig gemacht. Die Etablierung der Werte wird in einem kontinuierlichen Prozess sichergestellt, der sich sowohl an konkreten Themen des Unternehmensalltags als auch an Themen, die auf den ersten Blick darüber hinausreichen, orientieren. Ein „Kulturradar" wird die Entwicklung der Kultur im Unternehmen messen, um, darauf aufbauend, Interventionen anzupassen oder neue Ansätze zu integrieren.
Das Einführen und Etablieren der Werte im Unternehmen wird innerhalb von zwei Jahren als Projekt mit unterschiedlichen Teilprojekten betrieben. Am Ende dieser Phase wird darüber entschieden, ob der Umgang mit den Werten weiter als Projekt behandelt wird oder in den Alltag des Unternehmens übergehen kann. Deshalb sind ein konkreter Auftraggeber (z. B. der Beirat oder der Unternehmer) und ein Lenkungskreis (Board) zu benennen. Der Lenkungskreis kann in diesem Fall auch Kulturkreis, Wertebeirat oder ähnlich genannt werden. Selbstverständlich müssen eine Projektleitung und ein Projektteam benannt werden. In den Teilprojekten können jeweils Projektteammitglieder wiederum Leiter oder Mitarbeiter sein. Zusätzlich werden in diesem Team weitere Mitarbeiter und Führungsverantwortliche eingebunden. So wächst der Kreis der organischen „Paten" kontinuierlich an.
Die grundsätzliche Vorgehensweise wird mit dem Auftraggeber besprochen und die Ziele werden abgestimmt. Lenkungskreis und Projektteam werden benannt, um dann im Board einen gemeinsamen Beschluss über das konkrete Vorgehen zu fassen.Die Ziele der Kulturentwicklung lauten folgendermaßen:

- Wir werden zu einem Unternehmen, das bei strategischer Neuorientierung beziehungsweise bei Veränderungen von außen schnell von einem stabilen Zustand in einen neuen stabilen Zustand kommt – ohne dass hierzu krisenhafte Störungen notwendig sind, um das entsprechende Momentum zu erzielen.
- Wir werden ein Unternehmen, das die Veränderung als den Weg erkannt hat, der Sicherheit für die Zukunft gibt.
- Wir werden ein Unternehmen, das die Mitarbeiter darin ausbildet, mit Veränderungen aktiv und sicher umzugehen.
- Wir werden ein Unternehmen, das Mitarbeiter anzieht, die sich selbst, ihren Arbeitsbereich, unser Unternehmen und die Gesellschaft (Stakeholder) aktiv gestalten wollen.
- Wir werden ein Unternehmen, in dem unsere Werte Leitplanken für Handlungen und Entscheidungen sind.

- Wir werden ein Unternehmen, das sich durch stabile und anpassungsfähige Strukturen auszeichnet.
- Wir werden ein Unternehmen, in dem ein Bewusstsein herrscht, das unsere Unternehmenskultur beeinflusst und unseren Erfolg sicherstellt.

In mehreren Teilprojekten werden anhand dieser Ziele konkrete Schritte abgeleitet und umgesetzt. In ◘ Tab. 7.1 sind einige Teilprojekte detaillierter dargestellt.

Bereits an den dargestellten Teilprojekten wird sehr deutlich, dass es sich um einen langfristig angelegten und vor allem kontinuierlich weitergeführten Veränderungsprozess handelt. Dieser ist nicht zu einem bestimmten Zeitpunkt abgeschlossen, sondern er wird das Unternehmen vielmehr fortlaufend begleiten. Ein beispielhaftes Kulturmanifest, wie es aus einer Kulturentwicklung heraus entstehen könnte, ist in ◘ Abb. 7.1 dargestellt.

In den vorherigen Kapiteln haben wir anhand zahlreicher Theorien, Beispiele und Szenarien aufgezeigt, dass Organisationsentwicklung aktueller denn je ist und dass organisationale Veränderungsprozesse für Organisationen aller Art überlebenswichtig sind. Daran anschließend möchten wir in diesem Kapitel darstellen, was es mit der Mobilisierung von Organisationen auf sich hat und warum diese in den nächsten Jahren an Bedeutung gewinnen wird. Dabei gehen wir von folgenden Grundannahmen für Veränderungsprozesse aus:

- Eine strategisches oder kulturelles Konzept definiert Aussagen zum Warum, zum Was, zum Wie bezüglich Themen und Menschen in einer Organisation.
- Ein strategisches und kulturelles Konzept berücksichtigt alle relevanten Stakeholder (Menschen, die mit der Strategie zu tun haben) aus der Innen– sowie aus der Außenperspektive der Organisation.
- Die daraus resultierenden Prozesse beinhalten sowohl verschiedene Phasen als auch verschiedene Rollen der am Prozess beteiligten Personen.
- Die Entwicklung des Prozesses liegt (sofern es sich um traditionell-hierarchische Organisationen handelt) in der Verantwortung der Führung, seine Umsetzung in der Verantwortung der Mitarbeiter.
- Ein strategischer und kultureller Prozess dieser Art ist lebend, lebendig und dynamisch.
- Aufgrund der sich permanent ändernden Bedingungen und der starken Umsetzungsorientierung in diesem Prozess ist es angebracht, von der Mobilisierung einer Organisation zu sprechen.

Bei allem geht es nicht darum, dass eine ständige und radikale Veränderung in der Organisation propagiert und gelebt wird. Vielmehr sollen – ganz nach den Devisen „Erhalten durch Verändern“ wie auch „Verändern durch Erhalten“ – genauso erhaltenswerte Bestandteile identifiziert und beibehalten werden, wie sie in ◘ Tab. 7.2 dargestellt sind. Die Zielrichtung ist dabei sowohl die Wettbewerbsfähigkeit als auch die Überlebensfähigkeit von Unternehmen. Wir haben uns bereits in ► Kap. 4 mit diesem Spannungsfeld zwischen Effizienz und Resilienz beschäftigt: Die Antwort liegt nicht im Entweder-oder, sondern – ganz im systemischen Sinne – im Sowohl-als-auch, obwohl eine leichte Orientierung in Richtung Resilienz förderlich erscheint [1]. Gleichzeitig muss allerdings in aller Deutlichkeit angemerkt werden, dass ein langfristiges Überleben nur in einem schmalen Korridor zwischen diesen Polen möglich ist.

Spannend ist diese Betrachtung in Organisationen, die in keinem echten Markt und damit in keinem echten Wettbewerbsumfeld tätig sind, beispielsweise Behörden und Ämter. Hier

Tab. 7.1 Teilprojekte einer beispielhaften strategischen Mobilisierung

Teilprojekt	Ziel	Vorgehen	Konkrete Schritte
Kulturmanifest	Die Werte sind in ihrer Bedeutung für den einzelnen Menschen und das Unternehmen beschrieben.	In einem Workshop, der einer Zeitungsredaktion gleicht, werden die Texte verfasst, die die Werte umfassend und handlungsleitend beschreiben. Die Redaktionsmitglieder sind ein repräsentativer Querschnitt durch die deutschsprachigen Standorte. Etwaige bestehende Leitbilder oder ähnliche kulturelle Aussagen werden im Workshop in dem Kulturmanifest integriert.	1. Entscheidung über das Teilprojekt 2. Feinkonzept erstellen 3. Redaktionsmitglieder benennen 4. Workshop vorbereiten und durchführen 5. Erstellen des fertigen Manifests 6. Veröffentlichen und Übergeben
Unternehmenskultur und Werte	Alle Führungsverantwortlichen haben sich mit dem Manifest auseinandergesetzt und für sich persönliche und Führungsrollen bezogene Umsetzungen erarbeitet.	In mehreren Workshops, die mit über die Bereiche und Standorte gemischten Teilnehmern durchgeführt werden, wird für ein Verständnis im Umgang mit Unternehmenskultur und den Werten gesorgt. Jeder Teilnehmer weiß, wie zukünftig Werte in seinem Führungsalltag vorkommen werden.	1. Entscheidung über das Teilprojekt 2. Entscheidung über das Format 3. Feinkonzept erstellen 4. Workshops vorbereiten (Ort, Zusammensetzung etc.) 5. Workshops durchführen 6. Auf Führungsrollen bezogene Vorhaben unterstützen und ein Monitoring einrichten
Kulturkommunikation	Bei allen relevanten Stakeholdern entsteht ein immer besseres Verständnis und ein klares Bewusstsein über die Bedeutung der Werte und einer sich aktiv gestaltenden Unternehmenskultur. Alle relevanten Stakeholder werden regelmäßig über die Entwicklungen der Unternehmenskultur und den Umgang mit den Werten informiert.	In einem Workshop werden mögliche und vor allem innovative Formate der Kulturkommunikation reflektiert und diskutiert. Danach wird in einer Projektgruppe die weitere Kommunikation verstetigt.	1. Entscheidung über das Teilprojekt 2. Workshop vorbereiten 3. Workshop durchführen 4. Kommunikationsformate vorbereiten und kontinuierlich umsetzen

■ **Tab. 7.1** (*Fortsetzung*) Teilprojekte einer beispielhaften strategischen Mobilisierung

Teilprojekt	Ziel	Vorgehen	Konkrete Schritte
Strukturen und Prozesse	Relevante Geschäftsprozesse sind auf ihre Übereinstimmung mit den Werten hin überprüft und wenn nötig angepasst worden.	Ein Team von dafür qualifizierten Mitarbeitern überprüft die Strukturen und Prozesse und schlägt dem Board geeignete Veränderungen vor. Über diese wird danach entschieden und sie werden nach Prioritäten umgesetzt. Alternativ kann es auch eine Aufgabe für alle Führungsverantwortlichen sein, die von ihnen verantworteten Strukturen und Prozesse zu überprüfen und abgestimmt anzupassen.	1. Entscheidung über das Teilprojekt 2. Entscheidung für ein Format 3. Exakte Beschreibung der Vorgehensweise 4. Überprüfen der Strukturen und Prozesse 5. Konsolidieren und anpassen 6. Den Anpassungsprozess „monitoren"
Kulturradar	Der Zustand und der Grad der Weiterentwicklung der Unternehmenskultur unter der besonderen Berücksichtigung der Unternehmenswerte werden regelmäßig überprüft. Die Ergebnisse führen immer zu direkten Ableitungen von Verbesserungspotenzialen.	Es wird ein sehr schlankes und gutes Instrument entwickelt, das den Zustand der Unternehmenskultur misst. Dieses Instrument wird von den jeweiligen Führungsverantwortlichen immer persönlich und gemeinsam mit den direkten Mitarbeitern verwendet.	1. Entscheidung über das Teilprojekt 2. Entwicklung des Instruments 3. Qualitätssicherung über einen Piloteinsatz 4. Einsatz des Instruments von allen Führungsverantwortlichen 5. Auswertung und Qualitätssicherung nach dem „ersten Durchgang" 6. Regelmäßiger Einsatz des Instruments
Kulturanpassung Personalentwicklung	Alle Personalentwicklungsmaßnahmen entsprechen den Aussagen des Kulturmanifests. In einigen PE-Maßnahmen werden die Werte und die Aussagen des Kulturmanifests ausdrücklich vermittelt.	Ein Team oder die Personalentwicklung überprüfen alle laufenden Maßnahmen und führen gegebenenfalls Anpassungen durch.	1. Entscheidung über das Teilprojekt 2. Verantwortliche(n) benennen 3. Durchführen des Teilprojekts 4. Anpassen oder Neukonzipieren der relevanten PE-Maßnahmen

Tab. 7.1 (*Fortsetzung*) Teilprojekte einer beispielhaften strategischen Mobilisierung

Teilprojekt	Ziel	Vorgehen	Konkrete Schritte
Jugend(sub)kultur	Das Unternehmen bekommt von den Auszubildenden und „jungen Kulturwissenschaftlern" (Kunst- oder Philosophiestudenten) ein Feedback zum Zustand der Unternehmenskultur und Vorschläge für die Weiterentwicklung.	Ein Team aus Auszubildenden und jungen Kulturwissenschaftlern erarbeitet sich Methoden der Kulturanalyse, gibt Feedback und übergibt den Führungsverantwortlichen die „Ergebnisse". Dann wird entschieden, was in die Umsetzung kommt, und das Team erhält mindestens ein Thema für die Umsetzung.	1. Entscheidung über das Teilprojekt 2. Benennen einer Teilprojektleitung und des Projektteams 3. Durchführen des Projekts
Innovationskreis	Das Unternehmen ist in der Region und darüber hinaus als innovatives Unternehmen etabliert. Das Unternehmen hat einen systematischen Prozess etabliert, wie Innovationen in das Unternehmen kommen.	Die Geschäftsführung etabliert einen Kreis aus Unternehmern, Wissenschaftlern und „Kreativen", der sich mit der Innovation und der Innovationsfähigkeit von Unternehmen beschäftigt. Dieser Kreis bringt aktiv Innovationen in das Unternehmen ein.	1. Entscheidung über das Teilprojekt 2. Zusammenstellen des Kreises 3. Sinn und Arbeitsweise des Kreises beschreiben 4. Organisation des ersten Kreises 5. Qualitätssicherung und Fortführen des Kreises

schwenkt die Orientierung stark in Richtung „Verändern durch Erhalten" aus, so dass die Überlebensfähigkeit der Organisation im Mittelpunkt steht. Das ist erst einmal verständlich und nachvollziehbar, sofern Menschen grundsätzlich oftmals auch eher zurückhaltend in ihrer Veränderungsbereitschaft sind [2]. Gleichzeitig muss bei diesen Organisationen kritisch angemerkt werden, dass sie sich in manchen Fällen in Richtung einer sich selbst verwaltenden Verwaltung orientieren. Das bedeutet, dass die Legitimation der Organisation die Verwaltung der eigenen Verwaltung ist, das heißt die Bürokratisierung nimmt überhand, ohne Berücksichtigung der ursprünglichen Zuständigkeiten der Behörde oder des Amts. Andererseits lässt sich in manchen Unternehmen in sehr dynamischen Märkten feststellen, dass sie sehr stark vom Erhalten durch Verändern getrieben sind, was mit permanenten Belastungen der Mitarbeiter durch unaufhaltsamen Wandel einhergehen kann.

Tab. 7.2 „Erhalten durch Verändern" sowie „Verändern durch Erhalten" [3, S. 19]

„Erhalten durch Verändern"	„Verändern durch Erhalten"
– Leitidee des beständigen Wandels – Leitidee des radikalen Wandels: Strategie-, Struktur- und Kulturbruch – Fokus: Wettbewerbsfähigkeit von Unternehmen	– Leitidee der „reproduktiven Stabilität" als zentraler Stabilitätsanker von Unternehmen – Organisatorische Achtsamkeit durch Dialogverfahren – Fokus: Überlebensfähigkeit von Unternehmen

KULTURMANIFEST

Wertschätzung

Wir achten uns unabhängig von Hierarchien gegenseitig und begegnen uns respektvoll. Dabei sprechen wir miteinander und nicht übereinander. Lob und konstruktive Kritik äußern wir offen und ehrlich. Wir hören aktiv und unvoreingenommen zu. Wir respektieren die körperlichen und geistigen Fähigkeiten und Möglichkeiten des Einzelnen. Wertschätzung fördert den Teamgedanken und stärkt das individuelle Selbstwertgefühl.

Ambition

Wir setzen uns überdurchschnittliche und zugleich realisierbare Ziele. Wir haben den Anspruch, diese Ziele zu erreichen und unsere Leistung zu steigern. Wir sind motiviert und engagiert. Uns treibt der Wille an, zu gewinnen und besser zu sein als andere.

Neugier

Wir sind neugierig und begierig auf Märkte, neue Technologien, Verfahren, Anwendungen und die Veränderung im Unternehmen. Dadurch entstehen neue Produkte und Dienstleistungen. Damit wecken wir heute und in Zukunft Neugier und Begeisterung beim Kunden.

Mut

Wir setzen unsere Visionen um. Wir trauen uns, neue Wege zu gehen – auch wenn sie unbequem sind – und bestehende Grenzen zu überschreiten. Wir haben Mut zur Veränderung und zu ambitionierten Zielen.
Wir übernehmen Verantwortung, treffen mutige Entscheidungen und stehen zu ihnen. Wir kommunizieren hierarchieübergreifend, offen und ehrlich.

Veränderungswille

Wir hinterfragen Bestehendes, sind flexibel und offen für Neues. Wir verändern uns gezielt, kontinuierlich und transparent. Das macht uns zukunftssicher. Die Bereitschaft zur Veränderung beginnt bei jedem Einzelnen. Wir unterstützen andere bei Veränderungen.

Umsetzungsstärke

Wir packen beherzt an und bringen alles zu einem Ende. Durch kurze Wege, Effektivität und Schnelligkeit setzen wir Prozesse, Projekte und Aufgaben konsequent um. Wir verfügen über Durchsetzungsvermögen. Wir denken in Lösungen. Wir erzielen optimale Ergebnisse durch innovativen und gezielten Ressourceneinsatz. Wir planen detailliert und reagieren flexibel. Über realistische Zwischenschritte erreichen wir unsere hochgesteckten Ziele. Wir setzen die richtigen Prioritäten und bewerten die Meilensteine permanent.

Wir sind Felss.

Abb. 7.1 Kulturmanifest der Firma Felss [Felss Holding GmbH]

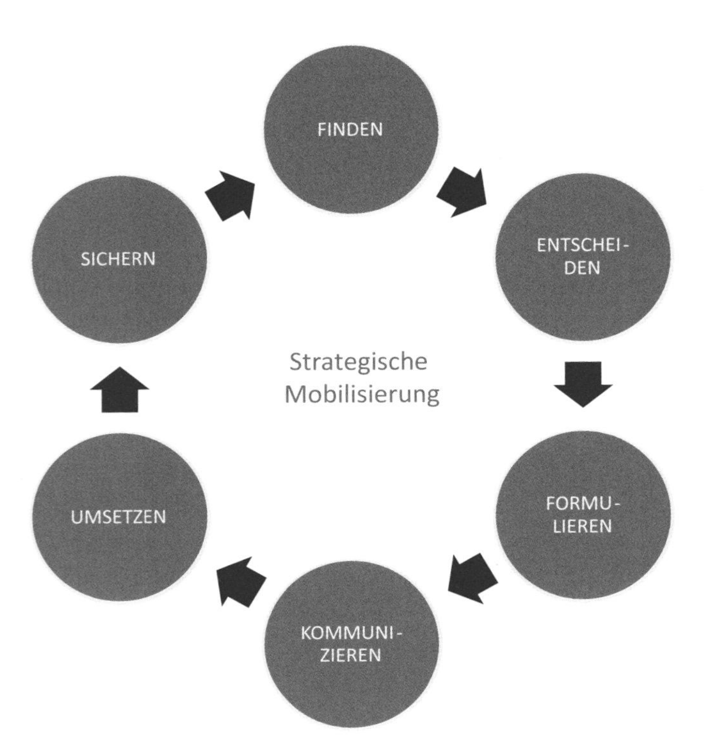

Abb. 7.2 Prozess der strategischen Mobilisierung

In den folgenden beiden Abschnitten möchten wir die Zielrichtung der strategischen und die der kulturellen Mobilisierung vorstellen, durch die sowohl die Wettbewerbsfähigkeit als auch die Überlebensfähigkeit von Organisationen erhalten werden sollen.

Strategische Mobilisierung

Die Zielsetzung der strategischen Mobilisierung ist die Bündelung aller Ressourcen und Energien in der Organisation in eine gemeinsame Richtung. Dafür müssen alle Stakeholder (Führungskräfte, Mitarbeiter, Kunden etc.) Orientierung haben und sich entsprechend der strategischen Ausrichtung entscheiden und verhalten können. Die strategischen Aussagen müssen dementsprechend konkret und für alle Bereiche des Unternehmens relevant sein, so dass daraus für jeden Stakeholder konkrete Handlungsimplikationen ableitbar sind. Insgesamt liegt ein besonderes Augenmerk auf dem Fortschritt der Entwicklung der strategischen Mobilisierung, der ständig überprüft, kommuniziert und bei Bedarf beeinflusst wird.

Mit „strategische Mobilisierung" ist ein Prozess gemeint, der alle Mitarbeiter und gegebenenfalls weitere externe Stakeholder in die strategische Entwicklung und deren Umsetzung im Unternehmen einbindet. Das bedeutet gleichzeitig, dass es künftig keine Strategie im klassischen Sinne mehr geben wird, sondern dass ein erfolgreiches Unternehmen, an die Entwicklung der relevanten Umwelt angepasst, strategische Elemente in die Umsetzung bringen wird. Strategische Elemente liefern dabei einen wesentlichen Beitrag zur Weiterentwicklung der Organisation in strategischer Hinsicht.

Die strategische Mobilisierung erfolgt in sechs Phasen, die in ◘ Abb. 7.2 dargestellt sind. Nach dem Finden strategischer Elemente erfolgt die Entscheidung auf Basis dieser Elemente. Aufbauend auf der Entscheidung werden strategische Kernaussagen formuliert, die zusammen mit strategischen Elementen kommuniziert werden. Danach steht die Umsetzung der strategischen Elemente im Mittelpunkt, wobei diese Umsetzung fortlaufend gesichert wird.

In ◘ Tab. 7.3 werden den einzelnen Phasen der strategischen Mobilisierung Inhalte, notwendige Stakeholder und mögliche Methoden zugeordnet. Dabei muss berücksichtigt werden, dass die Phasen ineinander und gleichzeitig ablaufen können. Es handelt sich in der Realität erfahrungsgemäß nie um einen linearen Ablauf, dennoch bilden die Phasen letztlich einen Kreislauf der Steuerung. Daraus resultiert eine zentrale Anforderung an die Unternehmensleitung und an alle Führungskräfte: Der Prozess der strategischen Mobilisierung muss lebendig gehalten werden. Die in ◘ Tab. 7.3 dargestellten Methoden sind eine exemplarische Auswahl ohne Anspruch auf Vollständigkeit. Auf einige der Methoden werden wir in ► Kap. 9 detaillierter eingehen.

Gerne möchten wir uns in Anknüpfung an ► Kap. 5 mit dem Scheitern auseinandersetzen. Bezüglich der strategischen Mobilisierung stehen die Karten für ein Scheitern gut, wenn die folgenden Punkte berücksichtigt werden:
- Es wird keine klare und attraktive strategische Aussage getroffen.
- Die Führungskräfte arbeiten im Alltag mit jeweils unterschiedlichen impliziten Erfolgsmodellen.
- Klare Ziele und Aufgaben fehlen.
- Die Organisation und die Menschen werden in den Anforderungen nicht entwickelt.
- Bei auftretenden Schwierigkeiten werden grundsätzliche Entscheidungen infrage gestellt und geändert.
- Entscheidungen im Alltag basieren nicht auf Daten und Fakten.
- Die Erfolge werden zu wenig kommuniziert.
- Die guten Mitarbeiter dürfen nicht so arbeiten, wie sie es für richtig halten.
- Der Prozess der strategischen Mobilisierung passt nicht zum Prozess der strategischen Planung.

Insgesamt kann festgehalten werden, dass es sich bei der strategischen Mobilisierung um eine Prozessperspektive der Strategieentwicklung und -umsetzung handelt, bei der eine dynamische Strategie im Mittelpunkt steht. Diese wird in einem fortlaufenden Prozess weiterentwickelt, ergänzt und überarbeitet und somit direkt an die sich verändernden Rahmenbedingungen angepasst. Darin enthalten ist bereits die kulturelle Mobilisierung, mit der wir uns im nächsten Abschnitt beschäftigen werden.

Zwischenfazit

Die strategische Mobilisierung beinhaltet die Phasen „Finden", „Entscheiden", „Formulieren", „Kommunizieren", „Umsetzen" und „Sichern". Dabei handelt es sich allerdings nicht um ein starres lineares Modell, sondern vielmehr um einen dynamischen Prozess, der in verschiedensten Varianten ablaufen kann. Wichtig ist, dass man die einzelnen Phasen im Blick behält und dass die damit zusammenhängenden zentralen Leitfragen intensiv reflektiert und bearbeitet werden. Der Prozess der strategischen Mobilisierung ist nie beendet, da sich durch sich wandelnde Rahmenbedingungen immer Eckdaten ändern, so dass diese neuen Informationen entsprechend berücksichtigt werden müssen.

Tab. 7.3 Genaue Beschreibung der Phasen der strategischen Mobilisierung

Phase	Inhalt	Stakeholder	Methoden
Finden	In dieser Phase wird die Zukunft der Organisation gefunden bzw. erfunden. Dazu sind bei bestehenden Organisationen umfangreiche Markt-, Mitbewerber- und Kernkompetenzanalysen notwendig. Leitfragen: – Wie lauten unser gesellschaftlicher Auftrag, unsere Vision und unsere Mission? – Welche gesellschaftlichen und technischen Entwicklungen wird es geben, die unser Geschäft maßgeblich beeinflussen? – Welche Aufgaben bzw. Fragen leiten sich daraus für potenzielle Kunden ab? – Wer sind unsere Mitbewerber und in welchem Markt sind diese tätig? – Welche Innovationen (z. B. bezüglich Struktur, Prozess, Produkt oder Dienstleistung) kennen wir schon, die wir selbst betreiben werden? – Wer oder was kann uns am stärksten am Erfolg hindern? – Welche Stärken besitzen wir, die wir nutzen und ausbauen werden?	Inhaber, Unternehmensleitung, Geschäftsführung, Zukunftsexperten Verantwortlich: Unternehmensleitung	Appreciative Inquiry, Time Magazine, Stakeholderanalyse, Trendanalysen, Szenariotechniken, Konkurrenz- und Kundenanalysen, Theory U, Mitarbeiterbefragungen etc.
Entscheiden	In dieser Phase werden die Möglichkeiten der Gestaltung der Zukunft für die Organisation sehr kritisch geprüft. Leitfragen: – Welche Aufgaben bzw. Fragen welcher Kunden werden wir in Zukunft erfüllen bzw. beantworten? – Welches Geschäftsmodell wird dann für uns das sinnvollste sein? – Wie sieht die damit zusammenhängende betriebswirtschaftliche Bewertung aus? – Welche Kernkompetenzen werden uns sicherlich nützen? – Welche Risiken kennen wir jetzt schon, wie bewerten wir diese und wie werden wir damit umgehen? – Welche alternativen Szenarien könnten wir uns auch vorstellen, und warum entscheiden wir uns trotzdem für das oben genannte?	Inhaber, Unternehmensleitung, Geschäftsführung, Kunden, Lieferanten Verantwortlich: Unternehmensleitung	7S, SWOT-Analyse, Inner Flow Management etc.

Tab. 7.3 (*Fortsetzung*) Genaue Beschreibung der Phasen der strategischen Mobilisierung

Phase	Inhalt	Stakeholder	Methoden
Formulieren	In dieser Phase geht es um die Beschreibung eines Raumes aus den Möglichkeiten der Zukunft. Dieser Raum soll für die Mehrzahl der relevanten Stakeholder eine hohe Attraktivität besitzen. Leitfragen: – Was sind die strategischen Kernaussagen (bezüglich Markt, Produkten und Dienstleistungen, Qualität etc.)? – Was ist unser kulturelles Leitbild und welches Menschenbild geht damit einher? – Was sind unsere Unternehmensziele und „Leitplanken" für anstehende Entscheidungen? – Was sind unsere (impliziten) Erfolgsmodelle; oder warum glauben wir an unseren Erfolg?	Unternehmensleitung, Geschäftsführung, Keyplayer, Kommunikation Verantwortlich: Unternehmensleitung und Geschäftsführung	Visionsarbeit, Kulturanalyse, Storytelling etc.
Kommunizieren	In dieser Phase wird die Geschichte kreiert, die alle Stakeholder bestmöglich motivieren und antreiben soll. Leitfragen: – Was wollen wir an wen in welchem Rhythmus mit welchem Medium mitteilen? – Wollen wir einen Dialog zur Strategie initiieren? – Wie organisieren wir die zukünftige Kommunikation um die Strategie?	Unternehmensleitung, Geschäftsführung, Keyplayer, Kommunikation Verantwortlich: Geschäftsführung, Kommunikation	Storytelling, Tools der Kommunikation, moderne Formate (z. B. Videos, Blogs) etc.
Umsetzen	In dieser Phase geht es um die konkrete Umsetzung der erarbeiteten strategischen Elemente aus den vorherigen Phasen. Leitfragen: – Welche Konkretisierungen der Strategie werden wir jetzt vornehmen (z. B. Bereichs-, Funktions- oder Prozessstrategien)? – Wie wird unsere Aufbau- und Ablauforganisation aussehen? – Welche Ziele haben wir in welchem zeitlichen Horizont? – Welche Aufgaben (Projekte) leiten sich mit welchen Maßnahmen aus den Zielen ab? – Was werden wir für die Organisationskultur tun? – Was müssen welche Menschen in der Organisation können und lernen? – Wo brauchen wir neue Mitarbeiter? – Welche Stakeholder außerhalb des Unternehmens müssen bzw. wollen wir wie in die Umsetzung einbinden? – Was müssen wir abschaffen, weil es nicht zur Zukunft gehört? – Wie gehen wir mit Befürchtungen und Widerständen im weiteren Prozess der strategischen Mobilisierung um?	Unternehmensleitung, Geschäftsführung, Führungskräfte, Mitarbeiter, Betriebsrat, Kunden, Lieferanten, Öffentlichkeit (z. B. Presse und Verbände) Verantwortlich: Geschäftsführung, Führungskräfte, Mitarbeiter Schlüsselrollen: Führungskräfte, HR, Kommunikation, Betriebsrat	„Das Unmögliche", Kongress der Projekte, Schlachtfest, Roadmaps, Zielvereinbarungen, Projektmanagement, Aufgaben- und Maßnahmenpläne, Tools des Change Managements etc.

Tab. 7.3 (*Fortsetzung*) Genaue Beschreibung der Phasen der strategischen Mobilisierung

Phase	Inhalt	Stakeholder	Methoden
Sichern	In dieser Phase geht es um die Sicherung der laufenden strategischen Mobilisierung. Dabei muss die Sicherung bezüglich Maßnahmen, Planungen und Strategien erfolgen. Leitfragen: – Mit welchen Controlling- und Monitoring-Mechanismen werden wir arbeiten? – Wie werden wir diesbezüglich sehr transparent sein? – Wie sorgen wir dafür, dass den Handelnden immer die hilfreichen und richtigen Informationen vorliegen? – Welche Gremien brauchen wir dafür, mit welchen Aufgaben? – Wie sichern wir unsere Lernerfahrungen und machen Wissen daraus? – Wie bleiben wir in diesem laufenden Prozess ständig mit der Zukunft und der Gesellschaft in Kontakt?	Inhaber, Unternehmensleitung, Geschäftsführung, Führungskräfte, Mitarbeiter Verantwortlich: Unternehmensleitung	Ethnologische Expedition, Kehraustag, „Nutze den Tag", Kennzahlenanalysen, Balanced Scorecard, Beyond Budgeting, Kulturanalysen, Survey Feedback (z. B. 360°-Feedbacks, Mitarbeiterbefragungen) etc.

Kulturelle Mobilisierung

Der Prozess der strategischen Mobilisierung ist kombiniert mit einer kulturellen Mobilisierung am erfolgversprechendsten. Denn eine strategische Mobilisierung kann nur dann langfristig und kontinuierlich in den Abläufen, Prozessen und im Bewusstsein der Menschen in einem Unternehmen etabliert werden, wenn damit auch ein kultureller Wandel und eine kulturelle Mobilisierung verbunden sind. Dennoch ist es oftmals so, dass Unternehmen anfangs nur den Prozess der strategischen Mobilisierung im Blick haben und dann im Laufe der Zeit die kulturelle Mobilisierung in den Fokus rückt. Wir plädieren hier ausdrücklich für eine integrierte Betrachtung, die auch den Prozess der strategischen Mobilisierung von Anfang an beflügelt.

Mit einer kulturellen Mobilisierung gehen die gleichen Schritte einher, die in Tab. 7.3 dargestellt sind, nur dass die Beantwortung der Leitfragen mit einem kulturellen Schwerpunkt erfolgt. Dabei bilden aus kultureller Perspektive vor allem Werte den Ausgangspunkt für die weitere kulturelle Mobilisierung. Im eingangs beschriebenen Szenario der kulturellen Mobilisierung eines mittelständischen Unternehmens wird das bereits sehr deutlich. Das Kulturmanifest bildet hier die Grundlage für alle weiteren Teilprojekte, die somit immer das Ziel verfolgen, dass diese Werte zum Leben erweckt werden, also in den unterschiedlichsten Unternehmensbereichen spürbar und lebendig sind.

Dabei basiert der Ansatz der kulturellen Mobilisierung auf einer sehr umfassenden Perspektive auf Unternehmenskultur, in der Theorien der Philosophie, der Soziologie und der Kunst berücksichtigt werden [4]. Genauso bilden aber die ursprünglichen Grundlagen zur Unternehmenskultur eine wichtige Basis für diesen Ansatz der Veränderung in Organisationen [5]. Im Mittelpunkt steht immer eine stärkebasierte Betrachtung von Organisationen und deren Ressourcen, analog zu den aktuellen Überlegungen zu „Positive Leadership" [6].

Die Bedeutung der kulturellen Mobilisierung muss allerdings auch in einem größeren gesellschaftlichen Zusammenhang gesehen werden. Zu diesem gehören etwa jüngere Ereignisse

Tab. 7.4 Zustände der organisationalen Energie

Intensität	Qualität	
	Negativ	Positiv
Hohe	Korrosive Energie	Produktive Energie
Niedrige	Resignative Energie	Angenehme Trägheit

wie der Arabische Frühling und andere neue Formen des Protests. Den Ausgangspunkt für diese oftmals umfassenden revolutionären Bewegungen bilden Werte und die damit verbundene Unzufriedenheit mit den vorherrschenden expliziten oder impliziten Regeln und Normen in einer Gesellschaft.

Darüber hinaus können alle Theorien aus ► Kap. 4 für die Perspektive der kulturellen Mobilisierung herangezogen werden, wie wir in der folgenden Aufzählung detaillierter darstellen möchten.

- *Unternehmenskultur:* Es versteht sich von selbst, dass die Unternehmenskultur die Basis für jede Form der kulturellen Mobilisierung darstellt. Wichtig ist dabei allerdings, dass es sich nicht um eine enge Betrachtungsweise der Unternehmenskultur handelt, sondern dass diese in einen größeren gesellschaftlichen Kontext eingebettet wird. Gerade bei den immer wichtigeren Themen „Innovation" und „Flexibilität" ist eine Einbettung in regionale und gesellschaftliche Gegebenheiten für eine erfolgreiche kulturelle Mobilisierung von großer Bedeutung.
- *Lernende Organisation:* Selbstverständlich ist die lernende Organisation eine Grundhaltung im Rahmen der kulturellen Mobilisierung. Ohne die Eckdaten einer lernenden Organisation wäre eine kulturelle Mobilisierung gar nicht denkbar, schließlich steht genau der Lernaspekt im Mittelpunkt dieser Perspektive auf Organisationsentwicklung.
- *Resilienz:* Auch Resilienz stellt eine wichtige Grundlage für die kulturelle Mobilisierung dar. Letztlich müssen alle Werte, die der Ausgangspunkt der kulturellen Mobilisierung sind, auf ihre Resilienz-Tauglichkeit hin überprüft werden. Die Werte müssen somit eine resiliente Organisation erwarten lassen, um zukünftigen externen Krisen und Anforderungen angemessen begegnen zu können.
- *Präsenz:* Die Perspektive der Präsenz und der Achtsamkeit darf unserer Auffassung nach heutzutage bei keiner kulturellen Entwicklung fehlen. Gerade durch den zunehmenden Veränderungsdruck und die steigende Flexibilität braucht es eine Gegenbewegung der Ruhe und der Gelassenheit. Präsenz und Achtsamkeit sind hier wertvolle „Anker", die sich ebenfalls in den Zukunftswerten abbilden können und somit im Sinne eines kulturellen Manifests die gewünschte Grundhaltung der Angehörigen einer Organisation transportieren.

Zusätzlich ist die Integration der organisationalen Energie hilfreich, unter der die Kraft verstanden wird, mit der Organisationen arbeiten [7]. Es geht somit darum, wie Unternehmen sowohl ihr emotionales als auch ihr kognitives und ihr verhaltensbezogenes Potenzial vollständig aktivieren und ausschöpfen, um darauf aufbauend die Unternehmensziele zu erreichen. Dabei kann zwischen den in Tab. 7.4 dargestellten Zuständen unterschieden werden.

Letztlich verfolgt jede kulturelle Mobilisierung die Zielsetzung, dass die Organisation einen Zustand der produktiven organisationalen Energie erreicht. Dabei geht es explizit um emotionale, kognitive und verhaltensbezogene Aspekte. Emotionen spielen hier eine zentrale Rolle, worauf wir bereits in ► Kap. 5 aus einer allgemeinen Perspektive auf Veränderungen eingegangen sind.

Zentral ist somit auch die Berücksichtigung emotionaler Komponenten bei der Kommunikation. Bezogen auf die Kommunikation muss darüber hinaus beachtet werden, dass es um das Erzählen von Geschichten geht, wie wir bereits anhand von Storytelling in ► Kap. 4 dargestellt haben [8]. Unternehmenskommunikation nach innen und außen muss sich demnach auch insofern weiterentwickeln, als neue Formen der Kommunikation und neue Formate integriert werden müssen. Kurze Texte, starke Bilder und prägnante Videos sind momentan sicherlich Trends, die auch in der Unternehmenskommunikation weiter Einzug finden müssen. Genauso ist es wichtig, dass Feedbackkanäle angeboten werden, da gerade der im dritten Kapitel angesprochene Wertewandel hier neue und offenere Kommunikationsformen mit sich bringt, die nicht einseitig ablaufen dürfen. Zumindest dann nicht, wenn die Inhalte glaubhaft kommuniziert werden sollen.

Zusammenfassung

Es lässt sich zusammenfassend feststellen, dass sich Organisationen heutzutage fast zwingend mit dem Ansatz der strategischen Mobilisierung beschäftigen müssen. Dabei handelt es sich zweifelsfrei um eine Organisationsentwicklung in dem Sinn, dass ein langfristiger und kontinuierlicher Veränderungsprozess initiiert wird, der letztlich nie vollständig abgeschlossen ist. Wäre er zu einem bestimmten Zeitpunkt abgeschlossen, dann wäre er letztlich gescheitert. Genauso verhält es sich bei der kulturellen Mobilisierung, die einerseits in der strategischen Mobilisierung enthalten ist und andererseits auch als eigener Ansatz verfolgt werden kann. Die Bedeutung von handlungsleitenden Werten spielt dabei immer eine zentrale Rolle, sofern das Verhalten in Organisationen gerade in Zeiten zunehmender Veränderung eine fundierte Basis und einen klaren „Anker" benötigt.

Literatur

1. Lietaer B, Ulanowicz RE, Goerner SJ, McLaren N (2010) Is our monetary structure a systemic cause for financial Instability? Evidence and remedies from nature. Journal of Future Studies 14(3):89–108
2. Kehr HM (2008) Für Veränderungen motivieren mit Kopf, Bauch und Hand. OrganisationsEntwicklung 3:23–30
3. Becke G (2007) Vom Erhalten durch Verändern zum Verändern durch Erhalten. OrganisationsEntwicklung 1:18–25
4. Bate P (1997) Cultural Change. Murmann, Hamburg
5. Schein EH (1985) Organizational culture and leadership. Jossey-Bass, San Francisco
6. Seliger R (2014) Positive Leadership. Die Revolution in der Führung. Schäffer-Poeschel, Stuttgart
7. Bruch H, Kunz J (2009) Organisationale Energie durch Personalarbeit freisetzen und erhalten. In: Schwuchow K, Guttmann J (Hrsg) Jahrbuch Personalentwicklung 2009: Ausbildung, Weiterbildung, Management Development. Luchterhand, Köln, S 5–13
8. Thier K (2010) Storytelling: Eine Methode für das Change-, Marken-, Qualitäts- und Wissensmanagement. Springer, Heidelberg

Erfolgsfaktoren der Organisationsentwicklung

Simon Werther, Christian Jacobs

F. C. Brodbeck, E. Kirchler, R. Woschée (Hrsg.),
Organisationsentwicklung – Freude am Change, Die Wirtschaftspsychologie,
DOI 10.1007/978-3-642-55442-1_8, © Springer-Verlag Berlin Heidelberg 2014

Zum Einstieg

Jeder Prozess der Organisationsentwicklung ist eine Reise, bei der sich die Reisenden (Mitarbeiter) und die Reiseleitung (Unternehmensleitung, Geschäftsführung) auf einen gemeinsamen Weg begeben. Dabei kann eine Schiffsreise - wie in ◘ Abb. 8.1 dargestellt - als Bild herangezogen werden:

- Wer sich das Reiseziel in der Zukunft vorstellen kann, der wird auch eine Zukunft haben.
- Wer das Reiseziel in der Zukunft tatsächlich erreichen will, der muss alle wichtigen Personen dafür mobilisieren.
- Wenn die Reiseleitung unterschiedlichen impliziten Erfolgsmodellen folgt, dann wird das Schiff untergehen
- Die Reiseleitung muss als Team arbeiten und Vorbild sein: in den Inhalten, in den Methoden, in der Zusammenarbeit und in ihrer Person.
- Wenn die Veränderung nicht als Reise organisiert und erlebt ist, dann kommt man nicht weit.
- Wenn die Entscheidung für eine Reise gefallen ist, dann plant man keine neue Reise.
- Erfahrene Reisende sollten an der Planung des Reiseziels und der Reiseroute beteiligt werden.
- Wenn es für die Reisenden keinen signifikanten Unterschied macht, ob sie auf die Reise gehen oder nicht, dann ist sie überflüssig.
- Während der Reise sind alle Etappen, alle Rollen und auch alle Aufgaben klar und transparent.
- Jede Reise braucht die richtige Ausstattung, eine gute und langfristige Planung vor Reisebeginn und eine exzellente und flexible Organisation während der Reise.
- Reisen zeichnet sich dadurch aus, dass auch unangenehme Orte und Etappen besucht beziehungsweise eingeplant werden.
- Reisen zeichnet sich ebenfalls dadurch aus, dass man anderen von der Reise erzählt und es intensiv dokumentiert und davon berichtet.
- Wenn die Reisekasse nicht sorgfältig eingesetzt wird, dann wird die Reise schneller enden, als man geplant hat.
- In einigen Reisegruppen gibt es Personen, die nicht wirklich mitwollen oder mitsollen.
- Wenn ich die Reise als potenziell Mitreisender nicht antreten will, dann muss ich das sagen.
- Wer nicht eindeutig umbucht, der wird auf die Reise mitgenommen.
- Wenn die Reisenden die Reise mögen, dann finden sich auch Lösungen bei auftretenden Überraschungen.
- Wenn die Reise im Ergebnis nicht zu Reichtum führt, dann war man lediglich entspannt im Urlaub.

Bedingungen eines erfolgreichen Wandels

In den vorherigen Kapiteln haben wir uns aus unterschiedlichsten Perspektiven mit Organisationsentwicklung beschäftigt. Inhalte und Anlässe der Organisationsentwicklung sind so vielfältig, dass Empfehlungen im Stil von Kochrezepten nicht als angebracht erscheinen. Dennoch möchten wir Faktoren vorstellen, die einen erfolgreichen Prozess der Organisationsentwicklung auszeichnen und die bei der Planung und Konzeption berücksichtigt werden sollten. Darüber hinaus gibt es zentrale Eckdaten in Veränderungsprozessen, die sicherlich als Ausgangslage wichtig sind: Das reicht vom Bewusstsein gegenüber Veränderung und entsprechenden Hal-

Abb. 8.1 Organisationsentwicklung als (Schiffs-)Reise

tungen bis hin zu differenzierten Wahrnehmungen einer umfassenden Achtsamkeit. ► Kap. 4 lieferte hier bereits zahlreiche Anhaltspunkte, die zweifellos zentrale Grundlagen für erfolgreiche Veränderungsprozesse darstellen.

Wir berücksichtigen bewusst auch Studien aus der Praxis, beispielsweise von Beratungsunternehmen und Instituten der Sozialforschung, sofern solche Studien oft aktuell und deren Inhalte häufig sehr aufschlussreich sind. Gleichzeitig muss hier natürlich beachtet werden, dass es sich nicht immer um systematische, wissenschaftlich fundierte Studien handelt, gerade bei regelmäßig erscheinenden Studien von Beratungsunternehmen. Dennoch sind wir davon überzeugt, dass sie zu einem vertieften Verständnis der Erfolgsfaktoren in Veränderungsprozessen beitragen können – sicherlich auch aus dem einfachen Grund, dass die Wissenschaft hier durchaus Nachholpotenzial hat, worauf wir im Ausblick in ► Kap. 10 vertieft eingehen.

Praxistipp: Übung „Bewusstseinswandel in der Organisationsentwicklung …

… mit Hilfe der 20 Prinzipien des bewussten Erschaffens“
Unserer Erfahrung nach beginnt jede Veränderung im Bewusstsein der Verantwortlichen. Dieser Bewusstseinswandel ist somit für die für den Veränderungsprozess Verantwortlichen eine Grundvoraussetzung dafür, dass überhaupt ein erfolgversprechender Veränderungsprozess initiiert und geplant werden kann.
Der Kraft zum Wandel kann man sich mit Hilfe der 20 Prinzipien des bewussten Erschaffens bewusst werden; diese gründen auf den Erkenntnissen der Quantenphysik. Sie bilden gleichzeitig eine Übertragung in die soziale Welt ab. Allerdings muss dabei berücksichtigt werden, dass es sich um einen subjektiven Zugang zu dieser Thematik handelt, da diese Erkenntnisse bisher nicht empirisch überprüft sind.

Vorgehen mit der Meditation über die 20 Prinzipien des bewussten Erschaffens

- Nehmen Sie jedes Prinzip einzeln und ganz bewusst zur Kenntnis.
- Spüren Sie der Bedeutung nach.
- Wenn Sie Widerstand bemerken, bleiben Sie bei dem entsprechenden Prinzip und finden Sie die Lösung.
- Wenn Sie die Lösung für sich gefunden haben, lesen Sie weiter.
- Verfahren Sie ab jetzt wie beschrieben.
- Wenn Sie das 20. Prinzip erreicht und erspürt haben, finden Sie eine Kollegin oder einen Kollegen, dem Sie die Auseinandersetzung mit den Prinzipien des bewussten Erschaffens attraktiv machen.

20 Prinzipien des bewussten Erschaffens

1. *Prinzip:* Der göttliche Urgrund ist das Gefäß des Universums, die Verbindung zwischen allen Dingen und der Spiegel unserer Schöpfungen.
2. *Prinzip:* In unserer Welt ist alles mit allem verbunden.
3. *Prinzip:* Der Zugang zur Urkraft des Universums liegt darin, uns als einen Teil der Welt zu betrachten und nicht mehr als etwas von ihr Getrenntes.
4. *Prinzip:* Was einmal vereint war, bleibt immer verbunden, ob es einander physisch nahe ist oder nicht.
5. *Prinzip:* Schon allein das Fokussieren unseres Bewusstseins ist ein Schöpfungsakt. Bewusstsein erschafft!
6. *Prinzip:* Wir verfügen über alle Kraft, die wir brauchen, um alle Veränderungen herbeizuführen, die wir uns wünschen!
7. *Prinzip:* Das, worauf wir den Fokus unserer Aufmerksamkeit richten, wird zur Wirklichkeit unserer Welt.
8. *Prinzip:* Es genügt nicht, einfach zu behaupten, man habe sich für eine andere Möglichkeit entschieden!
9. *Prinzip:* Gefühle sind die Sprache, die die göttliche Matrix „versteht". Wenn wir so fühlen, als sei unser Ziel bereits erreicht, ist unser Gebet bereits erhört.
10. *Prinzip:* Nicht jedes Gefühl kann mit der göttlichen Matrix in Kontakt treten. Schöpferisch wirksam werden nur Gefühle, die frei von Urteilen und Ego sind.
11. *Prinzip:* Wir müssen in unserem Leben zu dem werden, was wir in unserer äußeren Welt erfahren wollen.
12. *Prinzip:* Wir sind nicht an die uns heute bekannten Gesetze der Physik gebunden.
13. *Prinzip:* In einem Hologramm spiegelt jeder Teil das Ganze wider.
14. *Prinzip:* Das universell verbundene Hologramm des Bewusstseins verheißt uns, dass unsere guten Wünsche und Gebete in dem Moment ihres Entstehens bereits an ihrem Ziel angekommen sind.
15. *Prinzip:* Im Hologramm des Bewusstseins spiegelt sich jede kleine Veränderung überall in der Welt wider.
16. *Prinzip:* Die Mindestanzahl von Menschen, die für eine Veränderung des Bewusstseins nötig ist, beläuft sich auf ein Prozent der Bevölkerung.
17. *Prinzip:* Die göttliche Matrix spiegelt uns in unserer Welt die Beziehungen, die wir durch unsere Überzeugungen erschaffen.

18. Prinzip: Die Wurzel unserer „negativen" Erfahrungen lässt sich auf drei Ängste zurückführen: Verlassenheit, Minderwertigkeitsgefühle und mangelndes Vertrauen.
19. Prinzip: Unsere engsten Beziehungen sind Spiegel unserer wahren Überzeugungen.
20. Prinzip: Wir müssen zu dem werden, was wir in der Welt erfahren wollen [1].

Einsatz externer Berater

Der Einsatz externer Berater in Prozessen der Organisationsentwicklung ist gängige Praxis. Oftmals werden diese Prozesse als Projekte definiert und besitzen somit auch einen eindeutigen Endpunkt. Wir verstehen den Einsatz externer Berater allerdings nicht automatisch als Erfolgsfaktor, weshalb wir hier differenzierter darauf eingehen möchten. Schließlich kommt es sowohl auf die Kompetenz der Berater als auch auf die Passung zwischen Berater und Organisation an.

Folgende Regeln können bei der Auswahl und dem Einsatz externer Berater hilfreich sein, um Enttäuschungen weitestgehend zu vermeiden [2]:

- *Anforderungsprofil:* Die Bandbreite an externen Beratern ist groß, so dass Sie sich als potenzieller Kunde erst einmal selbst Gedanken über Ihren Bedarf machen sollten. Geht es beispielsweise um Fachwissen, um Prozessberatung, um die Legitimation schwieriger Entscheidungen (z. B. Kündigungen)? Für jede dieser Anforderungen ist ein anderer Typ von Berater notwendig.
- *Kompetenzprofil:* Sie sollten sich abhängig von Ihrem Anforderungsprofil überlegen, wie Sie das Kompetenzprofil des Beraters am besten erfassen können. Dabei sollte es sowohl um die Beratungsphilosophie als auch um Methodenkompetenz und um soziale Kompetenzen sowie allgemein um die Persönlichkeit des Beraters gehen. Genauso spielen Erfahrungen im Projektmanagement eine Rolle, schließlich müssen oft komplexe und langwierige Prozesse mit zahlreichen Stakeholdern gesteuert werden. Prozesskompetenz darf bei Prozessberatung nicht fehlen, beispielsweise in Form von Erfahrungen im Coaching oder in der Gruppendynamik. Bei Prozessberatern sollte es umso mehr die Zielsetzung sein – worauf wir beim Kostenrahmen vertieft eingehen –, dass er den Kunden befähigt, sich selbst zu helfen. Das Kompetenzprofil eines Beraters lässt sich am aussagekräftigsten auf der Basis bisheriger Projekte diskutieren, wobei sowohl über positive als auch über negative Erfahrungen gesprochen werden sollte.
- *Kostenrahmen:* Oftmals können Sie als potenzieller Kunde nicht aus dem Vollen schöpfen, so dass ein bestimmter Kostenrahmen eingehalten werden muss. Dabei sollte allerdings berücksichtigt werden, dass erfahrene Berater möglicherweise in weniger Zeit mehr erreichen können, was wiederum in die Kostenrechnung einbezogen werden sollte. Darüber hinaus sollten Sie sich entscheiden, ob der Berater in allen Prozessschritten bei Ihnen vor Ort arbeiten oder ob er nur bei Präsenzterminen anwesend sein muss. Die großen Beratungsunternehmen wie McKinsey, Accenture und Co definieren sich zwar über Präsenzberatung, doch sind wir sehr skeptisch, ob das tatsächlich automatisch mit besserer Leistung einhergehen muss – wir denken hier an die zunehmende Flexibilisierung der Arbeitswelt, die so gar nicht zu dieser Arbeitsform passt. Wir sind beim Kostenrahmen nicht davon überzeugt, dass ein externer Berater in jedem Fall einer internen Lösung vorzuziehen ist, auch wenn das fast alle externen Berater mit mehr oder weniger eindeutigen Zahlen belegen. Schließlich kann jedes Unternehmen auch ohne externe Berater

existieren, dementsprechend kann es sinnvoll sein, dass in einer Anschubphase mit Hilfe externer Berater eine Qualifizierung interner Mitarbeiter erfolgt, um den Prozess danach möglichst eigenständig intern weiterzuführen.

- *Zeitfaktor:* In den allermeisten Fällen ist für die Auswahl von externen Beratern kein großer Zeithorizont eingeplant, da das Vorhaben der Organisationsentwicklung dringlich ist und gewissermaßen bereits gestern hätte beginnen sollen. Nehmen Sie sich trotzdem die Zeit, in ausführlichen Gesprächen mit potenziellen Beratern deren Profile und deren Passung zu Ihrer Organisation unter die Lupe zu nehmen. Diese Zeit ist sehr gut investiert, da ein Wechsel von Beratern während laufender Projekte sehr aufwändig ist und auch bezüglich der Zielsetzung der Veränderung negative Implikationen nach sich ziehen kann.
- *Höchstmögliche Objektivität:* Es ist empfehlenswert, dass Sie als Vorstand, Geschäftsführer oder HR-Direktor nicht alleine die Entscheidung bezüglich eines externen Beraters treffen. Holen Sie sich mehrere Personen in Ihr Auswahlteam, damit Sie gemeinsam die endgültige Entscheidung treffen können.
- *Eigene Ressourcen:* Im Sinne der lernenden Organisation sollten Sie jeden externen Berater auch als Lernquelle nutzen. Deshalb ist es wichtig, dass Sie dies bereits bei der Auswahl der Berater thematisieren, da nicht alle Berater auf Hilfe zur Selbsthilfe aus sind, sondern manchmal der Fokus mehr auf dem Umsatz des eigenen Beratungsunternehmens und der Akquise neuer Aufträge liegt. Gerade die langfristige Etablierung einer echten strategischen und kulturellen Mobilisierung kann nur gelingen, wenn Ihre eigenen Ressourcen von Anfang an konsequent eingebunden und weiterentwickelt werden.
- *Konzeptionelle Klarheit:* Die Auftragserteilung macht erst dann Sinn, wenn die Ziele eindeutig geklärt sind und auch Ansprechpartner und Verantwortlichkeiten genau geregelt sind. Welches zentrale Steuerungsgremium leitet den Prozess? Wie ist die Unternehmensleitung in den Prozess eingebunden (die Frage ist nicht *ob*, sondern *wie*)? Wer ist für die Betreuung und Führung der Berater zuständig?
- *Beraterstab:* Gerade bei großen Beratungsunternehmen ist es nicht unüblich, dass die erfahrenen Berater vor allem mit Akquisegesprächen beschäftigt sind. Gerade die Passung des Beraters zu Ihrer Organisation können Sie aber nur beurteilen, wenn Sie den Berater auch tatsächlich kennenlernen. Bestehen Sie deshalb darauf, dass Sie diejenigen Berater vor der Auftragserteilung kennenlernen, die dann auch tatsächlich im jeweiligen Projekt involviert sind. Im Mittelpunkt sollte dementsprechend auch das Kompetenzprofil dieses Beraters und nicht das des gesamten Beratungsunternehmens stehen, da er es ist, der mit Ihnen zusammenarbeitet, und nicht die Firma dahinter. Bei Großprojekten sollten Sie sich zumindest ein Bild von der Projektleitung machen können, da alles andere nicht realistisch ist, wenn es um zehn oder mehr Berater geht.
- *Unternehmenshoheit:* Selbstverständlich ist es für jeden Berater, egal ob er selbstständig oder in einem großen Beratungsunternehmen angestellt ist, durchaus verlockend, dass er sich so fest in der Organisation etabliert, dass er danach unersetzlich ist. Letztlich sollte der Beratungsauftrag aber von vornherein begrenzt und auch immer unter der Hoheit Ihrer Organisation durchgeführt werden.

Insgesamt wird bereits an diesen Kriterien deutlich, dass es sich bei allen Fragen rund um den Einsatz von Beratern um zentrale Weichenstellungen für den späteren Prozess handelt. Dabei sollten diesem Auswahlprozess umfassende Planungen zugrunde liegen, schließlich werden Mitarbeiter auch nicht einfach so eingestellt, sondern einem umfassenden Auswahlprozess unterzogen.

Und gleichzeitig möchten wir an dieser Stelle noch einmal betonen, dass die Hoheit bei allen Beratungsprojekten immer in den Händen der Organisation bleiben sollte. Ein Berater ist temporär beauftragt, aber er wird die Organisation zu einem bestimmten Zeitpunkt auch wieder verlassen. Insofern sollte der Fokus immer auf der Qualifizierung der Organisation mit allen Angehörigen liegen, damit diese auch nach Beendigung des Beratungsauftrags überlebensfähig bleibt – und im Idealfall ja sogar erfolgreicher und überlebensfähiger ist als vor dem Beratungsauftrag, ansonsten war das Geld schlecht investiert. Aus unserer Sicht sollte die Zielsetzung immer in Richtung des Aufbaus eigener Ressourcen gehen, sofern diese nicht von Anfang an vorhanden sind. Unserer Erfahrung nach lohnt sich der Einsatz eines internen Organisationsberaters ab einer gewissen Unternehmensgröße sehr schnell, insbesondere dann, wenn Organisationsentwicklung aus der Perspektive der strategischen und kulturellen Mobilisierung ein fortlaufender und permanenter Entwicklungsprozess ist und nicht nur ein temporäres Projekt. Natürlich sind mit internen Organisationsentwicklern auch Nachteile verbunden, beispielsweise dass die Außenperspektive verloren geht sowie keine Erfahrungen aus anderen Unternehmen oder Branchen eingebracht werden können, aber genauso kann darüber Kontinuität und Akzeptanz gewonnen werden.

Für uns können Sozialwissenschaftler durchaus eine Expertenrolle in umfangreichen Veränderungsprozessen einnehmen, da sie Prozesse der Kulturentwicklung kennen. Sie haben nicht primär die Kernkompetenz von Wirtschaftswissenschaftlern oder Ingenieuren, da die Studienausrichtung bei diesen andere Schwerpunkte vorsieht und oftmals eher mechanistische Menschenbilder transportiert. Soziale Systeme und deren Dynamiken kennen Sozialwissenschaftler sehr gut, genauso aber auch das Individuum in seinen Aufgaben der Entwicklung. Wir stehen dem beliebigen Einsatz von Personen unterschiedlichster Disziplinen in großen Unternehmensberatungen aus diesem Grund etwas skeptisch gegenüber, da über das Studium eine maßgebliche Sozialisation erfolgt, die dann auch die spätere Arbeit prägt. Gleichzeitig können Sozialwissenschaftler oftmals sicherlich aus der Perspektive der Projekt- und Finanzplanung von anderen Disziplinen lernen, das darf auch nicht vergessen werden.

Zwischenfazit

Externe Berater kommen in vielen Maßnahmen der Organisationsentwicklung zum Zug. Dabei sollten bereits vor Ihrem Einsatz zahlreiche Aspekte bedacht und berücksichtigt werden, beispielsweise bezüglich Anforderungsprofil, Kompetenzprofil, Kostenrahmen und Zeitfaktor. Darüber hinaus sollte die Zielrichtung auch immer der Aufbau und die Entwicklung eigener Ressourcen sein, da die „lernende Organisation" ansonsten lediglich eine leere Worthülse ist.

Zentrale Erfolgsfaktoren

Neben diesen wichtigen Aspekten zum Einsatz externer Berater widmen wir uns nun zentralen Erfolgsfaktoren in der Organisationsentwicklung. In ◘ Tab. 8.1 haben wir unterschiedliche Varianten von Erfolgsfaktoren zusammengestellt. Dabei muss berücksichtigt werden, dass in der Praxis zahlreiche Erfolgsfaktoren existieren, so dass wir hier lediglich zentrale Aspekte herausgreifen können.

Bei den jeweils acht Erfolgsfaktoren von Kotter und von Doppler und Lauterburg muss beachtet werden, dass diese primär aus der Erfahrung der Autoren heraus formuliert wurden. Kotter hat lange Jahre an der Harvard Business School gelehrt, wohingegen Doppler und Lauterburg als selbstständige Organisationsberater tätig sind. Die zehn Erfolgsfaktoren der

Tab. 8.1 (Miss-) Erfolgsfaktoren von Veränderungsprozessen

8 Erfolgsfaktoren nach Kotter [3] – Gefühl der Dringlichkeit erzeugen – Koalition der Führung etablieren – Vision und Strategie entwickeln – Vision kommunizieren – Mitarbeiter zur Umsetzung befähigen – Kurzfristige Erfolge garantieren und sichtbar machen – Veränderung vorantreiben und nie nachlassen – Verankerung der Veränderung in der Unternehmenskultur	**8 Grundsätze nach Doppler und Lauterburg [2]** – Zielorientiertes Management – Keine Maßnahme ohne Diagnose – Ganzheitliches Denken und Handeln – Beteiligung der Betroffenen – Hilfe zur Selbsthilfe – Prozessorientierte Steuerung – Sorgfältige Auswahl der Schlüsselpersonen – Lebendige Kommunikation
12 Erfolgsfaktoren nach Gerkhardt und Frey [4] – Umfassende Symptombeschreibung und Diagnose – Vision/Ziele definieren – Gemeinsames Problembewusstsein – Führungskoalition/Befürworter – Kommunikation – Zeitmanagement – Projektorganisation und Verantwortlichkeit – Hilfe zur Selbsthilfe, Qualifikation und Ressourcen – Schnelle Erfolge – Flexibilität im Prozess – Monitoring/Controlling des Prozesses – Verankerung der Veränderung	**10 Erfolgsfaktoren nach Capgemini Consulting [5]** – Veränderungsvision definieren und vermitteln – Situation verstehen und Veränderungsstrategie definieren – Führungskräfte-Commitment und -Engagement sicherstellen – Stakeholder mobilisieren und aktiv beteiligen – Widerstände erkennen und ernst nehmen – Organisation und Prozesse an neuen Anforderungen ausrichten – Erfolge kommunizieren und verankern – Kultur weiterentwickeln – Qualifizierung und Entwicklung durchführen – Veränderungsfortschritt kontinuierlich messen
9 Erfolgsfaktoren der Deutschen Gesellschaft für Personalführung [6] – Projektmanagement – Umsetzung/Prozessgestaltung – Mitarbeiter und Motivation – Einbindung und Zusammenarbeit – Kommunikation – Führung und Management – Promotoren – Rolle HR – Professioneller externer Berater	**4 Erfolgsfaktoren von IFOK [7]** – Leadership klären – Rollen der Akteure im Vorfeld bestimmen – Change ist Dialog – Interdisziplinarität und Verstetigung

Capgemini-Studie wurden empirisch in Form einer Befragung von Unternehmensvertretern erarbeitet. In den 12 Erfolgsfaktoren von Gerkhardt und Frey sind die Ergebnisse verschiedener Studien integriert und zusammengefasst. Wir möchten deshalb fokussiert auf diese 12 Aspekte eingehen, bevor wir uns einem Vergleich mit anderen Erfolgsfaktoren widmen.

1. *Umfassende Symptombeschreibung und Diagnose:* Damit ist eine umfassende Diagnose der Ist-Situation gemeint, bei der neben strukturellen Faktoren auch kulturelle Aspekte berücksichtigt werden sollten. Insbesondere die Merkmale der Unternehmenskultur, das heißt Symbole, Werte und Normen und zugrunde liegende Annahmen, verdienen hier besondere Aufmerksamkeit [8]. Dabei ist eine Einbeziehung aller Betroffenen von großer Bedeutung, um ein möglichst umfassendes und aussagekräftiges Bild der Ist-Situation zu erhalten. Denkbar sind hier in großen Organisationen neben Survey-Feedbackverfahren wie Mitarbeiterbefragungen selbstverständlich auch vielfältige Großgruppenmethoden.

2. *Vision und Ziele definieren:* Eine Vision und daraus abgeleitete Ziele geben die Reiserichtung vor und skizzieren damit eine Darstellung der Zukunft, wie sie eintreten soll. Die Vision muss verständlich sein und alle Stakeholder ansprechen. Dabei spielen insbesondere auch emotionale Komponenten eine Rolle, da Visionen, wenn diese einbezogen werden, eher zur Veränderung motivieren [9]. Die Vision muss dabei für alle Stakeholder attraktiv und erstrebenswert sein, ansonsten müssen, sofern einzelne Stakeholder nicht mitziehen, die entsprechenden Konsequenzen daraus gezogen werden, was zu einer Trennung von diesen Stakeholdern führen kann.
3. *Gemeinsames Problembewusstsein:* Für alle Mitarbeiter und für alle Stakeholder muss sich aus den ersten beiden Aspekten ein Problembewusstsein herauskristallisieren. Dieses Problembewusstsein muss von allen geteilt sein, und es muss von allen verstanden werden, was das Problem ist. Die Verdeutlichung der Dringlichkeit und der Notwendigkeit der Veränderung spielt hier eine zentrale Rolle, so dass gleichzeitig die Kommunikation – genau wie bei dem Erfolgsfaktor der Vision – professionell fortlaufend erfolgen muss. Folglich muss das gemeinsame Problembewusstsein für die Betroffenen mit einem erkennbaren Sinn hinsichtlich des zu Erreichenden einhergehen [10]. Die Kombination aus gemeinsamem Problembewusstsein und wahrgenommenem Sinn ermöglicht erst die Verabschiedung alter Strukturen, Muster und Rituale und damit den Neubeginn.
4. *Führungskoalition und Treiber:* Für jeden Veränderungsprozess ist eine umfassende und breite Unterstützung durch Befürworter und Treiber notwendig. Wir sind auf die Frage der Unterstützung bereits in ▶ Kap. 5 in Bezug auf Visionäre und Missionare sowie aktive Gläubige zu sprechen gekommen [11]. Das Commitment der Unternehmensleitung ist dabei eine erste notwendige Voraussetzung, wobei im weiteren Verlauf genauso das Commitment der Führungskräfte erfolgsentscheidend ist. Letztlich müssen alle zentralen Stakeholder von Unternehmensführung bis hin zum Betriebsrat und gegebenenfalls vorhandenen Investoren an einem Strang ziehen und hinter dem Veränderungsprozess stehen.
5. *Kommunikation:* Eine gelingende und lebendige Kommunikation ist über den gesamten Veränderungsprozess hinweg ein zentraler Erfolgsfaktor. Dabei muss beispielsweise die sprachliche Verständlichkeit im Mittelpunkt stehen, um die Klarheit der Vision und der Ziele auch auf der Ebene der Kommunikation auf allen Kanälen in das Unternehmen zu tragen [12]. Somit muss die interne Kommunikation allen professionellen Anforderungen an Kommunikation genügen, um auf gedruckten, digitalen und zwischenmenschlichen Kanälen den gesamten Veränderungsprozess verständlich und erlebbar zu machen. Hilfreich sind dabei Comics, Filme und Visualisierungen, sofern diese zentrale Elemente der Strategie und der Kultur auf den Punkt bringen können. Ein Beispiel für eine professionelle Visualisierung in einem Veränderungsprozess ist in ◘ Abb. 8.2 dargestellt.
6. *Zeitmanagement:* Veränderungsprozesse im Allgemeinen und insbesondere eine Kulturentwicklung können nicht von einem Tag auf den anderen wirksam werden. Gerade für die Etablierung der veränderten Rollen, Muster, Prozesse etc. braucht es einen realistischen zeitlichen Rahmen, wie auch in vielen Szenarien in diesem Buch deutlich wird. Dieser Zeitfaktor spielt eine essenzielle Rolle in Veränderungsprozessen, so dass er keinesfalls vernachlässigt werden darf – bei aller Dringlichkeit, die im organisationalen Alltag nicht geleugnet werden kann [13].
7. *Projektorganisation und Verantwortlichkeit:* Das Projektmanagement ist gerade bei großen Veränderungsprozessen ein zentraler Erfolgsfaktor. Dabei ist mit Projektmanagement explizit auch die angemessene Berücksichtigung unterschiedlicher Stakeholder gemeint. Darüber hinaus geht es nicht lediglich um die „technische" Perspektive des Projektmanagements,

Abb. 8.2 Professionelle Visualisierung für die Kommunikation einer Vision in einem Veränderungsprozess bei der Wealth Management Capital Holding GmbH [Urheberrecht bei Wealth Management Capital Holding GmbH]

sondern genauso um psychologische Aspekte [14]. Projektmanagement ist sicherlich einer der Aspekte, an denen ein Veränderungsprozess aus organisatorischer Perspektive scheitern kann, beispielsweise aufgrund einer zu kurzfristigen Kostenplanung.

8. *Hilfe zur Selbsthilfe, Qualifikation und Ressourcen:* Die Selbstorganisation aller Angehörigen der Organisation und damit der Organisation selbst aus der Perspektive einer lernenden Organisation muss die Zielsetzung jedes Veränderungsprozesses sein. Dabei geht es um den aktiven Umgang mit Veränderung aus der Organisation heraus [15]. Weitergedacht bedeutet das allerdings auch, dass die Qualifikationen der Mitarbeiter mit den Anforderungen aktueller und zukünftiger Veränderungen übereinstimmen müssen und dass die notwendigen Ressourcen für den Veränderungsprozess zur Verfügung stehen müssen. Das klingt zwar trivial, ist aber nicht immer von Anfang an gegeben, oder die Ressourcenquelle versiegt im Laufe des Prozesses.
9. *Schnelle Erfolge und Motivation:* Schnelle Erfolge sind gerade am Anfang von Veränderungsprozessen für die Motivation von zentraler Bedeutung, da damit auch Kritiker und Skeptiker überzeugt werden können. Dies bedeutet allerdings, dass schnelle Erfolge von vornherein mit eingeplant werden müssen. Gleichzeitig muss – in Kombination mit dem Erfolgsfaktor „Kommunikation" – eine konsequente Berichterstattung diesbezüglich erfolgen. Bei dieser Berichterstattung spielen visuelle Aspekte eine zentrale Rolle, da Emotionen und auch Informationen auf dieser Basis besser transportiert werden können [16].
10. *Flexibilität im Prozess:* Planung im Sinne eines professionellen Projektmanagements ist zwar wichtig, doch gleichzeitig darf das keine starren Prozesse mit sich bringen. Möglicherweise ändern sich externe Rahmenbedingungen oder auch interne Anforderungen. Dies kann zu

einer Gratwanderung zwischen Flexibilität und Zielorientierung führen, da die Zielrichtung nicht monatlich verändert werden kann. Es muss also sowohl die Langfristigkeit gewährleistet als auch Spontanität möglich sein, was sicherlich eine große Herausforderung darstellt [4].

11. *Monitoring und Controlling:* Eine ständige Begleitung und Sicherung des Veränderungsprozesses ist unabdingbar. Dabei können beispielsweise Mitarbeiterbefragungen, Zeit- und Projektpläne, Kennzahlen, Interviews, der Einsatz von Change-Mentoren und Paten, Reporting, Team- und/oder Führungskräftebesprechungen, die Etablierung von Change-Teams oder Change-Agents und viele andere Instrumente und Methoden hilfreich sein [6]. Ein systemischer Sicherungsprozess ist von Bedeutung, der idealerweise sowohl auf quantitativer Ebene (z. B. Kennzahlen und Ergebnisse von Mitarbeiterbefragungen) als auch auf qualitativer Ebene (z. B. Interviews oder Besprechungen) erfolgt.
12. *Verankerung der Veränderung:* Die Verankerung der Veränderung spielt insofern eine sehr große Rolle, weil eine Veränderung auch dann langfristig scheitern kann, wenn alle anderen Erfolgsfaktoren erfüllt sind. Dabei geht es letztlich auch um die grundsätzliche Zielrichtung des Veränderungsprozesses, sofern die Etablierung einer Veränderungskultur und einer echten lernenden Organisation langfristig verankert werden muss, dabei in sich bereits wieder neue Veränderungen ermöglicht [17]. Unserer Erfahrung nach ist dieser Erfolgsfaktor auch deshalb von so großer Bedeutung, weil oftmals am Anfang von Veränderungen Enthusiasmus und Optimismus spürbar sind und dementsprechend auch Ressourcen und Aktivitäten auf Veränderung ausgerichtet werden. Nach ersten Erfolgen und positiven Entwicklungen sinkt die Aufmerksamkeit und Fokussierung und der Veränderungsprozess gerät irgendwann in Vergessenheit, obwohl er gerade erst angefangen hat.

Mit einer Berücksichtigung dieser 12 Erfolgsfaktoren ist bereits sehr viel erreicht, und dennoch werden in jedem Veränderungsprozess individuelle Herausforderungen warten. Wir sind jedoch davon überzeugt, dass mit einer positiven und kreativen Grundhaltung der Organisationsentwickler auch die Prozesse der Organisationsentwicklung positiv und kreativ gestaltet werden können.

Zusammenfassung

In diesem Kapitel haben wir uns mit zahlreichen Erfolgsfaktoren in Veränderungsprozessen beschäftigt. Dabei existieren zahlreiche Klassifikationen von Erfolgsfaktoren, die sich jedoch in vielen Fällen auf einen gemeinsamen Nenner „herunterbrechen" lassen: umfassende Diagnose, Vision und Ziele definieren, gemeinsames Problembewusstsein, Führungskoalition und Befürworter, Kommunikation, Zeitmanagement, Projektorganisation und Verantwortlichkeit, Hilfe zur Selbsthilfe sowie Qualifikation und Ressourcen, schnelle Erfolge, Flexibilität im Prozess, Monitoring und Controlling sowie Verankerung der Veränderung. Diese Erfolgsfaktoren stellen eine Basis für die Konzeption und Planung von Prozessen der Organisationsentwicklung dar, und dennoch wird bei jedem Veränderungsprozess unsere Kreativität und unsere Flexibilität neu herausgefordert. Aus diesem Grund möchten wir im nächsten Kapitel Werkzeuge vorstellen, mit deren Hilfe man unterschiedlichsten Herausforderungen kreativ und innovativ begegnen kann.

Literatur

1. Braden G (2007) Im Einklang mit der göttlichen Matrix. Wie wir mit Allem verbunden sind. Koha, Burgrain
2. Doppler K, Lauterburg C (2008) Change Management: Den Unternehmenswandel gestalten. Campus, Frankfurt a. M.
3. Kotter JP (1996) Leading change. Harvard Business School Press, Boston
4. Gerkhardt M, Frey D (2006) Erfolgsfaktoren und psychologische Hintergründe in Veränderungsprozessen. OrganisationsEntwicklung 4:48–59
5. Capgemini Consulting (2012). Digitale Revolution: Ist Change Management mutig genug für die Zukunft? Capgemini Deutschland, München (im Internet: http://www.de.capgemini-consulting.com/resource-file-access/resource/pdf/change_management_studie_2012_0.pdf, Zugriff 13.6.2014).
6. Deutsche Gesellschaft für Personalführung (2010) Change Management – Veränderungsprozesse aus der Sicht des Personalmanagements. Deutsche Gesellschaft für Personalführung, Düsseldorf
7. IFOK (2010) Erfolgsfaktor Change Communication – zwischen Wunsch und Wirklichkeit. IFOK, Bensheim
8. Schein EH (1985) Organizational culture and leadership. Jossey-Bass, San Francisco
9. Kehr HM (2008) Für Veränderungen motivieren mit Kopf, Bauch und Hand. OrganisationsEntwicklung 3:23–30
10. Schulz-Hardt S, Frey D (1997) Das Sinnprinzip: Ein Standbein des homo psychologicus. In: Mandl H (Hrsg) Bericht über den 40. Kongreß der Deutschen Gesellschaft für Psychologie in München 1996. Hogrefe, Göttingen
11. Vahs D (2009) Organisation: Ein Lehr- und Managementbuch. Schäffer-Poeschel, Stuttgart
12. Lutz B (2011) Die Sprache im Change Management. OrganisationsEntwicklung 4:65–69
13. Kotter JP (2009) Das Prinzip Dringlichkeit. Campus, Frankfurt a. M.
14. Wastian M, Braumandl I, von Rosenstiel L (2011) Angewandte Psychologie für das Projektmanagement. Springer, Heidelberg
15. Königswieser R, Hillebrand M (2008) Einführung in die systemische Organisationsberatung. Carl-Auer, Heidelberg
16. Riedrich T, Voigt B (2011) Veränderungen durch visuelle Kommunikation wirksam initiieren. OrganisationsEntwicklung 3:72–80
17. Ellebracht H, Lenz G, Osterhold G (2009) Systemische Organisations- und Unternehmensberatung. Gabler, Wiesbaden

Instrumente für Veränderungsprozesse

Simon Werther, Christian Jacobs

F. C. Brodbeck, E. Kirchler, R. Woschée (Hrsg.),
Organisationsentwicklung – Freude am Change, Die Wirtschaftspsychologie,
DOI 10.1007/978-3-642-55442-1_9, © Springer-Verlag Berlin Heidelberg 2014

In diesem Kapitel stellen wir ausgewählte Werkzeuge vor, die in Veränderungsprozessen verwendet werden können. Es ist uns wichtig, dass der Kreativität hier keinerlei Grenzen gesetzt sind und dass alle Werkzeuge selbstverständlich in vielfältigen Variationen anwendbar sind. Allerdings sollte die Zielsetzung dabei von vornherein klar sein – sowohl für mich als Organisationsentwickler als auch, wie eine Rücksprache mit ihnen zeigt, für diejenigen, die für den Veränderungsprozess verantwortlich sind: für die Geschäftsführung etc. – und es sollte geklärt sein, dass ich die Methode wirklich aufgrund der Zielsetzung sowie im Sinne der Organisation und nicht aufgrund persönlicher Präferenzen auswähle. In ◘ Abb. 9.1 haben wir unterschiedliche Werkzeuge aus einem vergangenen Veränderungsprozess zusammengestellt.

Zur Klassifikation des Veränderungsprozesses haben wir uns für die Einordnung der Werkzeuge in die drei Phasen nach Kurt Lewin entschieden, die wir bereits in ▶ Kap. 4 erläutert haben. In der Phase des Auftauens geht es um eine Mobilisierung für die Veränderung, das heißt ein Hinterfragen und Reflektieren vorhandener Muster. Die Phase des Bewegens betrifft den Veränderungsprozess im engeren Sinn, das heißt neue Muster, neue Werte und neue Verhaltensweisen werden implementiert und etabliert. In der Phase des Einfrierens geht es um die kontinuierliche Verstetigung dieser Veränderungen, damit sich die Organisation langfristig auf diesem veränderten Niveau „einpendelt". Für uns sind diese Phasen allerdings keineswegs als lineare Abfolge zu betrachten, vielmehr handelt es sich um einen ständigen Kreislauf mit Rückschritten und allen erdenklichen anderen Varianten.

Zudem ist ein Veränderungsprozess nie abgeschlossen, auch wenn es die Bezeichnung der dritten Phase von Kurt Lewin so vermuten lässt. Die Veränderung schreitet letztlich immer voran, auch aufgrund der in Organisationen vorhandenen Autopoiese, die zu ständiger Bewegung innerhalb der Organisation führt. Deshalb ist eine „evolutionäre" Perspektive angebracht, die den neuen veränderten Zustand in der Phase des Einfrierens gleichzeitig wieder als Ausgangspunkt für weitere Veränderungen betrachtet.

Wir erheben bei der Auswahl an Werkzeugen keinerlei Anspruch auf Vollständigkeit, insofern die Zahl der zur Verfügung stehenden Werkzeuge beinahe grenzenlos ist. Einige Methoden haben wir bereits in früheren Kapiteln kennengelernt, beispielsweise das World Café (▶ Kap. 4) oder auch die Übung „Ihr Wertbeitrag im Unternehmen" (▶ Kap. 6). Am Ende dieses Kapitels haben wir deshalb Literatur ergänzt, in der weitere Werkzeuge aufgeführt sind, um Veränderungsprozesse erfolgreich zu gestalten. Wichtig ist uns die ernsthafte Durchführung, beispielsweise auch bei der Methode des „Time Magazine" oder beim „Schlachtfest". Eine authentische Einladung gehört ebenfalls dazu, beispielsweise, wie in ◘ Abb. 9.2 dargestellt, für ein „Change Dinner".

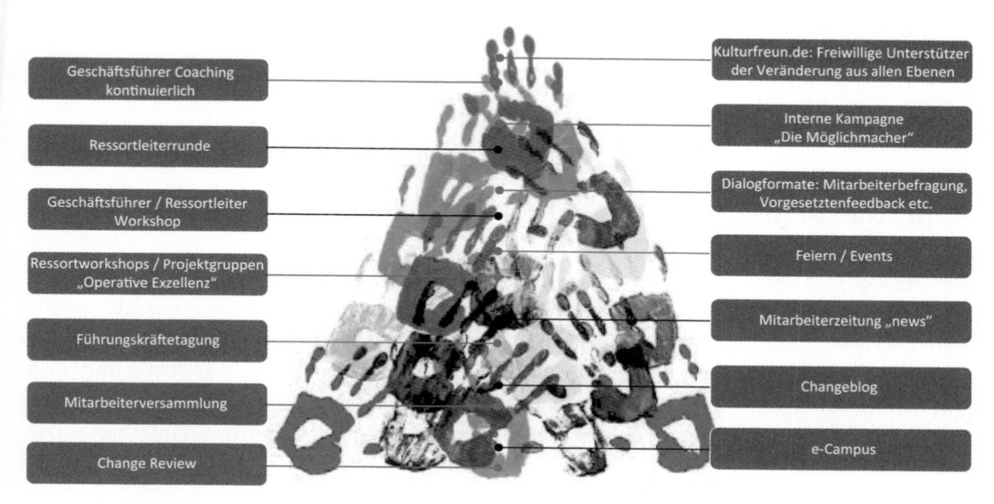

Abb. 9.1 Vielfältige Formate von Interventionen in einem großangelegten Veränderungsprozess

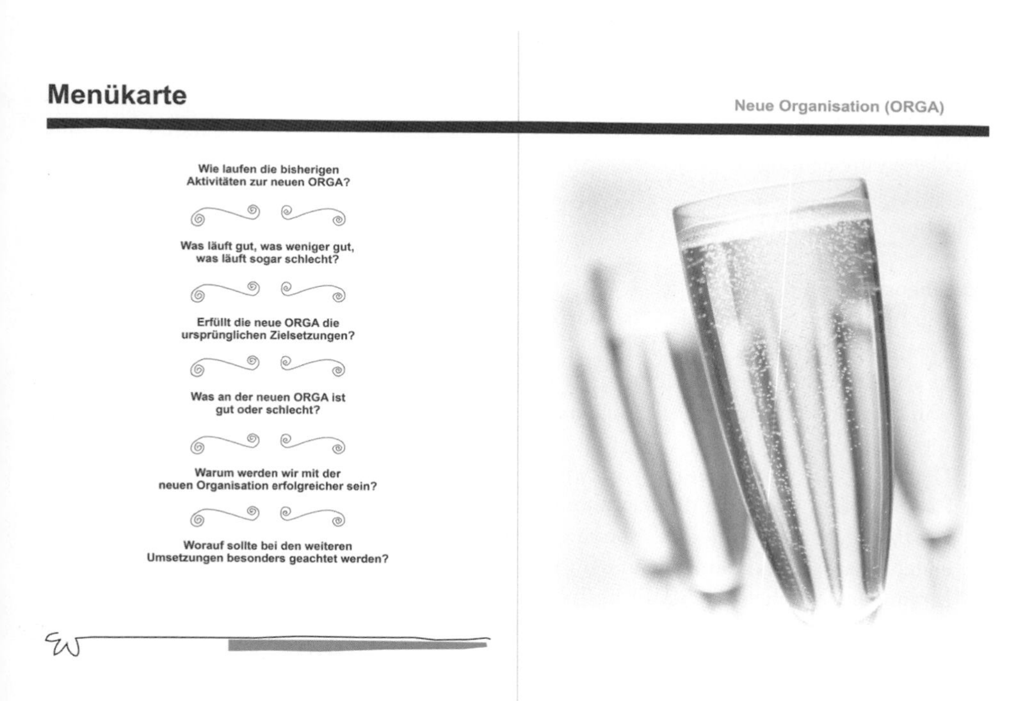

Abb. 9.2 Einladung für einen kreativen Workshop „Change Dinner"

Phase des Auftauens

Für die Phase des Auftauens stellen wir als Werkzeuge das „Appreciative Inquiry", das „Time Magazine" und die „Stakeholderanalyse" vor.

Appreciative Inquiry

Zielsetzung Der Veränderungsprozess wird gleichsam mit einer positiven Einstellung und mit Energie „geladen". Die Motivation und Kreativität der Organisationsmitglieder wird angesprochen und gestärkt und das Verständnis, dass Veränderung ein Prozess ist, wird in der Organisation etabliert. Alle Organisationsmitglieder erleben sich in einer Art „Selbsterforschung" und sind eingeladen, sich aktiv und lösungsorientiert in den Veränderungsprozess einzubringen. Dabei erfolgt die Erarbeitung im Rahmen des Appreciative Inquiry in Form von Interviews. Die fünf Prinzipien der radikalen Ressourcenorientierung des Appreciative Inquiry sind:

1. Wenn wir nach dem Besten fragen, das es heute schon gibt, werden wir es entdecken.
2. Kraftvolle Bilder der Zukunft geben Energie für Veränderung und Entwicklung.
3. Wenn wir nach positiven Erfahrungen fragen, erhalten wir mehr Kraft.
4. Die Veränderung beginnt in dem Moment, in dem wir fragen.
5. Systeme verändern sich in die Richtung, in die sie Fragen stellen.

Dauer Die einzelnen Interviews dauern etwa 2 Stunden, zuzüglich der Zeit, die für die Vor- und Nachbereitung benötigt wird.

Teilnehmerzahl Beliebig

Vorgehensweise

1. Die Prinzipien der radikalen Ressourcenorientierung sind im Zusammenhang mit dem Veränderungsprozess eingeführt.
2. Es wird im Unternehmen darauf hingewiesen, dass jetzt mit allen Menschen (oder Ausgewählten oder Betroffenen des Veränderungsprozesses) Interviews geführt werden, die dieser Idee folgen.
3. Die Interviews werden jeweils von den Führungsverantwortlichen geführt und haben das Ziel, in jedem Gespräch die relevanten Ressourcen in Bezug auf ein konkretes Veränderungsvorhaben zu entdecken, starke individuelle Zukunftsbilder zu entwickeln und die ersten „starken" Handlungen auf dem Weg dorthin zu mobilisieren: „Was schätzen Sie an Ihrem Beruf am meisten?", „Welche Trends in der Welt geben Ihnen Mut und Zuversicht?", „Was könnten Sie heute bereits unternehmen, um Ihre Vision zu verwirklichen?"
4. Jeder Mensch in der Organisation wird eingeladen, die entdeckten starken Handlungen in den Alltag zu integrieren.
5. Die Entdeckungen werden in der internen Kommunikation in unterschiedlichen Formaten im gesamten Unternehmen bekannt gemacht.

Time Magazine

Zielsetzung Für das Unternehmen entsteht ein attraktives und wertschöpfendes Bild einer möglichen Zukunft. Die Redaktionsmitglieder erleben sich in einer co-creativen Zusammenarbeit (analog zur Theorie U) und sind für die Zukunft und die Arbeit an dem bevorstehenden Weg motiviert. Das „Time Magazine" ist eine Variation der „Zukunftskonferenz", die vielfältige Möglichkeiten mit sich bringt.

Dauer Zwei Tage

Teilnehmerzahl Die Teilnehmerzahl ist beliebig. Sie hat aber jeweils Auswirkungen auf die konkrete Gestaltung der Vorgehensweise.

Vorgehensweise

1. Die Verantwortlichen der Zukunftskonferenz entscheiden, welche Stakeholder (-gruppen) eingeladen werden.
2. Die Teilnehmer am Time Magazine werden eingeladen und darauf hingewiesen, dass sie sich in einer Zeitungsredaktion wiederfinden werden.
3. Die Teilnehmer bekommen die Aufgabe: „Bitte bereiten Sie sich wie gute Journalisten vor. Recherchieren Sie alle Aspekte, die Sie für die Zukunft des Unternehmens relevant finden."
4. Der Ort, an dem sich die temporäre Redaktion des „Time Magazine" befindet, wird in eine Magazinredaktion verwandelt. Es werden ein Raum für die Chefredaktion benötigt, eine öffentliche Redaktionsfläche, in der alle Beteiligten zusammenkommen können, und drei Redaktionsbüros. Die drei Redaktionsbüros sind der Walt-Disney-Methode nach Robert Dilts entlehnt, das heißt, es gibt ein Büro der Visionäre, ein Büro der Denker und ein Büro der Macher (bei einer großen Anzahl an Teilnehmern entstehen jeweils mehrere Büros). Die Büros sind jeweils so gestaltet, dass sich die Redakteure, die ihre Büros wählen, dort wohl und inspiriert fühlen. Entsprechende Arbeitsmittel sind ebenfalls vorhanden.
5. Die Herausgeber (diese werden üblicherweise vorab festgelegt, in den meisten Fällen sind es die Entscheider der Organisation) des „Time Magazine" empfangen die Redaktionsmitglieder und erläutern die grundsätzlichen Ziele und die Prinzipien der redaktionellen Arbeit.
6. Die Teilnehmer begeben sich nach individueller Neigung in die Redaktionsbüros.
7. In den Redaktionsbüros werden jeweils die Zukünfte des Unternehmens gestaltet.
8. Die jeweiligen Redaktionsbüros übergeben ihre Ergebnisse der Chefredaktion. Die Chefredaktion besteht aus dem Herausgeber, aus einem erfahrenen Organisationsentwickler, einem Texter, einem Gestalter und aus jeweils einem Mitglied der Redaktionsbüros.
9. Die Chefredaktion erarbeitet aus den drei Zukunftsentwürfen eine Ausgabe des „Time Magazine". Parallel erarbeiten die Redaktionsbüros Vorgehensweisen, wie ihr jeweiliger Zukunftsentwurf mit dem Unternehmen erreicht werden könnte.
10. Die Zukunftsausgabe des „Time Magazine" wird allen Redakteuren präsentiert und die Redakteure geben Hinweise zur Verbesserung der Ausgabe.
11. Die Chefredaktion arbeitet die Hinweise ein und parallel arbeiten die Redaktionen ganz konkrete Vorgehensweisen aus.
12. Es wird ein Umsetzungsteam gewählt, das sich um die Veröffentlichung des „Time Magazine" kümmert und einen Masterplan für das Erreichen der gewünschten Zukunft erstellt.

13. Das „Time Magazine“ wird in einer gedruckten und/oder digitalen Ausgabe im Unternehmen veröffentlicht und der Masterplan der Vorgehensweise wird im Entscheidergremium verabschiedet.
14. Der Weg in die Zukunft beginnt.

Stakeholderanalyse

Zielsetzung Die für den Veränderungsprozess relevanten Beziehungen werden ermittelt, strukturiert und in ihrer Qualität bewertet. Maßnahmen zur Verbesserung werden beschrieben und vorbereitet. Die Komplexität des Prozessumfeldes wird transparent und Konflikte sowie Chancen werden dabei sichtbar. Dadurch wird eine aktive und lösungsorientierte Beziehungsgestaltung etabliert beziehungsweise gefestigt.

Dauer 2–4 Stunden

Teilnehmerzahl Beliebig

Vorgehensweise

1. Die Beschreibung des Veränderungsprozesses wird in der Mitte einer Pinnwand oder eines großen Blatts Papier niedergeschrieben.
2. Wer tatsächliche und zukünftige Stakeholder des Vorhabens sind, wird auf Moderationskarten oder Post-its geschrieben.
3. Die Stakeholder werden – auf der Pinwand/dem großen Blatt Papier – dem Vorhaben zugeordnet. Je näher Sie der Mitte zu angebracht werden, desto stärkeren Einfluss haben sie auf das Vorhaben.
4. Dann werden den Stakeholdern die Aufgaben zugeschrieben, die sie schon für das Gelingen des Vorhabens verrichten, und die Aufgaben, die sie erfüllen können.
5. In diesem Schritt wird entschieden, was wie bisher fortgesetzt und was verändert wird.
6. Die jeweils Verantwortlichen bekommen ihre Aufgaben.

Phase des Veränderns

In dieser Phase stellen wir „Das Unmögliche“, den „Kongress der Projekte“ und das „Schlachtfest“ als Instrumente vor.

Das Unmögliche

Zielsetzung Im Unternehmen wächst das Bewusstsein dafür, dass besondere Aufgaben bewältigt werden können, wenn es dafür das rechte Bewusstsein und eine gelungene Arbeitsorganisation gibt. Diese Zielsetzung soll mit dem Werkzeug „Das Unmögliche“ erreicht und unterstützt werden.

Dauer ca. 9 Stunden

Teilnehmerzahl 12 Personen (Wiederholung des Workshops in weiteren Gruppen von 12 Personen möglich)

Vorgehensweise
1. Mitarbeiter, die sich grundsätzlich mit dem Veränderungsprozess identifizieren und noch nicht so kraftvoll engagiert sind, werden identifiziert und zu dem Workshop (bzw. zu den Workshops) eingeladen.
2. Mit der Einladung erfahren die Teilnehmer nur die Dauer des Workshops, die Namen der anderen Teilnehmer und das relativ abstrakte Ziel, dass etwas Besonderes erreicht werden kann.
3. Der Workshop startet in einem beliebigen Raum, der allerdings ausreichend Platz für spätere Präsentationen unterschiedlichster Art bietet.
4. Die Workshopleitung erzählt die Geschichte von Jean Cocteau, der auf die Frage: „Warum waren Sie in so vielen verschiedenen Disziplinen so erfolgreich?", folgendermaßen antwortete: „Ich wusste, dass es unmöglich ist, darum habe ich es getan." Diese kurze Geschichte ist zugleich die Aufgabe: Bitte entscheiden Sie sich jetzt für eine Aufgabe, die Sie für nicht lösbar halten und lösen Sie im Anschluss erfolgreich.
5. Die 12 Personen können jetzt entscheiden, ob sie die Aufgaben in der gesamten Gruppe bearbeiten oder Teams bilden wollen.
6. Die Aufgabe wird präzisiert: Sie haben jetzt drei Stunden Zeit, eine Aufgabe/ein Projekt, das im Zusammenhang mit dem Veränderungsprozess steht, erfolgreich zu bearbeiten. Von dieser Aufgabe/diesem Projekt sollte das Team denken, dass es unmöglich in drei Stunden erfolgreich zu bearbeiten ist. Das Team soll dabei alle Ressourcen nutzen. Wichtig ist, dass nichts und niemand Schaden nehmen darf.
7. Das Team präsentiert seine Aufgabe/sein Projekt und empfängt dafür Lob.
8. In diesem Schritt sollen die Teams analysieren, was sie aus dieser Aufgabe über erfolgreiche Veränderungsprozesse und über das Unternehmen gelernt haben.
9. Die Präsentation der Erkenntnisse steht hier im Mittelpunkt.
10. Abschließend erhalten die Teilnehmer folgende Einladung: „Entscheiden Sie jeweils individuell, was Sie von dem Erfahrenen und Gelernten selbst und direkt umsetzen werden."

Kongress der Projekte

Zielsetzung In einem großen Veränderungsprozess sind viele Projekte aufgesetzt worden. Diese Projekte sollen besser miteinander verzahnt werden und es soll während des Kongresses festgestellt werden: Sind das die richtigen Projekte und treffen sie den Kern der gewünschten Veränderung?

Dauer 1–2 Tage (zzgl. Vor- und Nachbereitungszeit)

Teilnehmerzahl Alle Projektverantwortlichen, die Geschäftsführung und, falls vorhanden, weitere für den Erfolg des Veränderungsprozesses verantwortliche Personen.

Vorgehensweise
1. Die für den Veränderungsprozess Verantwortlichen ermitteln alle Projekte, die für den Veränderungsprozess relevant sind.
2. Die für die jeweiligen Projekte Verantwortlichen werden gebeten, in einem „Projektsteckbrief" den Zustand des Projekts zu beschreiben.

3. Alle Projektsteckbriefe werden mit der Einladung und der Agenda für den „Kongress der Projekte“ an alle Teilnehmer versandt.
4. Alle Teilnehmer haben die Aufgabe, die folgenden Fragen zu beantworten: „Welchen Verbesserungsvorschlag habe ich für das jeweilige Projekt? Bei welchem Projekt kann ich keinen Nutzen erkennen? Welches Projekt fehlt mir?“
5. Der Kongress findet statt. Alle Projekte sind mit den Steckbriefen auf Pinnwänden angebracht. Es gibt eine Fläche, auf der die „fehlenden Projekte“ notiert werden.
6. Die Kongressleitung eröffnet und stellt die Idee und die Ziele des Kongresses vor. Sie bedankt sich ausdrücklich bei allen Beteiligten für die Vorarbeit, die sie geleistet haben.
7. Die Kongressleitung stellt die erste Aufgabe: „Bitte nutzen Sie diesen Kongress wie eine Ausstellung. Sie kennen die Bilder der Ausstellung (Projektsteckbriefe) und Sie dürfen jetzt alle Ihre Kommentare an die Bilder kleben. Tun Sie das jetzt. Gerne können Sie während Ihres Rundgangs mit den anderen Teilnehmern des Kongresses sprechen.“
8. Die Kongressleitung stellt die zweite Aufgabe: „Alle Projektverantwortlichen (Maler) haben jetzt die Zeit, Ihre Kommentare zu verarbeiten und zu entscheiden, was sie im Anschluss von den Kongressteilnehmern wünschen. Die Teilnehmer, die keine Projektleiter sind, stehen den Projektleitern in dieser Zeit für Nachfragen etc. zur Verfügung.“
9. Die Projektverantwortlichen, die Wünsche an die Kongressteilnehmer haben, äußern ihre Wünsche und es wird gemeinsam überlegt, ob und wie die Wünsche erfüllt werden können. Hier ist eine starke Moderation durch einen erfahrenen Moderator erforderlich.
10. Die Kongressleitung klärt gemeinsam mit den Teilnehmern, sofern sich auf der Fläche der „fehlenden Projekte“ Inhalte befinden, welche Projekte davon bearbeitet werden und wer dafür die Verantwortung übernimmt.
11. Der Kongress wird mit Dank, Jubel und einem Festessen beendet.
12. Die Redaktion einer Sonderausgabe der Mitarbeiterzeitung, die den gesamten Prozess begleitet hat, erstellt eine Sonderausgabe „Unser Herz schlägt immer lauter“. Diese Ausgabe wird an alle Mitarbeiter verteilt.

Das „Schlachtfest“

Zielsetzung Mit Hilfe dieses Werkzeugs werden die Symbole, Verhaltensmuster, Einstellungen, Werte und Rituale erkannt, die die Veränderung noch maßgeblich einschränken oder verhindern.

Dauer 1 Tag (für alle Teilnehmer) + 1 weiterer Tag (vgl. Punkt 15 unter „Vorgehensweise“), zuzüglich der Zeit, die das Entscheidergremium braucht.

Teilnehmerzahl 4–32 (größere Teilnehmerzahlen sind zum Beispiel bei einer Integration in ein Change Café denkbar).

Vorgehensweise

1. Die Teilnehmer bekommen eine persönliche Einladung, in der betont wird, dass sie zu einem Workshop eingeladen sind, der für das Unternehmen und den Veränderungsprozess von ganz besonderer Bedeutung ist. Sie bekommen außerdem den Hinweis, dass sie Mut brauchen werden und dennoch alles ganz risikolos ist.

2. Der Workshop findet in einem Keller, einer Schlachterei, an einem Opferplatz statt oder es wird ein Ort so vorbereitet, dass Assoziationen an ebensolche Orten entstehen können. Im Raum können auch Visualisierungen von Opferungen, Schlachtungen, ungewöhnlichen Entdeckungen oder Ähnlichem vorhanden sein.
3. Die Workshopleitung erläutert die besondere Bedeutung von Tabus und sogenannten „heiligen Kühen" für Gesellschaften und Organisationen. Sie stellt die besonderen Wirkkräfte hinter solchen Tabus und „heiligen Kühen" dar und auch,wo sie sich manifestieren können.
4. Die Workshopleitung stellt die Aufgabe: „Welche heiligen Kühe sollten wir schlachten beziehungsweise welche Tabus auflösen, wenn wir den Veränderungsprozess erfolgreicher gestalten wollen? Zum Wohle des gesamten Unternehmens! Ordnen Sie die ‚heiligen Kühe' und die Tabus auch den Ebenen (Symbolen, Ritualen, Glaubenssystemen etc.) zu."
5. Die Teilnehmer finden sich in 4er-Teams zusammen.
6. Sie bearbeiten die Aufgabe. In dieser Phase kann die Workshopleitung immer wieder in den Gruppen intervenieren, um die Gruppe noch offener und mutiger zu machen. Das kann über eine direkte Ansprache wie „Ist das wirklich alles?" oder auch über Beispielkarten erfolgen, die Tabus oder „heilige Kühe" aus anderen Unternehmenskontexten zeigen.
7. Die Teams präsentieren einander die Ergebnisse.
8. Die Workshopleitung stellt die zweite Aufgabe: „Wählen Sie die ‚heiligen Kühe' und Tabus aus, in Bezug auf die Sie wissen, wie wir sie schlachten und auflösen werden. Beschreiben Sie bitte die Vorgehensweise der Schlachtung beziehungsweise Auflösung."
9. Die Teilnehmer finden sich in neuen 4er-Teams zusammen.
10. Sie bearbeiten die Aufgabe. Die Workshopleitung kann – sofern in Organisationsentwicklung ausreichend qualifiziert – bei der Frage nach dem „Wie?" Hinweise und Tipps geben, wenn ein Team das wünscht.
11. Die Teams präsentieren die Ergebnisse und es wird gemeinsam entschieden, welche Kühe geschlachtet und welche Tabus aufgelöst werden.
12. Jeder Teilnehmer legt fest, was er/sie schon jetzt und sofort tun kann, um eine der „heiligen Kühe" zur Schlachtung zu führen beziehungsweise Tabus aufzulösen.
13. Ein 4er-Team wird gewählt, dass die Ergebnisse so aufbereitet, dass in einem Entscheidergremium über die Schlachtung und Auflösung entschieden werden kann.
14. Der Tag endet mit einem feierlichen Akt.
15. Das gewählte 4er-Team (und gegebenenfalls die Workshopleitung, sofern für Organisationsentwicklung qualifiziert) erarbeitet an einem weiteren Tag die Präsentation für das Entscheidergremium.
16. Das Entscheidergremium (sinnvollerweise so zusammengesetzt, dass wirklich entschieden werden kann) tagt und entscheidet über die Schlachtungen und Enttabuisierungen.

Phase des Einfrierens

Für die Phase des Einfrierens stellen wir eine „ethnologische Expedition“, den „Kehraustag“ und „Nutze den Tag“ als Werkzeuge vor.

Die ethnologische Expedition

Zielsetzung In der Rolle ethnologischer Forscher besuchen die Teilnehmer eine Kultur, die Aspekte leben könnte, die für die eigene Kultur in Zukunft relevant werden könnten. Die Expeditionsteilnehmer erlernen Praktiken der Kulturanalyse und Methoden, um einen Forschungsbericht der qualitativen Sozialforschung zu verfassen. Beide Kulturen, die Kultur der Expeditionsteilnehmer und die erforschte Kultur, erhalten den Forschungsbericht und können für sich Entwicklungspotenziale entdecken.

Dauer 1 Vorbereitungstag für die Expeditionsteilnehmer, 2 Tage für Feldforschung, Erstellen des Forschungsberichtes und die Präsentationen des Forschungsberichtes in den beiden Kulturen.

Teilnehmerzahl 9 Schlüsselpersonen des Veränderungsprozesses (möglich sind auch mehrere Gruppen zu jeweils 9 Personen).

Vorgehensweise
1. Die Expeditionsteilnehmer werden ausgewählt (Auswahl oder Bewerbung möglich).
2. Sie erhalten eine Einladung zu einer Expedition in eine fremde Kultur und es wird ihnen ein Vorbereitungstermin mitgeteilt.
3. Der Vorbereitungstermin vermittelt das Selbstverständnis eines Ethnologen und qualitativen Sozialforschers. Methoden werden vorgestellt und erläutert, die beim Forschungsvorhaben hilfreich sein könnten. Die zu erforschende Kultur wird vorgestellt. Jeder bekommt die Aufgabe, sich individuell auf das Forschungsvorhaben vorzubereiten.
4. Die „fremde Kultur“ wird besucht und die individuellen und gemeinschaftlichen Forschungsvorhaben werden realisiert.
5. Ein erster Forschungsbericht wird – in Form von Hypothesen, die sich die Forscher gebildet haben – in der „fremden Kultur“ für Interessierte der Kultur vorgestellt. Der Bericht kann Text, Bilder, Zeichnungen, Filme, Tonaufnahmen etc. beinhalten.
6. Der Forschungsbericht wird professionell fertiggestellt und dann werden die Ergebnisse in der eigenen und der fremden Kultur vorgestellt und an für den Wandel Verantwortliche übergeben.

Der Kehraustag

Zielsetzung In einem schon erfolgreich verlaufenden Veränderungsprozess soll noch einmal richtig „aufgeräumt“ werden. Übriggebliebene Aufgaben, Arbeits- und Prozessbeschreibungen, Regeln und Vereinbarungen, Unterlagen, die nun in der neuen beziehungsweise veränderten Organisation keine Bedeutung mehr haben, sollen dabei vernichtet werden, um die bereits vorhandene Veränderung zu verstetigen.

Dauer 1 Tag (wobei nicht jeder im Unternehmen nur einen Tag dafür braucht; der ein oder andere braucht möglicherweise länger).

Teilnehmerzahl Beliebig

Vorgehensweise
1. Der „Kehraustag" wird im Kalender jedes Mitarbeiters eingetragen.
2. Alle Menschen im Unternehmen bekommen einen Brief, der die Ziele und die Vorgehensweise für den Tag erläutert.
3. Jeder Mitarbeiter stellt für sich fest, was alles in seiner eigenen Verantwortung steht und was vernichtet werden kann. Und jeder vernichtet das Überflüssige sofort.
4. Wenn Aufgaben, Arbeits- und Prozessbeschreibungen, Regeln und Vereinbarungen, Unterlagen nur in der Übereinkunft zwischen Personen beziehungsweise Teams vernichtet werden können, finden sich diese an diesem Tag zusammen und vernichten, was zu vernichten ist.
5. Am Abend gibt es ein großes Opferfest.

„Nutze den Tag"

Zielsetzung Die Zielsetzung dieses Werkzeugs ist es, sich bewusst zu machen, dass jeder immer etwas für den Erfolg des Unternehmens und für den Veränderungsprozess tun kann.

Dauer Erarbeitung in 30 Minuten (gegebenenfalls mehr Zeit für die Umsetzung notwendig)

Teilnehmerzahl Beliebig

Vorgehensweise Dieses Werkzeug kann während eines Workshops, einer Besprechung oder direkt im Arbeitsalltag eingesetzt werden. Wenn es im Arbeitsalltag eingesetzt wird, kann dafür ein bestimmter Tag unternehmensweit, in Unternehmensbereichen oder auch in kleinen Teams ausgewählt werden. Die Mitarbeiter können dann die Instruktion auf ihrem realen oder virtuellen Schreibtisch vorfinden.
1. Den Teilnehmern wird entweder persönlich oder als Text eine Reihe positiver „Dinge" mitgeteilt, die im Unternehmen in den letzten Wochen/Monaten geschehen sind. Diese „Dinge" sind vorab von der PE oder internen Kommunikation gesammelt und aufbereitet worden.
2. Dann denken sie selber daran, was sie heute tun können, damit sie einen positiven Impuls im Unternehmen beziehungsweise in Bezug auf den Veränderungsprozess auslösen. Dieser Impuls kann minimal sein oder gleich viele Menschen einbinden und daher „lauter" sein. Die Dimension des Impulses spielt keine Rolle.
3. Jeder veranlasste Impuls wird von der Person, die ihn erlebt hat, der PE oder der internen Kommunikation mitgeteilt. Dort werden die positiven Impulse gesammelt und dann in geeigneter Form veröffentlicht.
4. Dieses Werkzeug kann in beliebigen Abständen wiederholt werden. Wichtig ist dabei die Kommunikation der positiven Impulse, damit diese sichtbar und wertgeschätzt werden und dies transportiert wird.

Zusammenfassung

In diesem Kapitel haben wir vielfältige Werkzeuge kennengelernt, die in Veränderungsprozessen eingesetzt werden können. Unserer Erfahrung nach ist es von großer Bedeutung, dass die Werkzeuge mit dem richtigen Timing eingesetzt werden. Dabei können die Phasen von Kurt Lewin zugrunde gelegt werden, aber natürlich auch andere Phasenmodelle von Veränderungen. Das Phasenmodell von Kurt Lewin interpretieren wir hier aber keineswegs so, dass mit der Anwendung eines Werkzeuges in der Refreeze-Phase („Einfrieren") ein Veränderungsprozess abgeschlossen wäre. Vielmehr handelt es sich um eine fortlaufende Fortsetzung des Veränderungsprozesses, so dass es sich – ganz im Sinne der strategischen und kulturellen Mobilisierung – eigentlich um einen ständigen Kreislauf im „evolutionären" Sinn handelt.

Weiterführende Literatur

Dilts RW, Epstein T, Dilts RB (1991) Tools for dreamers: Strategies for creativity and the structure of innovation. Meta Publications, Capitola
Hochreiter G (2006) Choreografien von Veränderungsprozessen. Carl-Auer, Heidelberg
Königswieser R, Exner A (2008) Systemische Intervention. Schäffer-Poeschel, Stuttgart
Pillkahn U (2007) Trends und Szenarien als Werkzeuge zur Strategieentwicklung. Publicis, Erlangen
Roehl H, Winkler B, Eppler M, Fröhlich C (2012) Werkzeuge des Wandels. Schäffer-Poeschel, Stuttgart
Rohm A (Hrsg) (2010) Change-Tools, 4. Aufl. managerSeminare, Bonn
Rohm A (Hrsg) (2011) Change-Tools II. managerSeminare, Bonn
Schmid B, Messmer A (2005) Systemische Personal-, Organisations- und Kulturentwicklung. Konzepte und Perspektiven. EHP, Bergisch Gladbach
Seliger R (2014) Positive Leadership. Schäffer-Poeschel, Stuttgart
von Ameln F, Kramer J (2007) Organisationen in Bewegung bringen. Springer, Heidelberg

Ausblick

Simon Werther, Christian Jacobs

F. C. Brodbeck, E. Kirchler, R. Woschée (Hrsg.),
Organisationsentwicklung – Freude am Change, Die Wirtschaftspsychologie,
DOI 10.1007/978-3-642-55442-1_10, © Springer-Verlag Berlin Heidelberg 2014

Zum Einstieg

Die Interpretation einer Krise kann sehr vielfältig sein, von einer durchwegs negativen Konnotation im Sinne einer bevorstehenden Gefahr bis hin zu einer grundsätzlich positiven Bedeutung im Sinne der Chance, die der Krise innewohnt. Hilfreich ist hier die chinesische Perspektive, die sich alleine anhand der Zusammensetzung des Wortes „Krise" aufzeigen lässt (siehe ◻ Abb. 10.1).

Es geht dementsprechend nicht *entweder* um Gefahr *oder* um eine Chance, sondern „Krise" bedeutet vielmehr sowohl eine Gefahr als auch eine Chance. Hier zeigt sich erneut die westliche Perspektive des Entweder-oder im Gegensatz zur östlichen Einheit des Sowohl-als-auch. Entlastender und freudvoller ist sicherlich die Perspektive, dass Krisen – neben der nicht zu verleugnenden Gefahr – immer auch Chancen mit sich bringen, die es wahrzunehmen und zu nutzen gilt.

wēijī
Krise

+

wēi
Gefahr

jī
Chance

◻ **Abb. 10.1** Chinesische Perspektive auf Krisen

Sehr geehrte Leserinnen und Leser,
wir bedanken uns für Ihr Interesse und freuen uns sehr, dass Sie uns auf diese inspirierende Reise in die Welt der Organisationsentwicklung begleitet haben. Wir möchten noch einmal betonen, dass wir uns über Rückmeldungen, Verbesserungsvorschläge und Kommentare jeglicher Art sehr freuen – melden Sie sich bitte bei uns.

Gerne möchten wir an dieser Stelle aus wissenschaftlicher und aus praktischer Perspektive einen Rückblick und einen Ausblick geben. Das ist uns auch deshalb wichtig, weil wir uns einer empirisch fundierten Praxis verschrieben haben. Dabei haben wir in unserer Praxistätigkeit in den letzten Jahren und auch beim Schreiben dieses Buches gemerkt, dass gerade in der Organisationsentwicklung eine empirisch fundierte Datenbasis nicht immer gegeben ist. So haben wir beispielsweise an vielen Stellen vergeblich nach Reviews und Metaanalysen gesucht, die in anderen Bereichen der Psychologie umfassend und aktuell verfügbar sind. Umso wichtiger ist es unserer Meinung nach, dass ein intensiverer Dialog und Austausch zwischen Wissenschaft und Praxis stattfindet, um genau diese Lücke in den nächsten Jahren mehr und mehr zu schließen.

Beginnend mit der wissenschaftlichen Perspektive lässt sich zweifellos festhalten, dass Organisationsentwicklung (oder Change Management) in den letzten Jahrzehnten umfangreiche Aufmerksamkeit erhalten hat. In einem aktuellen Review wurden 563 Studien aus den letzten 30 Jahren identifiziert, die sich mit Interventionen im organisationalen Change Management befassen [1]. Dabei wird allerdings auch deutlich, dass diese Studien größtenteils eine geringe Aussagekraft besitzen, da beispielsweise 87 Prozent dieser Studien ohne Kontrollgruppe arbeiten. Dadurch lassen sich die untersuchten Effekte nicht in einen Vergleichsrahmen setzen und Störvariablen lassen sich nicht ausschließen, so dass die Aussagekraft der Ergebnisse mit Vorsicht betrachtet werden muss. Diese geringe interne Validität besagt, dass letztlich auch ganz andere, nicht untersuchte und nicht kontrollierte Einflüsse für das Ergebnis verantwortlich sein könnten. Welche Rückschlüsse ziehen die Autoren aus diesem bemerkenswerten Ergebnis des Reviews?

- *Verwendete Methodik*: Die Anzahl an Studien hat in den letzten 30 Jahren stark zugenommen, wohingegen die Verwendung aussagekräftiger Studiendesigns auf einem sehr geringen Niveau stagniert.
- *Interne Validität*: Insgesamt weisen nur ca. 12 Prozent der untersuchten Studien eine zufriedenstellende interne Validität auf. Das bedeutet im Umkehrschluss, dass die Ergebnisse von 88 Prozent der untersuchten Studien mit Vorsicht interpretiert werden müssen. Dabei hat unter den aufwändigeren Studien die Zahl der Studien mit aussagekräftigen Ergebnissen in den letzten 30 Jahren sogar massiv abgenommen – von über 30 Prozent um 1980 hin zu lediglich 5 Prozent in den letzten zehn Jahren.
- *Replikation:* Empirische Wissenschaften können durch die Replikation vorhandener Ergebnisse die Aussagekraft von wissenschaftlichen Ergebnissen weiter untermauern. Die Heterogenität der untersuchten Inhalte – sowohl bezüglich der allgemeinen Themengebiete (z. B. Downsizing, Change Management, Performance Management) als auch bezüglich der konkreten Einflussfaktoren (unabhängige Variablen) und damit zusammenhängenden Ergebnissen wie zum Beispiel Zufriedenheit oder Teamleistung (abhängige Variablen) – ist sehr groß. Dadurch ist eine Replikation von Ergebnissen praktisch nicht möglich.

Gerade aus praktischer Perspektive sind diese drei Punkte äußerst unbefriedigend, da sie zeigen, dass letztlich das Fundament für fundierte Interventionen in der Organisationsentwicklung fehlt. Wie könnte die Wissenschaft an genau diesem Fundament arbeiten, um Praktikern wertvolle Stellschrauben und fundierte Ergebnisse an die Hand zu geben?

1. Erst einmal erscheint eine aufwändigere Methodik als notwendig, wenngleich hier möglicherweise auch neue Methoden entwickelt werden müssen. Bei Organisationen handelt es sich um dynamische Systeme, die nicht leicht mit den etablierten Forschungsmethoden abgebildet und „eingefangen" werden können. Umso wichtiger ist deshalb die Weiterentwicklung in methodischer Hinsicht, da der aktuelle Trend hier offensichtlich in keine konstruktive Richtung geht [1].
2. Ein zweiter Ansatzpunkt fordert das Wissenschaftsparadigma an sich heraus, da Organisationen als komplexe und dynamische Systeme möglicherweise einen anderen wissenschaftlichen Ansatz zur Untersuchung benötigen, als es momentan der Fall ist [2]. Gerade aktuelle Theorien wie die der Präsenz und die Theorie U (siehe ► Kap. 4) lassen sich mit dem momentan vorherrschenden Wissenschaftsparadigma sehr schwer überprüfen, so dass möglicherweise eine Änderung des Wissenschaftsparadigmas an sich als notwendig erscheint.
3. Dabei ist es unserer Meinung nach essenziell, dass Wissenschaft losgelöst von temporären Forschungsprojekten denkt, die an einer oder mehreren Hochschulen durchgeführt werden. Vielmehr muss in größeren Zusammenhängen gedacht, geplant und kooperiert werden. Die GLOBE-Studie ist dafür ein beeindruckendes Beispiel mit 20-jähriger Zeitdauer, mit 200 Wissenschaftlern und tausenden Führungskräften aus 62 Ländern als Stichprobe [3].
4. Möglicherweise kommen bei umfangreichen Forschungsprogrammen (wir sprechen hier bewusst von Programmen, nicht von temporären Projekten) unter dem Strich quantita-

tiv weniger wissenschaftliche Artikel und Zitationen als Ergebnis heraus. Doch dafür ist die Aussagekraft der Ergebnisse umso höher und die Abbildung der Realität umso besser. Insofern plädieren wir für ein Überdenken der an der Zahl an Zitationen und der Artikel orientierten Wissenschaftsmaschinerie hin zu einer qualitativen Zielrichtung. „Qualitative Zielrichtung" kann dabei durchaus wörtlich verstanden werden und in qualitativen Forschungsmethoden resultieren, mit allen Vor- und Nachteilen, die diesbezüglich berücksichtigt werden müssen. Das wird in einem Review von Bryman am Beispiel Führung aufgezeigt [4]. Wir plädieren hier explizit nicht für *entweder* quantitative Forschung *oder* qualitative Forschung, sondern bewusst für eine Kombination aus sowohl quantitativen als auch qualitativen Methoden – und möglicherweise ganz neuen methodischen Ansätzen, die zum momentanen Zeitpunkt noch gar nicht bekannt sind.
5. Die Forschung zu Organisationsentwicklung muss sich mit den großen Fragen beschäftigen, mit denen Organisationen konfrontiert sind [5]. Es geht dabei nicht nur um die Effektivität von Organisationen, sondern um deren Überleben. Wie sieht das Organisationsmodell der Zukunft aus? Wie können Menschlichkeit und betriebswirtschaftlicher Erfolg kombiniert werden, so dass die Erwartungen heranwachsender Generationen als potenzieller Arbeitnehmer befriedigt werden? Wie kann trotz einem Rückgang an natürlichen Rohstoffen weiterhin Wachstum möglich sein? Wie kann aus organisationaler Perspektive dem Klimawandel begegnet werden? Letztlich können diese Fragen sicherlich nicht von einer Organisation beantwortet werden, sondern sie erfordern eine Kooperation von Organisationen, Unternehmen, Verbänden, Regierungen und Gesellschaften über die Grenzen der eigenen Perspektive hinaus, ganz im Sinne der Assoziationsphase, die wir an früherer Stelle kennengelernt haben. Ein ethischer und moralischer Kompass ist dabei unersetzlich, da Nachhaltigkeit, Wettbewerbsfähigkeit und Überlebensfähigkeit von Organisationen nur aus dieser Perspektive heraus denkbar sind.

Wenn die obenstehenden Aspekte bei zukünftiger Forschung rund um das Themenfeld „Organisationsentwicklung" berücksichtigt werden, dann steht echtem Evidence Based Management in diesem Feld nichts mehr im Wege. Das ist sicherlich kein leichter und in Teilen auch noch ein weiter Weg, doch sind wir davon überzeugt, dass dieser Weg zu einem echten Mehrwert führen kann. Er muss keine Revolution der Organisationsentwicklung bedeuten, aber zumindest eine evolutionäre Entwicklung. Allerdings muss diese Evolution voranschreiten, da gerade auch die Finanzkrise 2008 gezeigt hat, dass schnelle Regulierung und vermeintliche „Korrekturen" in einer globalisierten und vollständig vernetzten Welt wenig Effekte zeigen.

Aus praktischer Perspektive möchten wir einige Aspekte vorstellen, die unserer Überzeugung nach zu einer weiteren Professionalisierung der Organisationsentwicklung führen können:

- *Fundiertes Vorgehen:* Wir plädieren für eine Integration empirischer Befunde in die eigene Arbeit. Das bedeutet somit auch, dass sich Praktiker mit wissenschaftlichen Methoden und Befunden auseinandersetzen, um aussagekräftige Ergebnisse in ihre Praxistätigkeit zu integrieren. Praktiker müssen keine Wissenschaftler werden, aber sie müssen wissenschaftliche Ergebnisse interpretieren und damit arbeiten können. Nur so kann eine Grundlage für einen Austausch in beide Richtungen gelegt werden, wobei dabei genauso die Praktiker in der Verantwortung sind.
- *Wissenschaftliche Evaluation:* Darüber hinaus würden wir es sehr unterstützen, wenn eine fundierte wissenschaftliche Evaluation in die Organisationsentwicklung Einzug hält. Davon können sowohl die Praxis als auch die Wissenschaft profitieren, da dadurch im nächsten Schritt auch wieder wissenschaftliche Ergebnisse generiert werden können. Das

setzt allerdings voraus, dass bereits von Anfang an Kooperationen mit Wissenschaftlern angedacht werden. Gleichzeitig setzt es auch ein Umdenken bei Organisationen voraus, indem bei Zeit- und Ergebnisdruck in der Praxis nachhaltig geplant wird. Gerade die eigene Organisation könnte aber am meisten profitieren, wenn systematisch Prozesse evaluiert und Erfolgsfaktoren untersucht werden.

- *Abkehr von Gurus:* In regelmäßigen Zeitabständen tauchen neue „Gurus" der Organisationsentwicklung auf, deren Ansätze dann zahlreichen Organisationen ohne Überprüfung der Passung zur Organisation „aufgedrückt" werden, bevor kurze Zeit später der nächste Ansatz umgesetzt wird. Es hat durchaus seinen Grund, dass in nicht wenigen Organisationen eine Veränderungsmüdigkeit eingetreten ist. „Auch diese Veränderung geht vorbei", „Da haben wir schon ganz andere Dinge ausgesessen" oder „Welche Sau wird diesmal durchs Dorf getrieben?" sind dabei typische Aussagen. Wir plädieren bei Organisationsentwicklern, ob intern angestellt oder extern verpflichtet, für eine kritische Reflexion der Ansätze und Methoden und für eine nachhaltige Perspektive der Organisationsentwicklung. Es kann durchaus gerechtfertigt sein, dass Aufträge aus ethischen und moralischen Gründen abgelehnt werden, wenn diese keine ernsthafte Organisationsentwicklung ermöglichen, sondern lediglich um der Öffentlichkeitswirkung willen durchgeführt werden.
- *Kulturelle Erfahrung:* Wir sind davon überzeugt, dass eine professionelle Organisationsentwicklung nur dann möglich ist, wenn der Organisationsentwickler umfassende kulturelle Erfahrungen sammeln konnte. Organisationsentwicklung ist in jedem Fall auch Kulturentwicklung, so dass die kulturelle Komponente eine wichtige Rolle spielt. Ohne eigene kulturelle Erfahrungen, ohne eigene Erlebnisse, in fremden Kulturen überfordert zu sein und damit umgehen zu müssen, und ohne eigene Bewältigungsversuche in interkulturellen Kontexten fehlt eine zentrale Expertise von Beratern. Die Erfahrungswelt des Beraters prägt hier maßgeblich den Ansatz und das Vorgehen in der Organisationsentwicklung, persönliche Erfahrungen sind hier entsprechend zwangsläufig notwendig.

Die Prognosen zur Arbeit der Zukunft zeigen beeindruckend auf, dass sich zahlreiche vermeintliche Konstanten der heutigen Arbeitswelt grundlegend verändern werden [6, 7]. Die Arbeitsformen werden sich flexibilisieren, so dass Arbeitnehmer und Selbstständige in Organisationen gleichwertig zusammenarbeiten. Dazu kommen technische Innovationen, die zusätzliche Möglichkeiten der Flexibilisierung eröffnen. Dabei werden diese vielfältigen Arbeitsformen nicht immer von den Organisationen selbst geschaffen, sondern entstehen durch den zunehmenden Wettbewerb um Talente und die damit zusammenhängenden Erwartungen und Anforderungen von Seiten dieser Talente. Die Grenzen von Organisationen werden sich fließend öffnen, das heißt die Betrachtung einer Organisation von innen und von außen ist nicht mehr eindeutig zu trennen. Eine Kooperation zwischen Organisationen gehört zur Tagesordnung, da Organisationen nur noch so im globalen Wettbewerb bestehen können. Es geht für Organisationen nicht mehr um Wachstum um jeden Preis, sondern es geht um das Überleben in turbulenten Zeiten, weil wachstumsorientierte ökonomische Prognosen schnell an ihre Grenzen stoßen. Dementsprechend ist nicht mehr Wachstum die vorherrschende Zielsetzung, sondern langfristiges Überleben.

Unsere Vision der Zukunft basiert auf der strategischen und kulturellen Mobilisierung auf der einen Seite und der Beantwortung der großen Fragen unserer Zeit auf der anderen Seite.

- Die strategische und kulturelle Mobilisierung birgt die Chance in sich, dass Organisationsentwicklung aus der Projektperspektive herausfällt. Es geht nicht um einen temporären Ansatz, der einmal und bis zu einem Zeitpunkt X durchgeführt wird, um dann

langfristig positive Effekte zu erzielen. Vielmehr geht es um eine Grundhaltung, die sich in allen Ebenen der Unternehmen wiederfinden muss, von der Unternehmensleitung über die Führungskräfte und den Betriebsrat bis hin zu allen Mitarbeitern, ob angestellt oder im selbstständigen Arbeitsverhältnis. Wir sprechen also von einer achtsamen Grundhaltung, die sich auf jeden Mitarbeiter und auf die gesamte Organisation bezieht. Dabei stehen bei der strategischen und kulturellen Mobilisierung explizit Emotionen mit auf der Agenda, da eine solche permanente Mobilisierung nur dann möglich ist, wenn sie Freude macht, wenn sie erstrebenswert ist, wenn sie attraktiv ist. Wir sind deshalb davon überzeugt, dass Emotionen in Organisationen in Zukunft stärker berücksichtigt werden. Erst dann kann langfristige Veränderung möglich werden und erst dann kann Veränderung auch tatsächlich freudvoll ablaufen.
- Die Beantwortung der großen Fragen unserer Zeit ist die zentrale strategische Herausforderung für Organisationen. Beispielhafte Fragen lauten folgendermaßen: Verfolgen wir einen sinnvollen und ethischen Geschäftszweck? Setzen wir eine intelligente und ko-kreative Organisationsform um? Lässt sich unsere Organisation langfristig mit einer internationalen vs. einer lokalen Ausrichtung erfolgreich erhalten? Wie können wir unsere Arbeitgeberattraktivität steigern, gerade in ländlichen Regionen? Welche Balance zwischen Zeit für Arbeit und Zeit für anderes streben wir an? Wie flexibel muss die Zeit für Arbeit gestaltet werden und wie soll die Zusammenarbeit der Zukunft konkret aussehen? Für Organisationen ist es überlebensnotwendig, dass sie etwas zur Beantwortung dieser Fragen beitragen. Wie kann dann im nächsten Schritt die gesamte Organisation darauf ausgerichtet werden, dass jeder Angehörige der Organisation etwas zur Beantwortung dieser Fragen beiträgt? Wenn das konsequent umgesetzt wird, dann werden Emotionen automatisch Einzug in die Organisationen halten. Stolz ist hier nur eine Möglichkeit, da jeder Mitarbeiter die Zukunft mitgestaltet. Freude ist eine andere Perspektive, da die nachhaltige Gestaltung weitaus freudvoller ist als kurzfristiges Projektdenken, dessen Ergebnisse zum Monatswechsel an Relevanz verlieren.

Wir sind davon überzeugt, dass die Organisationsentwicklung einen zentralen Beitrag zu dieser Vision der Zukunft beitragen kann. Und wir laden Sie alle dazu ein, dass Sie diese Verantwortung annehmen und sich den bevorstehenden Herausforderungen stellen.

Abschließend wünschen wir Ihnen viel Freude bei der Entwicklung von Organisationen!

Herzliche Grüße,
Christian Jacobs und Simon Werther

Literatur

1 Barends E, Janssen B, ten Have W, ten Have S (2014) Effects of change interventions: What kind of evidence do we really have? Journal of Applied Behavioral Science 50(1):5–27
2 Senge P, Scharmer CO, Jaworski J, Flowers BS (2004) Presence: Human purpose and the field of the future. SoL, Cambridge
3 Chhokar J, Brodbeck FC, House R (Hrsg) (2008) Culture and leadership across the world: The GLOBE Book of in-depth studies of 25 societies. Lawrence Erlbaum, Mahwah, NJ
4 Bryman A (2004) Qualitative research on leadership: A critical but appreciative review. The Leadership Quarterly 15(6):729–769

5 Burnes B, Cooke B (2012) Review article: The past, present and future of organization development: Taking the long view. Human Relations 65(11):1395–1429
6 Zimmermann KF (2013) Reflektionen zur Zukunft der Arbeit. (IZA Standpunkte, Nr. 56) Forschungsinstitut zur Zukunft der Arbeit, Bonn. (Im Internet: http://ftp.iza.org/sp56.pdf, Zugriff: 16.6.2014.)
7 Spath D, Bauer W, Ganz W (2013) Arbeit der Zukunft. Fraunhofer-Institut für Arbeitswirtschaft und Organisation IAO, Stuttgart

Serviceteil

F. C. Brodbeck, E. Kirchler, R. Woschée (Hrsg.),
Organisationsentwicklung – Freude am Change, Die Wirtschaftspsychologie,
DOI 10.1007/978-3-642-55442-1_10, © Springer-Verlag Berlin Heidelberg 2014

Stichwortverzeichnis

A

B

C

D

E

F

G

H

I

K

W

Z

Printing: Ten Brink, Meppel, The Netherlands
Binding: Ten Brink, Meppel, The Netherlands